消防の立場からみた
社会病理

西　基

北海道医療大学・生命基礎科学講座教授

近代消防社 刊

はじめに

私が公衆衛生学や疫学の研究を専門とするようになって、もう30年以上の歳月が流れた。当初は、小児科領域における悪性腫瘍、例えば白血病や神経芽腫、脳腫瘍といった疾患について、その発生率や死亡率などの検討を中心に研究を行っていた。疫学というのは、公衆衛生学の一つの分野とも言えるものでもあるが、特に、今述べたような発生率や死亡率などの数字を扱うことを特徴としている。疫学が対象とする分野は、特定のものに限らない。中世の時代は感染症が疫学の主要なテーマであったが、人類の平均寿命が延伸してくるにつれ、悪性新生物、心疾患、脳血管疾患などの生活習慣病がメインテーマに加わり、さらに、事故、自殺、他殺などの外因による死亡や障害も疫学がカバーする領域となってきた。

私の関心も、研究を重ねるうち、当初の小児悪性腫瘍から、胃癌・膵臓癌などの成人の悪性腫瘍、またうつ病、交通事故・自殺・他殺などへと広がっていった。そのような中で、札幌市消防局が小学４年生を対象として社会科の授業の一環として実施している「教えて！ファイヤーマン」の存在を偶然知り、札幌市における火災、特に放火について、疫学的に検討してみよう、と考えたのが、消防関係の研究の始まりであった。その後、札幌市消防局との共同研究を中心として、火災や救急搬送などについての論文を、「近代消防」誌に掲載させていただいた。今回は、近代消防社からの、これまでの研究の集大成として、１冊の単行本として出版しては、という提案を受け、20本以上となる論文を、誤字・脱字等を修正して一部の重要と思われる事項、特に放火を中心として、データをアップデートし、また論文で分析していなかった事項についても、最近の資料を分析して追加した上、まとめることとなったものである。**火災（特に放火）、また事故や災害は、社会病理現象の一つと捉えることができることから、本書のタイトルには「社会病理」という言葉が入っている。**理解のため、適宜項目の最後に「まとめ」を付した。放火についての最近の資料の多くは、札幌市消防局に依頼して提供を受けたものであり、札幌市消防局の担当者の方々には、この場を借りて、再度御礼申し上げる次第である。

本書の活用方法

本書に収められた論文は、ほとんどが疫学的な視点から検討・記述されたものであることから、事案・事例を疫学の特徴である、「集団」として、あるいは「全体」として捉えているものである。さらに、疫学は「予防」という重要な側面を有している。

同時に、この「集団」としての視点、及び「予防」という側面は、行政における施策立案には欠かせないものでもある。

本書に収められているのは論文であるため、特に方法や結果の記載の中には、一般書よりも理解しづらい部分があるかも知れない。その場合には、要旨の考察の部分、または本文の考察の部分のみ読むことによっても、要点は十分に理解できると思われる。

本書の内容は、特に消防関連の行政に当たる方々には、今後の火災予防、防火、災害発生抑止を目的とする施策を策定する際、具体的かつ重要なヒントとなると考えられ、活用していただければ、筆者としては望外の幸せである。

I 火災編

II 事故・救急編

1.「不慮の事故」関係

CONTENTS

Ⅰ 火災編

放火は火災の一形態ではあるが、放火について特化した数本の論文（他誌に掲載したものも含む）では、主として時間的な因子や気象の条件からの観点から、放火のリスクを評価した。どのような時間帯や曜日、またどのような天候のときに放火が起きやすいかというリスクが分かれば、それを一般住民に伝えて警戒してもらうことにより、放火そのもの、もしくは放火の拡大を抑止できる可能性がある。収録した論文は、このような実利的な観点から書かれたとも言える。主として札幌市における事例を分析したため、これらの結果が、気候や緯度の異なる他地域にそのまま当てはまるとは限らないが、有効な示唆を与えることはできると考える。

また、放火については、札幌市消防局より過去約10年間の資料を新たにいただいて、類似の分析を行い、「追加資料」として論文の後に付した。

わが国の主要都市における気象条件と放火に関する疫学的検討

要　旨

札幌、仙台、横浜、名古屋、金沢、京都、大阪、神戸、岡山、広島、福岡の11市における2003年から2007年までの「放火」ならびに「放火の疑い」とそれぞれの消防当局が認定した数字、及び2005年の国勢調査人口から各市の人口10万対放火率を算出した。年日照時間、年降水量（㎜）、降水量30㎜以上の日数、降水量10㎜以上の日数、年雪日数、平均気温平均値と、放火率との間の相関係数を計算した。また放火率の対数も算出し、同様の分析を行った。さらに、雪の影響を除外するため、札幌を除いた分析も同様に実施した。日照時間の相関係数はすべての場合において有意であった。年降水量（㎜）と降水量30㎜以上の日数は、札幌を除外し放火率の対数を採用した場合の解析において、有意な負の相関を示した。平均気温以外のすべての気象因子の相関係数の絶対値は、放火率の対数を採用した場合の方が高かった。今回の結果は、日照時間が増加すると、指数関数的に放火件数が増加することを意味し、11市の放火率（ｙ）と日照時間（ｘ）の間には、指数関数 $y = 0.022e^{0.0032x}$ により与えられる回帰曲線が存在した。以上の結果は、暗い時間の長さよりも天候が良い時間の長さの寄与、つまり雨や雪が降らない状態が続くことが放火を助長していることを示唆した。放火率との関係が直線的ではなく、指数関数的なのは、この状態で連続放火が起こりやすいことが、理由の一つであると思われた。

キーワード：気象条件、放火率、日照時間、疫学。

Ⅰ　緒　言

放火は日常起きる犯罪であり、社会に与える影響も大きい。また、日本の諸都市の間では、放火件数に相当な開きがある。しかし、このような状況に対し、疫学的な検討が十分になされているとは言い難い。放火は屋外でなされる場合が多いため、気象条件に影響されると思われる。今回の報告では、日本の主要都市における最近の放火件数と、気象条件との関係を検討した。

Ⅱ　資料と方法

札幌、仙台、横浜、名古屋、金沢、京都、大阪、神戸、岡山、広島、福岡の11市における2003年から2007年までの「放火」及び「放火の疑い」であると、それぞれの消防当局が認定した数字を使用した。

札幌、仙台、横浜、名古屋、京都、大阪、神戸、広島、福岡の９市の放火件数については、札幌市の各年の火災統計に収載されている資料によった。金沢及び岡山については、それぞれ金沢市消防局（http://fire.city.kanazawa.ishikawa.jp）及び岡山市消防局（http://www.city.okayama.okayama.jp/shoubou）のインターネットのサイトに掲載されている消防年報等の資料によった。

各市の人口は2005年の国勢調査人口によった。

年日照時間、年降水量（㎜）、降水量30㎜以上の日数、降水量10㎜以上の日数、年雪日数、平均気温の資料は国立天文台編平成20年版理科年表[1)]に掲載されている1971年から2000年までの平均値を使用した。本論文中の他の気象データもすべて同年表によった。

Ⅲ　結　果

１．各市の放火率と気象因子の状況

表１－１に、各市の放火率と気象の諸因子の結果を示す。放火率は、対象の５年間の総件数を2005年人口の５倍で割り、10万倍した。従って、本論文中の「放火率」は「人口10万対１年当たりの放火件数」となる。

札幌の年平均降雪日数は、他の市よりはるかに多い124.7日であった。

２．11市を対象とした回帰分析

表１－２に11市の放火率と気象の諸因子との相関係数、及び放火率の対数と気象の諸因子との相関係数をそれぞれ示す。どちらの場合も日照時間が有意であったが（Ｐ＜0.05）、対数の場合の方が相関係数は高く、かつその絶対値も0.82と高

表１－１　各市の放火率（人口10万対１年当たり；2003－2007年）と諸気象因子（1971－2000年の平均）

市名	放火率	年降水量（㎜）	平均気温（℃）	降水量10㎜以上日数	降水量30㎜以上日数	年日照時間	年降雪日数
札　幌	6.37	1127.6	8.5	33.5	5.9	1774.8	124.7
仙　台	10.17	1241.8	12.1	36.9	10.7	1842.6	64.7
横　浜	9.90	1622.5	15.5	47.6	14.6	1920.6	9.8
名古屋	16.08	1564.6	15.4	48.3	13.7	2053.4	17.0
金　沢	4.22	2470.2	14.3	80.9	21.4	1667.5	55.0
京　都	4.94	1545.4	15.6	47.4	14.4	1734.3	30.5
大　阪	21.10	1306.1	16.5	42.4	10.9	1967.1	15.4
神　戸	15.37	1264.7	16.5	40.3	10.4	1965.8	20.0
岡　山	9.02	1141.0	15.8	37.2	9.0	2009.8	17.4
広　島	9.52	1540.6	16.1	44.7	15.0	2004.9	22.5
福　岡	9.06	1632.3	16.6	46.0	14.4	1848.5	17.4

表１－２　11市の放火率及びその対数と諸気象因子との回帰分析

気象因子	相関係数	
	vs 放火率	vs 放火率の対数
年日照時間	0.72＊	0.82＊＊
年降水量	−0.38	−0.49
降水量30㎜以上日数	−0.29	−0.37
降水量10㎜以上日数	−0.33	−0.46
年降雪日数	0.45	−0.47
平均気温	0.39	0.38

＊　P＜0.05　＊＊　P＜0.01

かった。

３．札幌を除外した回帰分析

雪の影響を除外する目的で、札幌を除いて同様の分析を行った（表１－３）。日照時間は同様に有意であった。係数の絶対値も0.81と高かった。放火率の対数を採用した分析においては、年降水量と降水量30㎜以上の日数も有意となった（P＜0.05）。これらは絶対値は0.6あまりと比較的高く、かつ負の相関を示した。

表１－３ 札幌を除く10市の放火率及びその対数と諸気象因子との回帰分析

	相関係数	
	vs 放火率	vs 放火率の対数
年日照時間	0.69＊	0.81＊＊
年降水量	−0.52	−0.63＊
降水量30㎜以上日数	−0.56	−0.66＊
降水量10㎜以上日数	−0.46	−0.61
年降雪日数	−0.44	−0.49
平均気温	0.33	0.30

＊　P＜0.05　＊＊　P＜0.01

表１－２及び**表１－３**において、平均気温以外のすべての気象因子の相関係数の絶対値は、放火率の対数を採用した場合の方が高かった。

Ⅳ 考　察

今回の検討から東京を除外したのは、人口が約１千万人で他市の人口との差が極めて大であること、面積が広いため一地点の気象状態で代表させることが困難であること、東京消防庁は東京23区以外の東京都の地域も委託されているため放火数に対応する正確な人口を入手することが困難であること、などの理由による。これにより、今回の対象はすべて市となり、その人口は約45万人（金沢）から約350万人（横浜）の範囲となった。

札幌は、11月から３月までの降水の大部分が雪であって、この期間の降水量（494㎜）は、１年間（1127.6㎜）の約44％を占める。降雪日数は年間124.7日、日最深積雪50㎝以上の日数は58.4日である。ところが今回対象とした市の中では、年間降雪日数は仙台が64.7日、金沢が55日、50㎝以上の積雪日数は金沢が8.6日、他の市は０であった。このように、札幌は雪の影響が大きいため、これを除く目的で、札幌を除外した分析も行ったのである。

今回の結果は、日照時間が増加すると、指数関数的に放火件数が増加することを意味している。**図１－１**に、11市の放火率（ｙ）と日照時間（ｘ）の関係、及び指数関数による回帰曲線（$y=0.022e^{0.0032x}$）を示す。事前の予想では、一般に

図1－1　11市の放火率と日照時間

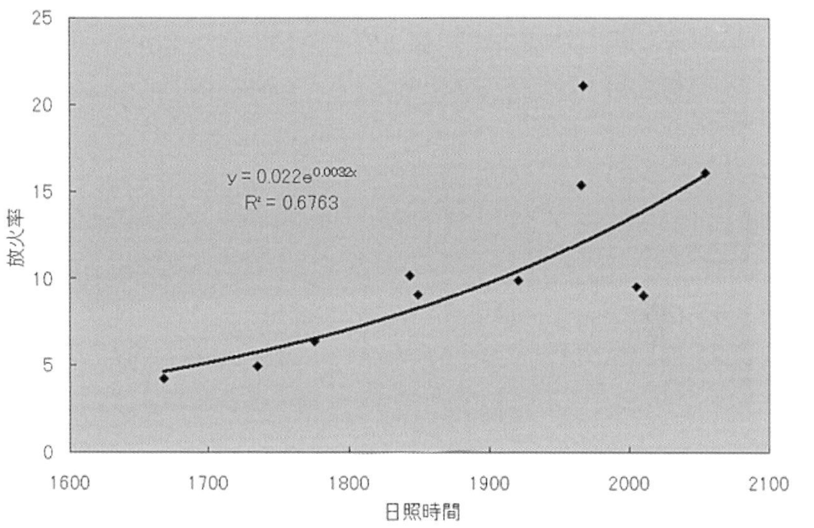

放火が夜間に多いことから、日照時間が短いほど発生数が多くなるであろうと考えていたが、結果は全く逆になった。つまり、今回の結果は、暗い時間の長さよりも天候が良い時間の長さの寄与が大きいことを意味する。

札幌を除外して、雪の影響を取り除き、雨のみの寄与をみたが、日照時間の寄与は有意のままで、年降水量や30㎜以上の降水が観測された日数も、有意であった。降水に関する因子は、札幌を含んだ解析では有意でなかったから、雨は一定の寄与をしていると考えるべきであろう。降水量10㎜以上の日数は有意ではなかったから、少量の雨では影響は少なく、外出の意欲を削ぐ程度の雨量が放火率の低下をもたらすと解釈すべきであろう。

天気が良い状態が多いと、放火件数がそれに単純に比例して直線的に増加するのではなく、指数関数的に増加することは、例えば、連続放火により説明が可能である。つまり、天気の良い日が連続している状態は、雨などが数日おきに降る状態に比べ、連続放火をしやすい、と考えられるのである。

一方、今回の分析では、降雪日数は有意でなかった。雪と雨の寄与については、両者を分けて考える必要がある。冬に放火が多く、夏に少ないのがわが国の平均的な状態である。しかし、札幌は、これとは逆に冬季の放火件数がそれ以外の期間に比べ少ないという特徴がある[2)]。札幌の場合、雪が降る場合には気温もかなり低下するため、雪単独の寄与は、少なくとも雨ほどには大きくはないのかも知れず、札幌において冬季に放火が減少することには、低温の寄与が無視できないと考えられる。

謝辞　諸資料の提供ならびに本論文の作成にご助力いただいた札幌市消防局の皆様に深謝いたします。

文献

1）国立気象台「平成20年版理科年表2008年」

2）西　基．札幌市における放火の疫学．厚生の指標　2009；56(3)：30－33.

放火と気象条件の疫学的関連性

要 旨

目的： 放火の発生に関する気象条件の寄与を疫学的に検討する。

方法： 2003年１月１日から2007年12月31日までに札幌市消防局が放火もしくは放火の疑いと認定した695件の火災事例を対象とした。降水量等の気象条件は気象庁ホームページの「過去の気象データ検索」によった。

結果： 日降水量別に、放火が少なくとも１件あった日の割合を計算した。日降水量が０㎜の日は有意に放火が多く（オッズ比は約1.65）、かつ日降水量が多いほど放火の割合は減少する傾向にあった。日平均気温との関連の検討においては、20℃以上25℃未満の日が最も放火が多かった（オッズ比は約1.56）。休日等の時間的要素と気象条件に関する数個の要因を組合わせて、放火が１件以上発生する確率を計算したところ、日降水量が０㎜、日平均気温が20℃以上25℃未満、前日が休みである日の45.5%において放火が発生していた。

考察： 降水がゼロの日や快適な気温の日において放火の発生が促進されていたが、これは外出に適した気象条件が放火の意図を後押しするためと考えられた。自殺や離婚などは、いくつもの直接的・間接的因子が複雑に絡み合った結果として発生するものと考えられるのに対し、放火に関与する因子で寄与が大きいものは、休日等の時間的要素や気象条件など比較的少数で、かつその関与の仕方はかなり単純であると思われ、実際、時間的要素と気象条件に関する数個のみの要因の組合せで、相当に良好な予測が可能であった。

キーワード： 放火、気象条件、降水、気温、社会病理。

Ⅰ 緒 言

先に我々は、札幌市における放火と、休日・休暇などの時間的要素との関連性に関する分析結果を報告し、連休明けや月曜日などの休み明けに放火が多くなるという事実を明らかにした[1]。また、札幌市や仙台市などの主要都市の気象条件と放火率の関係の解析では、放火件数と年日照時間の間に、指数関数で表される関係が存在し、雨や雪が降らない状態が続くことが、放火を助長するものと考えられた[2]。このことから、時間的要素の他に、気象条件が放火を後押しする強力な要因の1つとなっていることが推測される。今回の報告では、札幌市における気象条件と放火の関係について検討し、諸条件からの放火発生の確率的予測を試みた。

Ⅱ　資料と方法

1．放火事例

今回の分析においては、2003年1月1日から2007年12月31日までの5年間に札幌市内において発生し、かつ札幌市消防局が放火または放火の疑いと認定した695件の火災事例を対象とした。ただし、発生の日や時刻が不明な例が存在したため、この数を下回る数字を総数として用いた項目がある。

2．日の分類

先の論文[1]と同様の分類とした。本論文では、そのうちの「休日の前日」と「休日の翌日」を検討の対象とした。

3．気象条件

気象庁ホームページの札幌市に関する「過去の気象データ検索」の「石狩」のうち地点「札幌」（http://www.data.jma.go.jp/obd/stats/etrn/）のデータによった。

なお、降水量（㎜）と降雪量（㎝）は項目として存在するが、降水量には雨も雪も含まれており、雨単独の項目はない。

Ⅲ　結　果

1．通年の日降水量と放火の関係

日降水量を4段階に分け、それぞれの総日数と、そのうち放火件数が少なくとも1件あった日数を集計し、日降水量別に放火があった日の割合を計算した。日降水量が0㎜の日との間でχ^2検定を実施したところ、すべて有意差を生じ、かつ日降水量が多いほど放火があった日の割合は減少する傾向にあった（**表2－1**）。

2．4月から11月までの日降水量と放火の関係

札幌市においては、４月から11月までの降水はほとんど雨であるが、12月から３月まではほとんど雪である。**表2－1**は降水量についてであって、雪と雨との区別はできない。雪と雨の影響の違いをみるため、時期を分けることで同様な検討を行った。４月から11月までの日降水量と放火の関係を**表2－2**に示す。**表2－1**に示した結果と同様、降雨は放火を抑制する傾向が表れている。

3．12月から３月までの日降雪量と放火の関係

以前の論文[1)]で、札幌市においては、全国の傾向とは逆に、冬季の放火件数が少ないことを指摘して、冬季の気温の低さと雪の影響を示唆した。12月から３月

表2－1　日降水量（通年）、放火件数が１件以上の日数及びその割合

日降水量（㎜）	総日数	放火件数が１件以上の日数	割合（%）
0.0	931	313	33.6
0.5～ 9.5	711	184	25.9＊＊
10.0～29.5	161	25	15.5＊＊
30.0～	23	1	4.4＊＊

＊＊Ｐ＜0.01、日降水量０㎜とのχ^2検定。

表2－2　日降水量（４月～11月）、放火件数が１件以上の日数及びその割合

日降水量（㎜）	総日数	放火件数が１件以上の日数	割合（%）
0.0	744	262	35.2
0.5～ 9.5	364	100	27.5＊＊
10.0～29.5	96	20	20.8＊＊
30.0～	16	1	6.3＊＊

＊＊Ｐ＜0.01、＊Ｐ＜0.05、日降水量０㎜とのχ^2検定。

までの日降雪量（cm）を使用し、同様な解析を行った（表２－３）。日降雪量０cmとの間に有意差を生じたものはなく、かつ日降雪量が１cmから20cm未満の日においてはすべて20％余りであって、これは０センチの日の割合の26％と大差のない数字であった。

以上より、雪の放火抑止に対する寄与は、雨ほど大きくないと考えられた。

４．日平均気温の影響

降水以外の気象要因として、気温の高低も考えられる。降水の寄与を除外するため、日降水量が０mmの日のみを対象として、日平均気温と放火の関係を検討した（表２－４）。全体として、低温ほど放火の割合は低下、高温ほど上昇した

表２－３　日降雪量（12月～３月）、放火件数が１件以上の日数及びその割合

日降雪量（cm）	総日数	放火件数が１件以上の日数	割合（％）
0	246	64	26.0
1～ 9	275	61	22.2
10～19	62	13	21.0
20～	23	2	8.7

日降雪量０cmとのχ^2検定で有意差を生じた項目なし。

表２－４　日降水量０mmの日における日平均気温、放火件数が１件以上の日数及びその割合

日平均気温（℃）	総日数	放火件数が１件以上の日数	割合（％）
～-5.01	24	6	25.0
-5～-0.01	99	25	25.3＊＊
0～ 4.99	91	29	31.9
5～ 9.99	108	33	30.6
10～14.99	157	56	35.7
15～19.99	244	82	33.6
20～24.99	173	71	41.0
25～29.99	35	11	31.4

＊＊Ｐ＜0.01、20～24.99℃とのχ^2検定。

が、25℃を超えると低くなった。

最も放火の割合が高かったのは日平均気温が20℃以上25℃未満の日であった。これと他の気温の日を比較すると、氷点下５℃以上０℃未満との間に有意差が見られた。つまり、真冬日あるいはそれに近い寒さの日においては放火が抑制され、逆に快適な気温の日においては、放火が促進されると考えられた。

５．風の影響

表２－５に日平均風速（m）との関係を示す。日平均風速との間には、有意な関連性は認められなかった。

６．放火件数が１件以上となるオッズ比

日降水量及び日平均気温別について、いくつかの条件毎に放火件数が１件以上となるオッズ比とその95％信頼区間を計算した（**表２－６**）。日降水量が０㎜の日のオッズ比は1.652、30㎜以上の日は0.112となった。日平均気温20℃以上25℃未満の日のリスクは1.567倍に上昇し、０℃未満の日は３分の２程度にリスクが下がっていた。

７．放火の危険日

今回対象とした期間は1,826日で、うち523日（28.6％）において１件以上の放火が発生していた。休日等の時間的要素と気象条件に関する数個の要因を組合わせて、１件以上の放火が発生する確率を求めた。日降水量が０㎜、日平均気温が

表２－５　日平均風速、放火件数が１件以上の日数及びその割合

日平均風速（m）	総日数	放火件数が１件以上の日数	割合（%）
～1.99	236	65	27.5
～3.99	941	277	29.4
～5.99	481	133	27.7
6～	161	48	29.8

日平均風速６m以上とのχ^2検定で有意差を生じた項目なし。日平均風速のデータが不明だった日が７日あったため，合計が他の表とは一致しない。

20℃以上25℃未満、前日が休みである平日は22日あったが、うち10日（45.5％）において1件以上の放火が発生していた**（表2－7）**。ところが、日降水量が0.5㎜以上、日平均気温が20℃未満または25℃以上、休みの前日である平日は125日あったが、1件以上の放火が発生していたのはうち31日（24.8％）のみであって、両者の間には2倍近い差があり、かつこれは有意であった。つまり、外出しやすい気象条件に、休み明けという時間的要素が重なると、放火の発生率が相当に高くなった。

表2－6　放火件数が1件以上となるオッズ比（対放火件数0件）

	1件以上の日数	0件の日数	オッズ比（95％信頼区間）
日降水量			
0㎜	313	618	1.652＊
0.5㎜以上	210	685	(1.345-2.030)
30㎜以上	1	22	0.112＊
30㎜未満	522	1281	(0.015-0.830)
日平均気温			
25℃以上	13	27	1.205
25℃未満	510	1276	(0.617-2.353)
20℃以上25℃未満	88	149	1.567＊
それ以外	435	1154	(1.177-2.085)
0℃未満	95	322	0.676＊
0℃以上	428	981	(0.524-0.873)

＊P＜0.05

表2－7　諸条件の下における放火件数が1件以上の日数及びその割合

時間的要素	日降水量	日平均気温	総日数	放火件数が1件以上の日数	割合（％）
休日の翌日	0㎜	20～24.9℃	22	10	45.5＊
休日の前日	0.5㎜以上	20～24.9℃以外	125	31	24.8＊

＊P＜0.05、両者の間のχ^2検定。

Ⅳ 考　察

圧倒的多数の放火は、自殺目的のものを別として、放火犯の自宅の外でなされている。つまり、外出することが放火の必要条件の一つとなる。今回、雪よりも雨が放火を抑制したことに対しては、雪の場合は体が濡れることはないため外出の意欲はそれほど削がれないが、雨は濡れるので外出したくなくなる、という単純な理由が考えられる。同様に、快適な気温の日に放火が多く、厳しい寒さの日に少ないことも、外出意欲という点から説明できる。先の論文[1)]で指摘した、札幌市において冬季の放火が少ない事実に対しては、降雪よりも気温の低さの寄与が大きいと考えられた。

先の論文[1)]ではまた、経済的困窮が放火・自殺・離婚を増加させ得ることを指摘したが、自殺や離婚などは、経済的因子の他に多数の直接的・間接的因子が複雑に絡み合った結果として発生するものと考えられる[3,4)]。これに対し、放火に関与する因子で寄与が大きいものは、休日等の時間的要素や気象条件など比較的少数であって、かつその関連の仕方はかなり単純であると思われる。このことは、放火の発生をある程度まで確率的に予測できることを意味し、実際、休日と気象条件の数個の要因の組合せで、相当に良好な予測が可能であった。最近の経済状況から考え、今後、放火が増えることが懸念されるが、気象情報など諸条件に注意することにより、早期の警戒・発見・対処が可能になるものと考えられる。

謝辞　データを提供して下さった札幌市消防局の関係者の皆様に深謝いたします。

文献

1）西　基．札幌市における放火の疫学．厚生の指標　2009；56(3)：30－33.

2）西　基．わが国の主要都市における気象条件と放火に関する疫学的検討．近代消防　2009；47(5)：68－69.

3）山口洋志、西　基．北海道における離婚の疫学的検討．厚生の指標　2002；49(11)：31－34.

4）高橋祥友．自殺の危険因子．日本医師会編．自殺予防マニュアル第２版．東京：明石書店、2008；12－15.

ごみステーションへの放火に関する疫学的分析

要旨

目的：ごみステーションに対する放火について、時間的要因や気象要因との関連性を疫学的に分析する。

方法：2003年から2008年までの６年間の札幌市において、ごみステーションに対する放火もしくは放火の疑いと札幌市消防局が認定した57件のうち、確実にごみが存在していた50件を対象とした。札幌市環境局のごみ収集日に関する資料と放火時刻により、放火されたごみの種類を特定した。放火当日の降水量や平均気温を気象庁の資料により、日没時刻と日の出時刻を海上保安庁の資料により、それぞれ特定した。

結果：燃やせるごみ・燃やせないごみ・資源ごみの中では、燃やせるごみが放火されやすい傾向が見られた。燃やせるごみについては、収集日が金曜の場合には放火は少ない傾向が見られた。全体の82%が太陽が出ていない時間帯に起こっていた。燃やせるごみへの放火の70%以上は収集当日の日の出前と前日の日没後に起こっており、収集当日の日の出以降は６%に過ぎなかった。全体の約４分の３が降水量がゼロの日に起こり、約３分の２が平均気温が10℃台から20℃台前半の日に起こっていた。５月と６月で全体の34%を占めたのは天候が快適であるためと考えられるが、太陽出現時間が長い５月と６月においてすら暗い時間帯の放火が多く、ごみステーションへの放火に対しては、周囲が暗いことの寄与はかなり大きいと考えられた。

考察：ごみステーションに対する放火を減少させるためには、ごみ排出を収集当日の日の出以降にさせるよう徹底することに加え、特に天候が快適で、週末以外の燃やせるごみの収集日の未明と前日の夜など、危険因子が重なる場合に対しては、警戒を厳にすべきであると考えられた。

キーワード：ごみステーション、放火、時間的要因、気象条件、疫学。

Ⅰ 緒　言

現在、わが国の事実上すべての地域において、廃棄物の収集が公的に行われている。その際、通常、大部分の廃棄物は「ごみステーション」と呼ばれる廃棄物の一時的集積所に、各家庭から運ばれる。この「ごみステーション」に対する放火は、全放火の中に占める割合こそ比較的少ないものの、可燃物で充満している場所への放火は大規模火災につながる可能性もあることから、軽視することはできない。今回の報告では、「ごみステーション」に対する放火について、時間的要因や気象要因との関連性を分析した。

Ⅱ 対象と方法

1．放火事例とそれに関する情報

2003年から2008年までの６年間に、札幌市において、ごみステーションに対する放火もしくは放火の疑いと札幌市消防局が認定した事例は57件存在した。このうち、札幌市消防局の資料中の「火元用途」と「着火物」の少なくとも一方に「ごみ」の記録がある50件を対象とした。つまり、これら50件においては、ごみステーションにごみが確実に存在していた。放火時刻など、これらに関する情報はすべて札幌市消防局の記録によった。

2．札幌市におけるごみ収集と放火対象となったごみの種類の特定

今回対象とした期間において、札幌市では、ごみは「燃やせるごみ」、「燃やせないごみ」、「資源ごみ（びん・缶・ペットボトル・プラスチック）」及び「大型ごみ」の４種類に分別されて収集されている。このうち、「大型ごみ」は事前申し込みによる有料戸別収集であって、ごみステーションに置かれることはない。

収集の曜日は、当日が休日であっても

①「燃やせるごみ」は月・木曜、もしくは火・金曜の週２回

②「燃やせないごみ」は水・木・金曜のいずれかの週１回

③「資源ごみ」は月・火・水・木・金曜のいずれかの週１回

で、札幌市全体として特定の曜日に集中しないように、地区別に細かく曜日の按分が行われている（札幌市環境局のホームページ http://www.city.sapporo.jp/

seiso)。収集は当日の朝に開始され、大部分は午前中に回収される。これらの資料及び放火されたごみステーションの位置ならびに放火時刻の記録から、放火されたごみの種類を特定した。

３．放火時刻と太陽出現の有無

放火時刻は札幌市消防局の資料によった。札幌市は比較的高緯度（北緯43度）に位置しているため、例えば日の出は６月には３時台であるのに対し、12月には７時台であるなど、太陽が出ている時間帯の違いは季節によってかなり大きい。放火は夜間に多いことが知られており、単なる時刻による分類よりも、周囲の明るさや暗さ、つまり太陽が出ているか否かという観点から分類する方が合理的と考えられたため、海上保安庁ホームページの「日月出没計算サービス」（令和４年末でサービスを終了）により、札幌市における放火当日の日没時刻と日の出時刻を特定し、太陽出現の有無により分けて検討した。

４．気象要因

放火当日の札幌市の日降水量と平均気温については、気象庁ホームページの「過去の気象データ検索」の「石狩」のうち地点「札幌」のデータによった。

http://www.data.jma.go.jp/obd/stats/etrn/index.php

Ⅲ 結　果

ごみステーションに対する放火57件は、2003年から2008年の札幌市における放火事例839件の約７％を占めた。

１．放火されたごみの種類

表３－１に放火されたごみの種類の頻度を示す。燃やせるごみ：燃やせないごみ：資源ごみの収集日の日数の比率は、すべての地区において２：１：１であるから、放火件数の割合の期待値も50％：25％：25％となる。このことから期待数を算出し、実測数と突き合わせると、燃やせるごみに対する放火がやや多かった（$0.05 < P < 0.10$；χ^2検定）。燃やせないごみと資源ごみは、有意ではないが、期待数より少なかった。

表3－1　放火されたごみの種類の頻度

	実測数	期待数	χ^{2}値
燃やせるごみ	34＊	25	3.24
燃やせないごみ	7	12.5	2.42
資源ごみ	9	12.5	0.98
計	50	50	—

＊0.05＜P＜0.10（χ^{2}検定）

表3－2　放火されたごみが本来収集されるべき曜日

	月	火	水	木	金	計
燃やせるごみ	11	7	—	13	3＊	34
燃やせないごみ	—	—	4	2	1	7
資源ごみ	0	3	4	0	2	9

＊0.05＜P＜0.10（χ^{2}検定）　—：収集される可能性なし

2．放火されたごみが本来収集されるべき曜日

表3－2に放火されたごみが本来収集されるべき曜日を示す。燃やせるごみについては、期待数を、月・火・木・金曜に均等に収集されていると仮定して算出し（それぞれすべて8.5件）、実測数と突き合わせてχ^{2}検定を行うと、金曜がやや少ない傾向が認められた（0.05＜P＜0.10）。燃やせないごみと資源ごみについては、実測数が少ないこともあり、有意な結果は得られなかった。

3．太陽出現の有無で分けた分布

太陽出現の有無で分けたところ、41件（82％）が太陽が出ていない時刻、つまり日没後から日の出までの時刻に放火されていた。50件の放火を太陽出現の有無などによって、4つに分類した。

① 収集直前：収集当日の日の出の後に放火

② 当日未明：収集当日の日の出の前に放火

③ 前日夜：収集前日の日没後に放火

④ それ以前：収集前日の日没前に放火

図3－1にごみの種類別のこれらの分布を示す。特に燃やせるごみの場合、当日未明（13件；38.2％）と前日夜（11件：32.4％）だけで全34件の7割以上を占

図3－1　太陽出現の有無などによる放火の分類

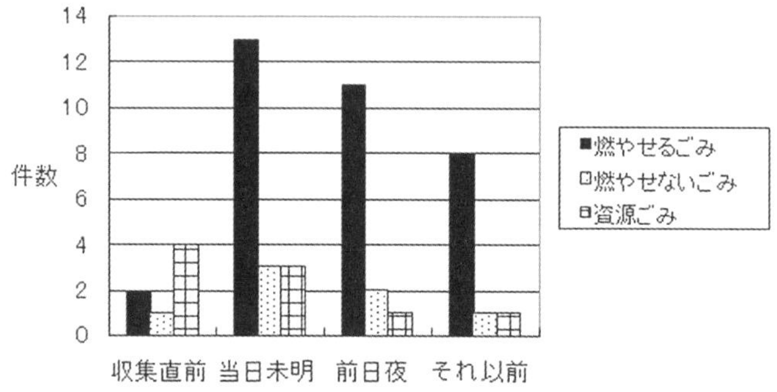

表3－3　放火当日の降水量と放火件数

降水量（㎜）	放火件数（割合%）
0	37（ 74%）
0.5-9.5	10（ 20%）
10-29.5	3（ 6%）
計	50（100%）

表3－4　放火当日の平均気温と放火件数

平均気温（℃）	放火件数（割合%）
-5～-0.01	4（ 8%）
0～ 4.99	3（ 6%）
5～ 9.99	9（ 18%）
10～14.99	10（ 20%）
15～19.99	14（ 28%）
20～24.99	9（ 18%）
25～29.99	1（ 2%）
計	50（100%）

め、収集直前は２件・６％に過ぎなかった。

４．降水量及び平均気温の分布

降水量がゼロの日が約４分の３を占めていた（表３－３）。また、10℃台から20℃台前半にかけての日の放火が多く、合計で全体の約３分の２を占めていた（表３－４）。

５．太陽出現の有無による放火件数の月別分布

５月と６月とで17件（34％）を占めた。ところが、太陽出現時間の長い５月と６月においてすら、太陽が出現していない時間帯の放火は12件と多かった（図３－２）。

図3－2　太陽出現の有無により分類した放火件数の月別分布

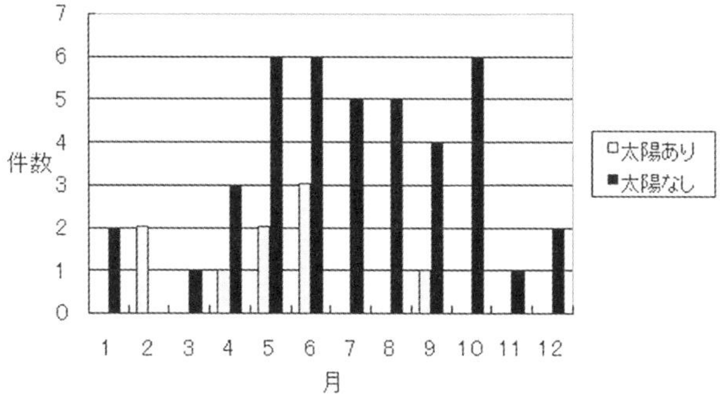

Ⅳ 考　察

燃やせないごみ・資源ごみが放火される件数が、その期待値より少なかったことは、前者は文字通り不燃物が多いこと、後者もビンや缶などが不燃性であることが、放火の意図を促進しないためと考えられる。

太陽出現時間が長い５月と６月においてすら、放火時刻は暗い時間帯が多かった。放火時刻は、太陽が出ていない時間帯が圧倒的に多く、特にこれは燃やせるごみにおいて顕著だった。収集日の前日の日没以降、当日の日の出までに出されたごみが放火の対象となりやすいと言えるが、収集当日の午前１時や２時などに多くのごみが出されるとは考えにくいため、大部分は収集日の前日の夕方から夜にかけて出されたものと思われる。いずれにせよ、これらの事実は、ごみステーションへの放火に関しては、周囲が暗いことが放火の意図を後押しするかなり強力な要因であることを示しており、ごみを出すのは収集当日、夜が明けてからにするよう、地域住民に徹底する必要があろう。理論的には、そのようにした場合、燃やせるごみに対する放火は現在の６％にまで激減することになる。

札幌市において、放火が冬季に少ない傾向が存在し、それに対しては気温が低いことの影響が大きいことは以前報告した[1,2]が、ごみステーションの放火においても同様の傾向が存在した。快適な気温や晴天が放火の意図を後押しすることも既に報告した[2,3]が、５月と６月に多かったのは、快適な天候のためと考えられる。放火は休日明けが多く、休日入りが少ないことを報告した[1]が、燃やせるごみの場合、ごみステーションへの放火も、金曜が収集日である場合に少ない傾向が存在した（札幌市環境局では、ごみ収集が毎回ほぼ均等になるように曜日を按分しているため、この違いは人為的因子に由来するものではない）。天候が快適で、週末以外の燃やせるごみの収集日の未明と前日の夜など、危険因子が重なる場合に対しては、警戒を厳にすべきであると考えられる。

謝辞　データを提供して下さった札幌市消防局の関係者の皆様に深謝いたします。

文献

1）西　基．札幌市における放火の疫学．厚生の指標　2009；56(3)：30－33.

2）西　基．わが国の主要都市における気象条件と放火に関する疫学的検討．近代消防　2009；47(5)：68－69.

3）西　基．放火と気象条件の疫学的関連性．近代消防　2009；47(6)：70－72.

札幌市の公園における放火

－時間的・気象学的因子に関する分析－

要旨

目的：2003年から2011年にかけての札幌市の公園における放火について、その特徴を探るべく、特に公園以外の放火と対比しつつ疫学的に検討した。

方法：札幌市消防局が、札幌市内において2003年１月１日から2011年12月31日までに放火または放火の疑いと認定した事例の資料によった。気象に関する資料は、気象庁がインターネット上に公表している資料によった。日の出及び日没時刻は海上保安庁がインターネット上に公表している資料によった。

結果：公園における放火は94件であった。自殺目的の４件の放火を除き、放火対象として最も多かったのは公園内の物品（25.6%）で、次が東屋（22.2%）、ごみ（13.3%）、公衆便所（13.3%）がそれに次いでいた。また、出火時刻が判明している76件のうち、明らかに太陽の出ている時間帯に放火されたものは10件（13.2%）に過ぎなかった。旬単位でみた場合、５月中旬つまり大型連休明けと８月下旬つまり中学・高校などの夏休み明けに有意に多かった（Ｐ＜0.05）。夏休みの入りに当たる７月下旬、及び大学などの夏休み明けに当たる９月上旬も多い傾向にあった（0.05＜Ｐ＜0.10）。週単位でみた場合、危険率５%で有意なものはなかったが、５月第２週（大型連休明け）、７月第４週（夏休み入り）、８月第４週（中学・高校などの夏休み明け）及び９月第１週（大学などの夏休み明け）に多い傾向があった。気圧（1000hPa 以上 vs 未満）や降水量（０㎜ vs それを超える）については、公園の放火とそれ以外の放火との間に有意差はみられなかった（Ｐ＞0.10）が、当日の最高・最低気温により夏日・真夏日・冬日・真冬日・その他の５種類に分けた場合、夏日が有意に多く（Ｐ＜0.05）、冬日が有意に少なかった（Ｐ＜0.05）。

考察：公園での放火対象物は、置かれている物品やごみに対するものが多かったことから、物品の不燃化やごみの撤去間隔の短縮により、放火を減少させ得るかもしれない。ほとんどが周囲が暗い時間帯になされていた。放火は一般に、休暇明けに増えるが、公園での放火は、大型連休明けや夏休み明けに、それにも増して多いことが示された。さらに、夏休み入りの時期にも多発する傾向があることから、放火犯の中には生徒や学生がかなり含まれている可能性が否定できなかった。天候については、一般的な放火における気象条件（雨が降らない場合に多い）と大きく異なる点はみられなかった。夏日が多かったのは、夏休みの入口と出口に多いことの影響もあると考えられ、また札幌市の公園の多くは、冬季は積雪に覆われて、放火しにくくなることから、冬日の放火が少なく出た可能性は考えられた。公園の放火防止については、夏休みの入口と出口に（可能なら暗くなってから）、集中的に警戒することが効率的であると考えられた。

キーワード：疫学、公園、札幌市、放火、時間的因子、気象学的因子。

Ⅰ　緒　言

放火については、これまで、種々の検討を行い、その頻度が時間的因子や気象学的因子に左右される場合があることを報告してきたが[1-3)]、今回は、2003年から2011年にかけての札幌市の公園における放火について、その特徴を探るべく、特に公園以外の放火と対比しつつ疫学的に検討した。

Ⅱ　資料と方法

放火の事例については、札幌市消防局が、札幌市内において2003年１月１日から2011年12月31日までに放火または放火の疑いと認定した事例の資料により、放火場所が「公園」であるものを抽出した。

この間の１日毎の気象に関する資料は、気象庁がインターネット上に公表している「過去の気象データ検索」の「石狩」のうち地点「札幌」（http://www.data.jma.go.jp/obd/stats/etrn/index.php?prec_no=14&block_no=47412&year=&month=&day=&view=）のデータによった。

日の出及び日没時刻は海上保安庁がインターネット上に公表している日月出没計算サービス（令和４年でサービス終了）によった。

Ⅲ 結　果

1．公園における放火対象

公園における放火は94件であった。自殺目的の４件の放火を除き、放火対象として最も多かったのは、公園内の物品（25.6％）で、次が東屋（22.2％）、ごみ（13.3％）・公衆便所（13.3％）がそれに次いでいた（**表４－１**）。

2．出火時刻

出火時刻は時間の単位で記録されている。出火時刻が判明している76件のうち、58件（76.3％）は太陽の出ていない時間帯、８件（10.5％）は日の出または日没時刻の前後（記録が時間単位のため、日の出時刻以前か以後かなどは厳密には不明であるが、事実上、陽光が差していない時間帯）であった。明らかに太陽の出ている時間帯に放火されたものは10件（13.2％）で、うち６件は朝５時、６時台であった。

3．公園の放火と公園以外の放火との日付についての比較

出火日の全く特定できないもの、出火日そのものは不明だが覚知時刻や鎮火時刻の記録からそれを推定できるものなど（従って第何週の発生か、などは判明する）が数件あり、統計処理の際、使用不可能なものは除外して、公園の放火と、公園以外の放火とを、その発生頻度について旬単位・週単位で比較した。今回は、上旬は１日－10日、中旬は11日－20日、下旬は21日以降、第１週は１日－７日、第２週は８日－14日、第３週は15日－21日、第４週は22日以降とし、2003年

表４－１　札幌市の公園における放火対象物

放火対象物	件数	割合（%）
公園内の物品	23	25.6
東屋	20	22.2
公園内のごみ	12	13.3
公衆便所（含・簡易便所）	12	13.3
公園内のベンチ	7	7.8
遊具	7	7.8
公園内の枯れ草・落ち葉	5	5.6
公園の立木	4	4.4
計	90	100

から2011年までの発生件数を、各旬と各週について合計した。公園以外の放火の発生割合を93（1件不明）に掛けたものを期待値とし、これと実測値を使用したポアソン分布を使用して、P値を得た。例えば、公園以外の放火の発生の割合は、8月第4週は2.447％であったから、これを93件に掛けた2.276件を公園での放火の期待値とした。実測値は5件であったから、期待値と実測値を使用したポアソン分布を使用して、P＝0.052を得る。

1）旬単位での検討

12月から3月までの4か月間で合計14件（全体の14.9％）と少なかったが、7月、8月、9月の3か月間で34件、全体の36.2％を占めた。5月中旬つまり大型連休明けと8月下旬つまり中学・高校などの夏休み明けに有意に多かった（P＜0.05）。夏休みの入りに当たる7月下旬、及び大学などの夏休み明けに当たる9月上旬も多い傾向にあった（0.05＜P＜0.10）。1月上旬は少ない傾向にあった（0.05＜P＜0.10）**（表4－2）**。

2）週単位での検討

危険率5％で有意なものはなかったが、5月第2週（8日～14日；大型連休明け）、7月第4週（22日～31日；夏休み入り）、8月第4週（22日～31日；中学・高校などの夏休み明け）及び9月第1週（1日～7日；大学などの夏休み明け）、11月第1週（1日～7日）に多い傾向があった**（表4－3）**。具体的な月日を挙げると、夏休みの入りとして7月18日、19日、23日（2回）、24日、25日、27日、夏休み明けとして8月18日、19日、21日、22日、26日、28日、31日、9月1日、3日（2回）、4日に放火されていた。

4．公園の放火と公園以外の放火との気象学的因子の比較

1）気圧

当日の気圧を1,000hPa以上か未満かに分け、公園の放火と公園以外の放火との間でχ^2検定により比較したが、有意差はなかった（P＞0.10）**（表4－4）**。

2）降水量

当日の降水量を0㎜かそれを超えるかに分け、公園の放火とそれ以外の放火との間でχ^2検定により比較したが、有意差はなかった（P＞0.10）**（表4－5）**。

3）最高・最低気温（夏日・真夏日・冬日・真冬日）

当日の最高・最低気温によって夏日（最高気温が25℃以上30℃未満）・真夏日

表4－2　公園以外の放火と公園の放火の頻度の旬別の比較

月	旬	公園以外放火件数	割合（%）	公園期待値	公園実測値	P値	
1月	上旬	38	3.207	2.982	0	0.051	#-
	中旬	17	1.435	1.334	1	0.351	
	下旬	25	2.11	1.962	2	0.271	
2月	上旬	26	2.194	2.041	0	0.13	
	中旬	33	2.785	2.59	3	0.217	
	下旬	15	1.266	1.177	1	0.363	
3月	上旬	30	2.532	2.354	1	0.224	
	中旬	23	1.941	1.805	0	0.164	
	下旬	25	2.11	1.962	2	0.271	
4月	上旬	33	2.785	2.59	4	0.141	
	中旬	35	2.954	2.747	1	0.176	
	下旬	30	2.532	2.354	2	0.263	
5月	上旬	49	4.135	3.846	3	0.203	
	中旬	36	3.038	2.825	7	0.017	*+
	下旬	45	3.797	3.532	3	0.215	
6月	上旬	38	3.207	2.982	4	0.167	
	中旬	32	2.7	2.511	3	0.214	
	下旬	42	3.544	3.296	2	0.201	
7月	上旬	28	2.363	2.197	1	0.244	
	中旬	42	3.544	3.296	2	0.201	
	下旬	48	4.051	3.767	6	0.092	#+
8月	上旬	43	3.629	3.375	4	0.185	
	中旬	31	2.616	2.433	3	0.211	
	下旬	31	2.616	2.433	6	0.025	*+
9月	上旬	34	2.869	2.668	5	0.078	#+
	中旬	36	3.038	2.825	1	0.168	
	下旬	46	3.882	3.61	5	0.138	
10月	上旬	33	2.785	2.59	3	0.217	
	中旬	38	3.207	2.982	4	0.167	
	下旬	27	2.278	2.119	2	0.27	
11月	上旬	28	2.363	2.197	4	0.108	
	中旬	30	2.532	2.354	1	0.224	
	下旬	47	3.966	3.689	3	0.209	
12月	上旬	32	2.7	2.511	1	0.204	
	中旬	18	1.519	1.413	0	0.243	
	下旬	21	1.772	1.648	3	0.144	
	計	1185	100	93	93		

#+：実測値が期待値より多い傾向にある（0.05＜P＜0.10）
#-：実測値が期待値より少ない傾向にある（0.05＜P＜0.10）
*+：実測値が期待値より有意に多い（P＜0.05）

表4－3 公園以外の放火と公園の放火の頻度の旬別の比較

月	週目	公園以外放火件数	割合（%）	公園期待値	公園実測値	P値	
1月	1	29	2.447	2.276	0	0.103	
	2	11	0.928	0.863	0	0.422	
	3	17	1.435	1.334	1	0.351	
	4	23	1.941	1.805	2	0.268	
2月	1	19	1.603	1.491	0	0.225	
	2	21	1.772	1.648	2	0.261	
	3	20	1.688	1.57	1	0.327	
	4	14	1.181	1.099	1	0.366	
3月	1	19	1.603	1.491	0	0.225	
	2	21	1.772	1.648	1	0.317	
	3	16	1.35	1.256	0	0.285	
	4	22	1.857	1.727	2	0.265	
4月	1	24	2.025	1.884	3	0.169	
	2	23	1.941	1.805	1	0.297	
	3	25	2.11	1.962	1	0.276	
	4	26	2.194	2.041	2	0.271	
5月	1	37	3.122	2.904	2	0.231	
	2	21	1.772	1.648	4	0.059	#+
	3	33	2.785	2.59	4	0.141	
	4	39	3.291	3.061	3	0.224	
6月	1	29	2.447	2.276	3	0.202	
	2	18	1.519	1.413	1	0.344	
	3	28	2.363	2.197	3	0.196	
	4	37	3.122	2.904	2	0.231	
7月	1	19	1.603	1.491	1	0.336	
	2	26	2.194	2.041	0	0.13	
	3	29	2.447	2.276	2	0.266	
	4	44	3.713	3.453	6	0.075	#+
8月	1	34	2.869	2.668	3	0.22	
	2	21	1.772	1.648	2	0.261	
	3	21	1.772	1.648	3	0.144	
	4	29	2.447	2.276	5	0.052	#+
9月	1	20	1.688	1.57	4	0.053	#+
	2	31	2.616	2.433	1	0.214	
	3	21	1.772	1.648	1	0.317	
	4	44	3.713	3.453	5	0.129	
10月	1	20	1.688	1.57	2	0.256	
	2	30	2.532	2.354	3	0.207	
	3	22	1.857	1.727	2	0.265	
	4	26	2.194	2.041	2	0.271	
11月	1	24	2.025	1.884	4	0.08	#+
	2	16	1.35	1.256	1	0.358	
	3	23	1.941	1.805	0	0.164	
	4	42	3.544	3.296	3	0.221	
12月	1	24	2.025	1.884	1	0.286	
	2	14	1.181	1.099	0	0.333	
	3	15	1.266	1.177	0	0.308	
	4	18	1.519	1.413	3	0.114	
	計	1185	100	93	93		

#+：実測値が期待値より多い傾向にある（0.05＜P＜0.10）

表4－4　公園以外の放火と公園の放火の頻度の当日の気圧の比較

気圧	公園以外放火件数	公園放火件数
1,000hPa 以上	803	85
1,000hPa 未満	68	3

χ^2値＝2.255（P＞0.10）

表4－5　公園以外の放火と公園の放火の頻度の当日の降水量の比較

降水量	公園以外放火件数	公園放火件数
0㎜	511	56
0㎜を超える	360	32

χ^2値＝0.816（P＞0.10）

（最高気温が30℃以上）・冬日（最低気温が0℃未満、最高気温が0℃以上）・真冬日（最高気温が0℃未満）・その他の5種類に分けた。公園以外の放火の発生割合を89（同日に複数件発生のため）に掛けたものを期待値とし、これと実測値を使用したポアソン分布を使用して、P値を得た。夏日が有意に多く（P＜0.05）、冬日が有意に少なかった（P＜0.05）**（表4－6）**。

Ⅳ 考　察

公園での放火対象物は、置かれている物品やごみに対するものが多かった。「火を付けやすいもの」が対象物となりやすいと考えられることから、物品の不燃化やごみの撤去の間隔の短縮により、放火を減少させ得るかもしれない。また、東屋も多かったが、これに対しても、構造物を不燃化するなどの対策が有効かもしれない。

天候については、一般的な放火における気象条件（雨が降らない場合に多い）[1] と大きく異なる点はみられなかった。夏日が多かったのは、夏休みの入口と出口に多いことの影響もあると考えられる。また札幌市の公園の多くは、冬季は積雪に覆われて、放火しにくくなることから、冬日の放火が少なく出た可能性はある。従って、冬季に積雪の（ほとんど）ない地域においては、公園での放火の特徴が札幌市の場合と異なる可能性は残る。

表4－6　公園以外の放火と公園の放火の頻度の当日の最高・最低気温による分類の比較

気温による分類	公園以外放火件数	割合（%）	公園期待値	公園実測値	χ^2値	
夏日	120	13.78	12.26	21	10.48	*+
真夏日	28	3.21	2.86	2	0.13	
冬日	180	20.67	18.39	8	4.81	*−
真冬日	66	7.58	6.74	5	0.19	
その他	477	54.76	48.74	53	2.4	
計	871	100	89	89		

*+：実測値が期待値より有意に多い（P＜0.05）
*−：実測値が期待値より有意に少ない（P＜0.05）

ほとんどの事例が、周囲が暗い時間帯になされていたが、これは公園が比較的人目につきやすい場所であることから、以前報告したごみステーションへの放火の大部分が、周囲が暗い時間帯になされていたこと[2]と同様、当然とも言える結果ではある。放火は一般に、休暇明けに増えるが[3]、公園での放火は、大型連休明けや夏休み明けに、それにも増して多いことが示された。さらに、夏休み入りの時期にも多発する傾向があることから、放火犯の中には生徒や学生がかなり含まれている可能性が否定できなかった。今回の結果からは、公園の放火防止については、夏休みの入口と出口に（可能なら暗くなってから）、集中的に警戒することが効率的であると考えられる。

文献

1）西　基．放火と気象条件の疫学的関連性．近代消防　2009；47(6)：70－72.

2）西　基．ごみステーションへの放火に関する疫学的分析．近代消防 2009；47(11)；70－72.

3）西　基．札幌市における放火の疫学．厚生の指標　2009：56(3)；30－33.

「火災及び火焔による不慮の事故」死亡の疫学的県別比較

要　旨

目的：わが国における火災等による死亡率について、県別の特徴を疫学的に検討し、その差異をもたらしている要因につき検討する。

方法：1980年から1994年までの15年間の「人口動態統計」の「火災及び火焔による不慮の事故」による死亡（ＩＣＤ９簡単分類Ｅ108）の全国及び各都道府県の男女別・５歳年齢階級別の資料と、1980年・1985年・1990年の国勢調査による全国及び各都道府県の男女別・５歳年齢階級人口を用いて、各都道府県の粗死亡率及び標準化死亡比（ＳＭＲ）を算出した。また、「県民経済計算」の資料から、各都道府県における県民１人当たり年間所得の1980年から1994年までの15年間の平均を算出し、粗死亡率との相関係数を算出した。

結果：全国の15年間の平均の「火災及び火焔による不慮の事故」による粗死亡率は人口10万対年間1.05であった。北東北（青森1.89、秋田1.50）や四国（高知1.83、愛媛1.68）で高く、関東（神奈川0.66、埼玉0.80）や近畿（大阪0.68、滋賀0.88）で低かった。ＳＭＲも同様の傾向を示し、北東北（青森184.7、秋田131.9）や四国（愛媛138.5、高知137.8）で高く、関東（神奈川75.4、東京84.7）や近畿（大阪74.9、滋賀83.6）で低かった。県民１人当たり年間所得と粗死亡率の間には、比較的高くかつ有意の負の相関関係（Ｒ＝－0.55, Ｐ＜0.01）が認められた。

考察：北日本においては、暖房のため、屋内において火を使う頻度が高くなることが、火災による死亡のリスクを上げている可能性が考えられた。１人当たり所得と粗死亡率との間に有意な負の相関関係が存在したが、低所得世帯においては、火災に対する家屋の構造が脆弱で火の周りが早いこと、火災報知器や消火器の備えをしている世帯が少ないこと、低所得世帯が特定の狭い地域に集中して居住する傾向が見られ、消火や救出を妨げること、などの可能性が考えられ、これらが火災による死亡のリスクを上げていると思われるため、今後、個々の火災事例の世帯別等に関する詳細なデータを蓄積して分析すべきであると考えられた。

キーワード：人口動態統計、県民経済計算、焼死。

Ⅰ 緒　言

人口動態統計（第９回修正国際疾病分類：ＩＣＤ９）においては、いわゆる「焼死」は、不慮の事故の一つである「火災及び火焔による不慮の事故」（簡単分類Ｅ108）による死亡に分類される。全国47都道府県の粗死亡率、及び年齢調整死亡率の１つである標準化死亡比（standardized mortality rate；SMR）を算出して、県別の死亡率の差異と、それをもたらす要因について検討した。

Ⅱ 資料と方法

1980年から1994年までの15年間の人口動態統計の「火災及び火焔による不慮の事故」による死亡の全国及び各都道府県の男女別・５歳年齢階級別の資料と、1980年・1985年・1990年の国勢調査による全国及び各都道府県の男女別・５歳年齢階級人口を用いて、各都道府県の粗死亡率及びＳＭＲ[1] を算出した。

例えば、北海道においては、15年間の死亡数の合計が1,160、1980年・1985年・1990年の国勢調査人口の平均が5,633,025であったから、粗死亡率は、前者を後者で除し、さらに15で除して10万を乗じて1.373となる。

また、例えば北海道におけるＳＭＲを算出する際、まず1980－84年の男性の期待死亡数は、全国における1980－84年の男性死亡数を５歳年齢階級別に合計したものを、1980年の全国における、それぞれに対応する男性の５歳年齢階級別の国勢調査人口で除し、1980年の北海道のそれぞれに対応する男性の５歳年齢階級別人口に乗じ、これらを合計して算出した。1980－84年の女性の期待死亡数についても同様の方法で算出した。1985－89年については1985年の国勢調査人口を、1990－94年については1990年の国勢調査人口を用いて、それぞれ同様に算出した。このようにして算出した期待死亡数をすべて合計して、これで1980－94年の実測死亡数の合計を除し、100倍したものがＳＭＲである。北海道においては、期待死亡数は843.56人、実測死亡数は1,160人であったから、ＳＭＲは137.51となった（これは、全国より37％余り過剰に死亡していることを意味する）。期待死亡数と実測死亡数との間でχ^2検定を実施した。ＳＭＲが120以上の県、110以上120未満の県、90以上110未満の県、80以上90未満の県、80未満の県を地図上に示した（**図５－１**）。

「県民経済計算」の資料から、各都道府県における県民１人当たり年間所得の1980年から1994年までの15年間の平均を算出し、これと各都道府県の粗死亡率との間における相関係数を算出した。

Ⅲ 結　果

全国の15年間の平均の粗死亡率は人口10万対年間1.05であった。北東北（青森1.89、秋田1.50）や四国（高知1.83、愛媛1.68）で高く、関東（神奈川0.66、埼玉0.80）や近畿（大阪0.68、滋賀0.88）で低かった（**表５－１**）。

図５－１　県別の火災及び火焔による不慮の事故の標準化死亡比

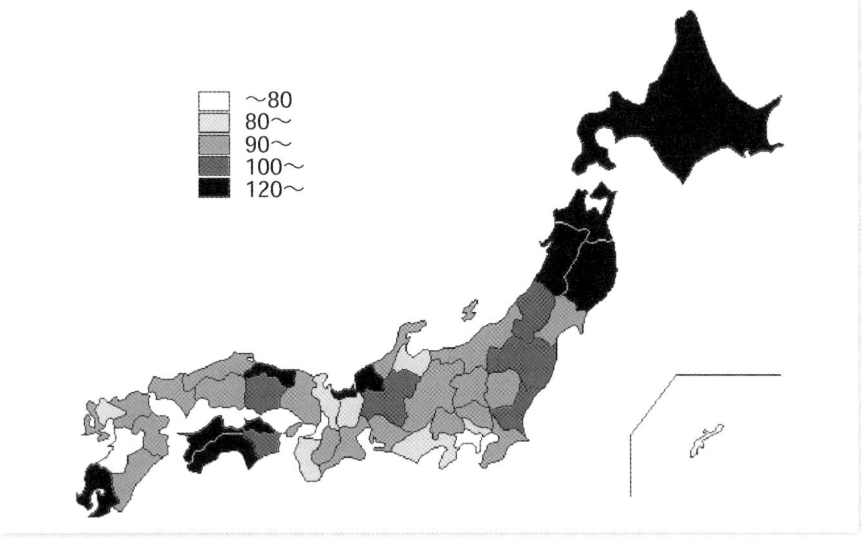

表5－1　1980年から1994年の各都道府県における「火災及び火焔による不慮の事故」による粗死亡率（人口10万対・1年当たり）、標準化死亡比（%）及び平均の1人当たり県民所得（万円）

	粗死亡率	標準化死亡比		1人当たり県民所得（万円）
北海道	1.37	137.5	＊＊	211.4
青森県	1.89	184.7	＊＊	185.6
岩手県	1.39	124.7	＊＊	190.0
宮城県	0.91	90.6		217.1
秋田県	1.50	131.9	＊＊	194.5
山形県	1.41	117.8	＊＊	201.2
福島県	1.32	118.2	＊＊	209.2
茨城県	1.17	114.2	＊＊	244.0
栃木県	1.07	103.2		246.7
群馬県	1.09	100.9		234.7
埼玉県	0.80	93.2		254.0
千葉県	0.91	100.7		248.7
東京都	0.81	84.7	−＊＊	355.2
神奈川県	0.66	75.4	−＊＊	270.1
新潟県	1.20	104.3		221.3
富山県	1.02	89.1		245.1
石川県	1.02	93.4		230.1
福井県	1.43	120.9	＊	225.2
山梨県	1.15	97.2		230.6
長野県	1.25	101.8		237.1
岐阜県	1.26	116.9	＊＊	233.6
静岡県	0.85	80.7	−＊＊	245.9
愛知県	0.88	94.2		288.1
三重県	1.22	106.6		231.5
滋賀県	0.88	83.6	−＊	255.4
京都府	0.91	83.7	−＊＊	241.7
大阪府	0.68	74.9	−＊＊	280.0
兵庫県	1.08	104.1		236.9
奈良県	0.93	90.2		221.3
和歌山県	1.04	86.5		194.8
鳥取県	1.59	128.1	＊＊	201.7
島根県	1.36	99.5		186.6
岡山県	1.46	119.2	＊＊	228.3
広島県	1.20	107.6		242.4
山口県	1.33	109.7		220.1
徳島県	1.37	112.4		206.1
香川県	1.47	120.4	＊＊	219.8
愛媛県	1.68	138.5	＊＊	194.2
高知県	1.83	137.8	＊＊	187.9
福岡県	1.08	102.3		217.8
佐賀県	1.03	85.6		195.8
長崎県	1.07	94.0		177.9
熊本県	0.94	77.3	−＊＊	200.3
大分県	1.22	100.5		199.0
宮崎県	1.10	96.8		173.9
鹿児島県	1.62	129.4	＊＊	177.5
沖縄県	0.73	74.6	−＊＊	172.1

＊＊　P＜0.01
＊　　P＜0.05
マイナス符号は、実測死亡数が期待死亡数より少ないことを示す

ＳＭＲも同様の傾向を示し、北東北（青森184.7、秋田131.9）や四国（愛媛138.5、高知137.8）で高く、関東（神奈川75.4、東京84.7）や近畿（大阪74.9、滋賀83.6）で低かった。また、宮城以外の東北、北海道、徳島以外の四国においては有意に高かった（**表５－１**）。

対象とした15年間における１人当たり年間所得の全国平均は246.6万円であったが、青森で185.6万円、高知で187.9万円、神奈川で270.1万円、大阪で280万円であった（**表５－１**）。粗死亡率と県民１人当たり年間所得との間には、比較的高くかつ有意の負の相関関係（R＝－0.55, P＜0.01）が認められた（**図５－２**）。

Ⅳ 考　察

1979年から1994年まではＩＣＤ９が死因分類に用いられていた。1995年以降はＩＣＤ10が使用されている。前者においては簡単分類Ｅ108「火災及び火焔による不慮の事故」が、後者においては簡単分類20105「煙、火・火炎への曝露」が、それぞれ一般の「焼死」に相当する。ところが、死因によっては、その表現・表記が両分類の間で微妙に異なることから、ＩＣＤ９とＩＣＤ10との間の連

図５－２　火災及び火焔による不慮の事故死亡率

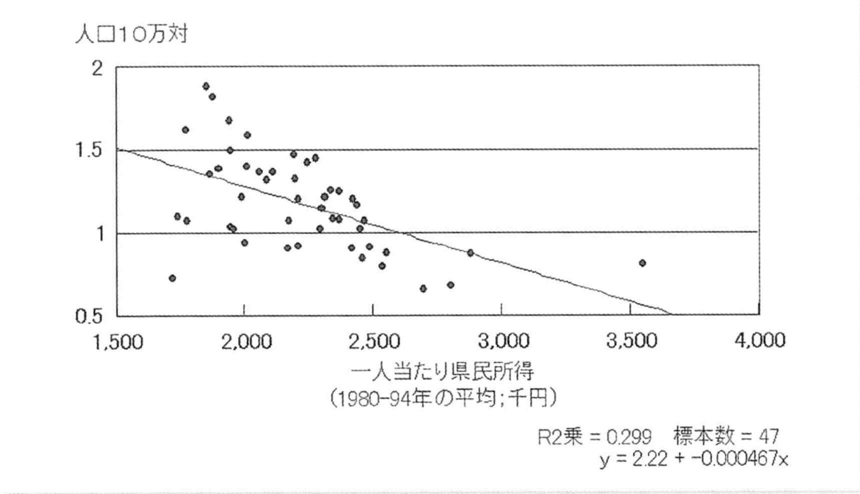

続性が完全でない場合は少なくない。また、1995年の「焼死」の数は、特に兵庫県などにおいて、阪神・淡路大震災の影響を受けているため、その意味でも1994年以前との連続性は絶たれている。そこで、今回はＩＣＤ９を使用していた1980年から1994年までの15年間について検討し、1995年以降については、別に報告することとした。また、死亡率の算出に欠かせない国勢調査の実施は５年に１度であるため、研究の対象となる年数は５の倍数であることが望ましいことから、1979年は割愛した。

数十年前から、わが国は少子高齢化しつつある。また、各県の間には、高齢者の割合についてかなりの相違が見られる。焼死は高齢者に多いという特徴があるため、死亡率を比較するためには、単位人口当たりの「粗死亡率」を見るだけではなく、集団の年齢を調整した「年齢調整死亡率」をも考慮すべきである。今回、年齢調整死亡率の一つであるＳＭＲを算出したのは、このためである。

結果的に、47都道府県の粗死亡率とＳＭＲはほぼ平行していた。北海道、北東北、四国の各県において粗死亡率もＳＭＲも高かった。北日本においては、冬季の気温の低さのため暖房が必須となり、屋内において火を使う頻度は他地域より高くなることから、火災のリスクがそれだけ高くなることは、今回の結果とは矛盾しない。しかし、これのみでは四国で高いことが説明できない。

以前、無職世帯において、乳児死亡率や死産など、各種の死亡率が高く、所得の高い世帯では低いことを報告したことから[2)]、今回も県別の１人当たり所得と粗死亡率の関連性を検討したのである。１人当たり所得と粗死亡率との間に有意な相関関係が存在した。早川は、劣悪な住宅環境が小児の死亡率を高めているとしている[3)]が、住環境はそれだけでなく、より広範囲な影響を及ぼすものと思われる。今回の結果をもたらした要因として、以下のような可能性が考えられる。

・低所得世帯においては、火災に対する家屋の構造が脆弱で、火の周りが早い可能性。
・火災報知器や消火器の備えをしている世帯が少ない可能性。
・低所得世帯が特定の狭い地域に集中して居住する傾向が見られ、消火や救出を妨げる可能性。

現在、個々の火災事例の世帯別等に関する詳細なデータは、わが国のほとんどの自治体において、蓄積されていないと思われる。焼死者の抑制のためには、今後、このような資料の収集と分析が必要である。

文献

1）三宅浩次．西　基．北海道における主要死因の概要６　－市町村別標準化死亡比（ＳＭＲ）－．札幌：北海道健康づくり財団．2008.

2）西　基．三宅浩次．無職世帯における乳児死亡・周産期死亡・死産．厚生の指標　2007；54(6)：34－38.

3）早川和男．過密居住の影響．住宅貧乏物語．東京：岩波書店．1979；1－64.

世帯別の「火災及び火焔による不慮の事故」の死亡の比較

要 旨

目的：わが国における焼死について、世帯別の特徴を疫学的に検討する。

方法：1980年から1994年までの15年間の人口動態統計の「火災及び火焔による不慮の事故」による死亡（ＩＣＤ９簡単分類Ｅ108、「焼死」）の全国の世帯別（専業農家、兼業農家、自営業者、勤労者Ⅰ［ホワイトカラー］、勤労者Ⅱ［ブルーカラー］、その他）・男女別・５歳年齢階級別の資料、及びそれぞれに対応する総死亡（あらゆる死因による死亡）を用い、総死亡の中に占める焼死の割合を利用し、標準化死亡比を算出するのと全く同じ方法を用いて、世帯別の期待死亡数を算出し、実測死亡数と比較した。

結果：男女どちらも焼死者数のピークは75 ～ 79歳に見られた。勤労者Ⅱの男性の焼死が多いことが、総死亡と比較して目立った。勤労者Ⅰの実測死亡数は全体としても、年齢別にみても、男女とも有意に少なく、期待死亡数の６～７割程度であった。勤労者Ⅱの男性の焼死は、生産年齢である15 ～ 64歳で有意に高く、これが全体としての勤労者Ⅱの男性の焼死を押し上げている原因の１つと考えられた。「その他の世帯」の乳幼児の焼死は期待死亡数の約５割増しと高かった。

考察：高所得の世帯と考えられる勤労者Ⅰの世帯で焼死が少なかったのは、先の論文で指摘した県民所得と県別の焼死死亡率が逆の関係を持つという事実と矛盾しない。勤労者Ⅱの男性が多く焼死していた原因の推測は困難であったが、低賃金労働者の男性の単独世帯の火災が一つの原因となっている可能性は否定できなかった。また、無職の世帯など、低所得世帯の家屋構造が、特に乳幼児の「過剰な」焼死をもたらしている可能性が考えられた。今後、個々の火災事例の世帯別等に関する詳細なデータを蓄積し、今後の防火に役立てるべきであると考えられた。

キーワード：人口動態統計、焼死、世帯。

Ⅰ 緒　言

先の報告[1)]で、「火災及び火焔による不慮の死亡」（焼死者）の県別の粗死亡率と標準化死亡比（standardized mortality ratio、ＳＭＲ）を検討したところ、県民所得が高いほどこれらの値が低いことが判明した。1994年以前の人口動態統計では、一部の資料について、世帯別の集計（専業農家、兼業農家、自営業者、常用勤労者Ⅰ［勤労者Ⅰ］、常用勤労者Ⅱ［勤労者Ⅱ］、その他）もなされている。このうち、たとえば、勤労者Ⅰはホワイトカラー、勤労者Ⅱはブルーカラーとされ[2)]、世帯による所得の差が存在すると思われるため、今回は世帯別の焼死の多寡について検討した。

Ⅱ 資料と方法

1980年から1994年までの15年間の人口動態統計（第９回修正国際疾病分類、ＩＣＤ９）の、世帯別の総死亡（あらゆる死因による死亡）と焼死者数を用いた。**表6－1**に人口動態統計における世帯の定義を示した[3)]。

世帯別の人口の資料は存在しない。従って、単位人口当たりの死亡率を計算することができない。また、例えば「その他の世帯」には、退職した結果、無職となった世帯がかなり多く含まれる。一方、勤労者世帯は、現役として働いている者がほとんどを占める。従って、年齢構成は世帯の間で相当異なると考えられ

表6－1　世帯の主な仕事[3)]

専業農家世帯	：農業だけをしている世帯
兼業農家世帯	：農業とその他の仕事を持っている世帯
自営業者世帯	：店や事務所を持って自由業・商工業・サービス業などを個人で経営している世帯
常用勤労者世帯（Ⅰ）	：管理・事務・教員・販売・外交・医療保健技術者・旧専門学校卒業以上の技術者などの勤労者世帯（日々又は１年未満の契約の雇用者はその他の世帯）
常用勤労者世帯（Ⅱ）	：常用勤労者世帯（Ⅰ）にあてはまらない勤労者世帯（日々又は１年未満の契約の雇用者はその他の世帯）
その他の世帯	：上記以外の世帯

る。また、後述するが、男女間でも焼死者数はかなり異なる。

そこで、今回は、単位総死亡者当たりの焼死者数を指標として議論することとした。つまり、すべての死亡者の中に占める焼死者の割合は、世帯の間で差がなければ、いずれの世帯でも全国平均値と同じ値となるはずであるため、ここから期待死亡数を算出して、実測死亡数と比較することとしたのである。

① 年別・男女別・5歳年齢階級別に、総死亡者数及び焼死者数を求めた。

② これらについて、男女別・5歳年齢階級別に、1980年から1984年の5年間の合計を求め、男女別・5歳年齢階級別に焼死者数が総死亡者中に占める割合を算出した。

③ この割合を、それぞれの世帯に対し、対応する男女別・5歳年齢階級別の総死亡者に掛けた。これは、それぞれの世帯における焼死者の割合が、全国の平均的な焼死者の割合であった場合、何人の焼死者が見込まれるか、という数字（期待死亡数）である。

④ 人口動態統計の資料では、死亡時年齢が判明していない例があるため、これを除外して、世帯ごとに、男女別に、期待死亡数と実測死亡数（実際の焼死者数）の年齢を通算した合計を求めた。

⑤ 同様な計算を、1985年から1989年の5年間、及び1990年から1994年の5年間についても行った。

⑥ 1980～84年、1985～89年、及び1990～94年の実測死亡数を合計し、期待死亡数も合計し、前者を後者で割った値を求め、χ^2検定も行った。年齢別にも同様の計算を行った。

今回の計算は、先の報告[1)]における都道府県別のＳＭＲの計算の、「人口」を「総死亡者数」に、「都道府県」を「世帯」に、それぞれ置き換えた以外、全く同じである。前回の指標はＳＭＲで、これは単位人口当たりの焼死者数を扱ったが、今回扱ったのは、単位総死亡者当たりの焼死者数、つまり焼死者数が総死亡者に占める割合である。そこで、今回は仮にこれを標準化死亡割合比（standardized proportional mortality ratio：ＳＰＭＲ）と呼ぶこととした。

Ⅲ 結　果

1．死者の年齢分布

図6－1に焼死者の５歳年齢階級別分布を示す。男女とも10～15歳が最少で、以後は年齢とともに増加し、男性は70～74歳で、女性は65～69歳で、急に増加している。男女どちらもピークは75～79歳にみられた。ただ、乳幼児（0～4歳）の焼死者も無視できないほど多い。15歳以降のほとんどの年齢階級で、男性が女性より多いが、男性に対する女性の比をみると、65歳以降で急に大きくなり、85～89歳でほぼ同じとなって、90歳以上では女性の方が多くなることが特徴的である。

2．世帯別の総死亡者及び焼死者数

世帯別の総死亡者数を図6－2に、焼死者数を図6－3に、それぞれ男女別に示す。総死亡者と比べると、勤労者Ⅱの男性の焼死が多いのが目立つ。

3．世帯別のＳＰＭＲ

表6－2に世帯別のＳＰＭＲを示す。男女とも、勤労者Ⅰの実測死亡数は有意に少なく、期待死亡数の６～７割程度であった。これに対し、勤労者Ⅱの男性の実測死亡数は有意に多かった。

図6－1　焼死者の5歳年齢階級別の分布（1980～1994年）

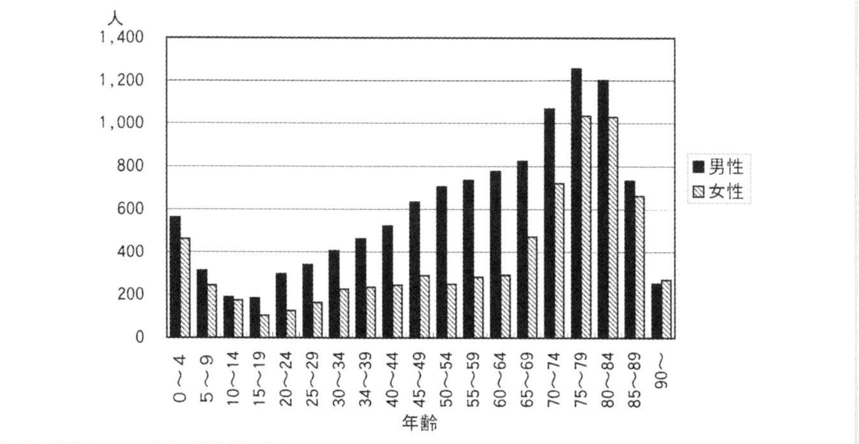

図6－2　総死亡者の世帯別の分布（1980～1994年）

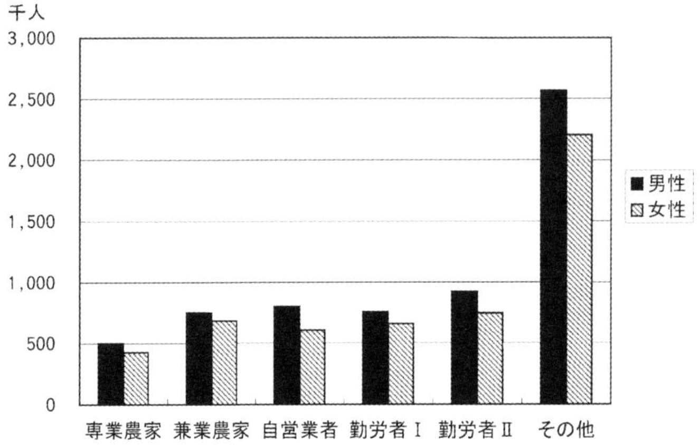

図6－3　焼死者の世帯別の分布（1980～1994年）

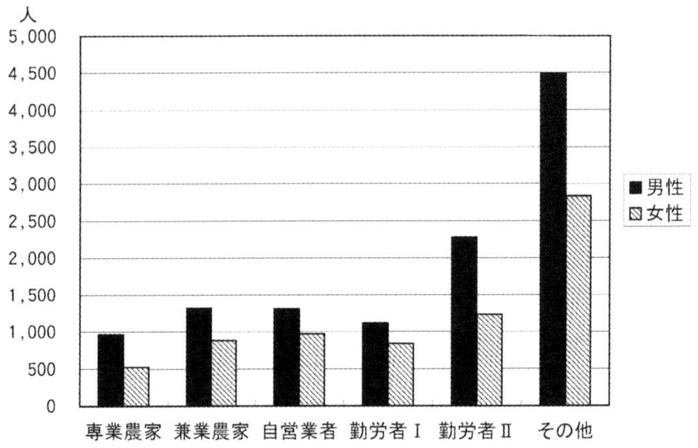

4．年少人口の焼死者

表6－3に０～４歳、５～９歳、10～14歳のＳＰＭＲを示す。男女とも、これらすべての年齢階級で勤労者Ⅰが有意に少なく、実測死亡数は期待死亡数の５～６割程度であった。「その他の世帯」においては、０～４歳が期待死亡数のほ

表6－2　世帯別の「焼死」実測死亡数、期待死亡数、及びＳＰＭＲ（1980～1994年）

	実測死亡数	期待死亡数	SPMR
	男性		
専業農家	964	778.4	123.8　＊＊
兼業農家	1,317	1,247.6	105.6　＊
自営業者	1,315	1,467.7	89.6　－＊＊
勤労者Ⅰ	1,113	1,781.8	62.5　－＊＊
勤労者Ⅱ	2,274	2,093.4	108.6　＊＊
その他	4,486	4,007.1	112.0　＊＊
	女性		
専業農家	525	482.5	108.8
兼業農家	883	821.6	107.5　＊
自営業者	971	852.1	114.0　＊＊
勤労者Ⅰ	840	1,197.0	70.2　－＊＊
勤労者Ⅱ	1,236	1,259.9	98.1
その他	2,833	2,620.0	108.1　＊＊

＊＊　Ｐ＜0.01
＊　　Ｐ＜0.05
マイナス符号は実測死亡数が期待死亡数より少ないことを示す。

表6－3　世帯別の年齢階級別の「焼死」のＳＰＭＲ（1980～1994年）

	0～4歳	5～9歳	10～14歳	15～64歳	65～歳
	男性				
専業農家	123.1	66.0	87.5	112.2	131.0　**
兼業農家	107.7	98.9	104.1	88.9　-**	115.7　**
自営業者	117.2	142.1　**	154.7　**	81.0　-**	90.2　-*
勤労者Ⅰ	55.2　-**	65.1　-**	66.4　-*	62.3　-**	64.8　-**
勤労者Ⅱ	118.1　*	102.9	84.2	114.9　**	95.9
その他	147.7　**	131.8　**	131.5	127.2　**	100.7
	女性				
専業農家	169.0　*	81.5	84.6	84.3	114.6　**
兼業農家	110.3	131.3	157.2　**	105.6	105.7
自営業者	128.6　*	161.8　**	172.4　**	122.8　**	100.6
勤労者Ⅰ	48.4　-**	53.4　-**	49.1　-**	75.7　-**	76.8　-**
勤労者Ⅱ	116.2	124.9　**	116.6	105.9	81.4　-**
その他	152.8　**	86.4	84.0	106.4	108.2　**

＊＊　Ｐ＜0.01
＊　　Ｐ＜0.05
マイナス符号は実測死亡数が期待死亡数より少ないことを示す。

ぼ5割増しとなっていた。

5．生産年齢人口の焼死者

表6－3に15～64歳の年齢階級をまとめたSPMRを示す。

勤労者Ⅱの男性が有意に高かった。

勤労者Ⅰは男女とも有意に低かった。

6．高齢人口の焼死者

表6－3に65歳以上の年齢階級をまとめたSPMRを示す。ここでも勤労者Ⅰが男女とも有意に低く、期待死亡数の6～7割程度であった。「その他の世帯」で女性が有意に高かった。

Ⅳ 考　察

今回採用した方法は、世帯別の人口が不明なことによる次善の策ではあるが、「年齢調整した上での全死亡の中に占める焼死の割合」は、単位人口ベースのSMRに近いと考えられる。

平均寿命は女性が男性より長いことから、高齢者には女性が多い。65歳以上の人口は、1980年には、男が約448万人、女が613万人、1994年には男が717万人、女が1,035万人であった[4)]。高齢となるほど女性が焼死に占める割合が高くなったのは、このような事情のためと思われる。また、65歳以上の単独世帯は、今回対象とした期間、単調に増加していた（1980年には91万世帯、1994年には211万世帯）[5)]。65歳以上の単独世帯は、「その他の世帯」に分類される場合がほとんどと考えられ、かつ女性が多いと思われる。65歳以上の「その他の世帯」で女性の焼死が有意に高かったのは、このような事情が背景にあると考えられる。

勤労者Ⅰは、ホワイトカラーの世帯で、所得に関する厳密な統計はないが、一般に高所得世帯と考えられる。今回の結果をみると、全体としても、またいずれの年齢でも、男女とも、勤労者Ⅰの世帯は、焼死が少なかった。高所得世帯においては、家屋構造が火災に対して強いこと、火災報知システムが整備されていること、消火に有利な地域に在住していることなど、有利な点がいくつか想定できる。勤労者Ⅱの男性の焼死が多かったが、年齢別にみると、生産年齢人口に相当する年齢である15～64歳において有意に高く、これが全体としての勤労者Ⅱの男性の焼死を押し上げていると考えられた。現在の資料からは、その原因の推定は困難であるが、たとえば低賃金労働者の男性の単独世帯の火災がその原因の一つとなっている可能性は否定できない。

世帯別の資料として、「無職」が独立して表章されるようになったのは1995年で、1994年以前には「その他の世帯」に含まれていた。以前、無職世帯の乳幼児に関する健康指標（乳児死亡率、周産期死亡率など）が、他の世帯に比べ、悪いことを報告した[6)]。今回も、「その他の世帯」においては、０～４歳の焼死者数が期待値のほぼ５割増しとなっていた。低所得世帯の家屋構造が、様々な問題を引き起こすことは、以前から指摘されており[7)]、先の報告において、このことが焼死の多寡にまで影響している可能性を指摘したが[1)]、今回の結果もこれと矛盾しない。乳幼児の全体としての焼死者数が多かった原因の一つが「その他の世帯」における乳幼児の「過剰な」焼死にあると考えられる。個々の火災事例の世帯別等に関する詳細なデータを蓄積し、今後の防火に役立てるべきであろう。

文献

1）西　基.「火災および火焔による不慮の事故」死亡の疫学的県別比較. 近代消防　2009；47(12)：60－62.

2）厚生統計協会. 厚生省大臣官房統計情報部編. 平成４年人口動態統計上巻 P270.

3）厚生統計協会. 厚生省大臣官房統計情報部編. 平成４年人口動態統計上巻 P49.

4）厚生統計協会. 国民衛生の動向. 第１表　人口. 1995；42(9)：394.

5）厚生統計協会. 国民衛生の動向. 6）世帯数. 1995；42(9)：40.

6）西　基、三宅浩次. 無職世帯における乳児死亡・周産期死亡・死産. 厚生の指標　2007；54(6)：34－38.

7）早川和男. 過密住宅の影響. 住宅貧乏物語. 東京：岩波書店. 1979；1－64.

出火100件当たりの死者数と救急病院数との関連性

要旨

目的：出火100件対死者数などと救急病院数との関連性を都道府県別に検討する。

方法：各都道府県の出火件数・死者数・負傷者数は1999年から2008年の消防白書（総務省）により、10年の平均値を使用した。各都道府県の救急病院数は2002年と2005年の医療施設調査（厚生労働省）により、両年の平均値を使用した。各都道府県の面積は2005年の全国都道府県市区町村別面積調（国土地理院）によった。各都道府県の人口は2000年と2005年の国勢調査（総務省）により、両年の平均値を使用した。各都道府県について、出火100件対死者数・負傷者数、人口10万対及び県面積1,000㎢対救急病院数（初期、二次、三次）を算出した。これらの指標について、互いの関連性を統計学的に検討した。

結果：①県面積1,000㎢対救急病院数（初期、二次、三次）と出火100件対死者数との間には明瞭な関係が認められ（寄与率約0.35）、初期、二次、三次いずれも救急病院数が多くなるほど死者数は有意に減少した（すべて$P<0.01$）。県面積1,000㎢対救急病院数（初期）が10以上である県においては出火100件対死者数は平均2.78であったのに対し、救急病院数が３未満である県では、死者数は平均4.48であった。②県面積1,000㎢対救急病院数（初期、二次、三次）と出火100件対負傷者数との間には明瞭な関係は認められなかった。③人口10万対救急病院数（初期、二次、三次）と出火100件対死者数との間には明瞭な関係は認められなかった。

考察：火災現場へ短時間で行けることや、短時間で救急医療施設へ搬送できる体制が、重傷者の救命即ち死者数の減少に大きく寄与していると推測された。火災に際しての死者数を抑制するためには、単位人口当たりではなく単位面積当たりの救急病院数を増加させることが有効と考えられ、県レベルの救急医療施設の整備を検討する際は、カバーする地域の面積やアクセスが軽視されるべきではないと考えられた。

キーワード：出火件数、救急病院数、都道府県。

Ⅰ 緒　言

火災の際、人的被害が発生すること、つまりダメージが人命に及ぶことは少なくない。救急活動は、そのダメージコントロールの一つであると考えられるが、その中には現場での消火・救出活動、救急搬送、及び救急医療など、種々の要素が含まれる。本論文は救急医療を担う主力である救急病院に着目し、都道府県のレベルにおいて、救急病院数と火災で発生する死者数との関係について検討した。

Ⅱ 対象と方法

各都道府県の出火件数・死者数・負傷者数は1999年から2008年までの消防白書（総務省）により、10年の平均値を使用した。なお、火災は建物火災をはじめ、すべての種類を含んでおり、死者・負傷者も同様であった。各都道府県の救急病院数（初期・二次・三次）は2002年と2005年の医療施設調査（厚生労働省）により、両年の平均値を使用した。各都道府県の面積は2005年の全国都道府県市区町村別面積調（国土地理院）によった。各都道府県の人口は2000年と2005年の国勢調査（総務省）により、両年の平均値を使用した。

各都道府県において、出火100件当たりの死者数・負傷者数、県面積1,000㎢当たり及び人口10万人当たりの救急病院数（初期・二次・三次）を算出した。これらの指標について、互いの関連性を回帰分析やトレンド分析などにより検討した。

Ⅲ 結　果

1．各指標の全国における値

全国平均の年間出火件数は５万8,265件、死者数は2,017人、負傷者数は8,401人であった。出火100件対死者数は3.62、負傷者数は14.42であった。面積1,000㎢対救急病院数は、初期が4.55、二次が10.04、三次が0.52であった。人口10万対救急病院数は、初期が1.35、二次が2.98、三次が0.16であった。

２．県面積1,000㎢対救急病院数と出火100件対死者数との関係

救急病院数（県面積1,000㎢対）と死者数（出火100件対）との関係を図７－１、図７－２、図７－３に示す。一次回帰、指数回帰、対数回帰、べき乗回帰のうち、最も高い寄与率（R^2）を示したものを表示した。初期・二次・三次とも寄与率は0.35前後であって、これは一次回帰の場合の相関係数（R）ならば0.6程度に相当し、かなり良好な負の相関である。

また、47都道府県を、切れの良い数字で可及的４分の１ずつ、つまり約10数県ずつの群に分けた場合、初期・二次・三次とも病院数が多いほど死者数は単調に減少し、そのトレンドは有意であった（図７－４、図７－５、図７－６；各群の病院数の中央値を外的基準値とするコクラン・アーミテージ検定；すべて$P<0.01$）。例えば、県面積1,000㎢対救急病院数（初期）が10以上である県においては出火100件対死者数は平均2.78であったのに対し、救急病院数が３未満である県においては死者数は平均4.48であった。この場合、前者を１とすると、後者の相対危険度は1.6となる。これは焼死のリスクが後者において６割増えることを意味する。二次・三次でもそれぞれ1.65、1.64と、リスクの増加の程度は近似していた。

３．県面積1,000㎢対救急病院数と出火100件対負傷者数との関係

初期・二次・三次救急病院数との関係における最高のR^2を示した回帰方法をそれぞれ図７－７、図７－８、図７－９に示したが、すべて０に近い数字で、相関関係は事実上認められなかった。

４．人口10万対救急病院数と出火100件対死者数との関係

初期・二次・三次救急病院数との関係における最高のR^2を示した回帰方法をそれぞれ図７－10、図７－11、図７－12に示したが、すべて０に近い数字で、相関関係は事実上認められなかった。

５．札幌市以外の北海道と札幌市との比較

諸背景因子が近似している同一県内において、以上の点につき比較すべく、札幌市以外の北海道と札幌市を取り上げた（表７－１）。

図7－1　県面積1,000㎢対初期救急病院数と出火100件対死者数との関係（その1）

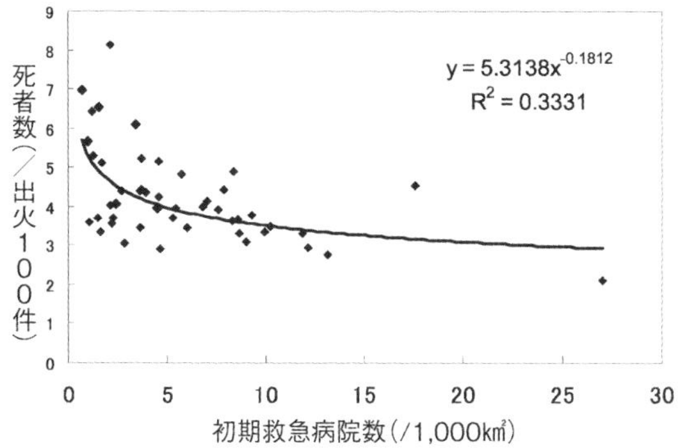

図7－2　県面積1,000㎢対二次救急病院数と出火100件対死者数との関係（その1）

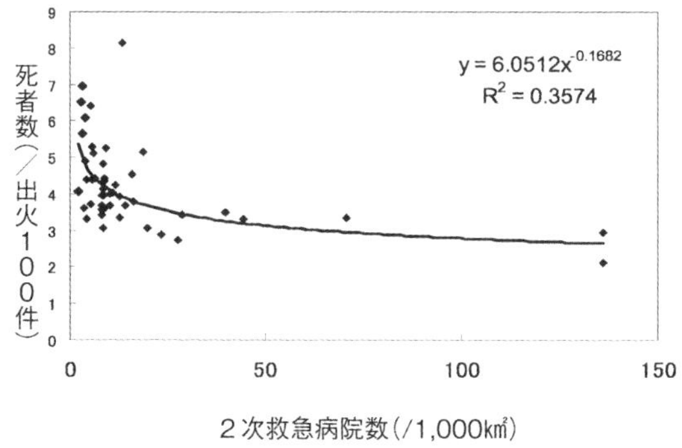

図7－3　県面積1,000㎢対参次救急病院数と出火100件対死者数との関係（その1）

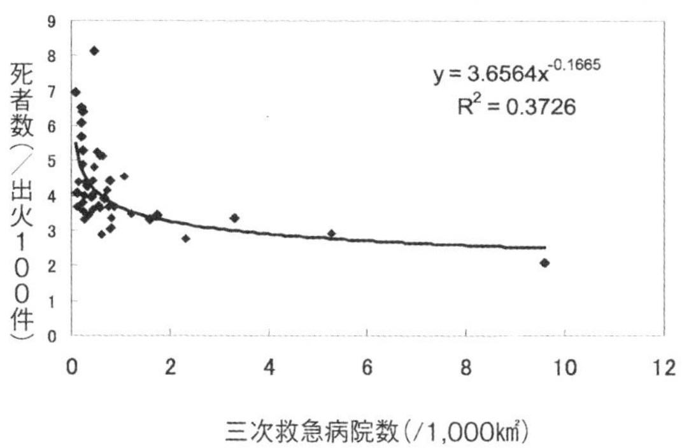

図7－4 県面積1,000㎢対初期救急病院数と出火100件対死者数との関係（その2）

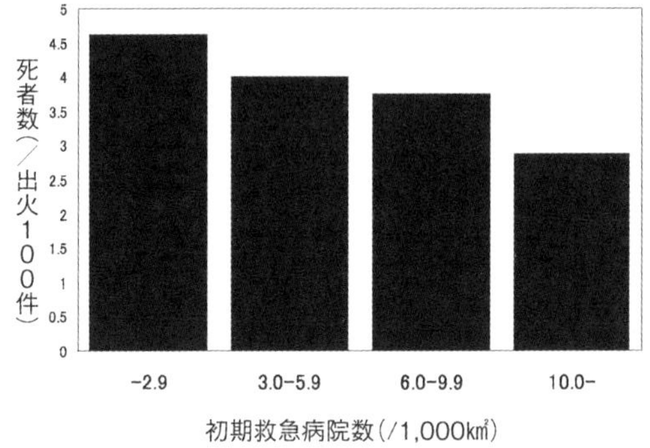

図7－5 県面積1,000㎢対二次救急病院数と出火100件対死者数との関係（その2）

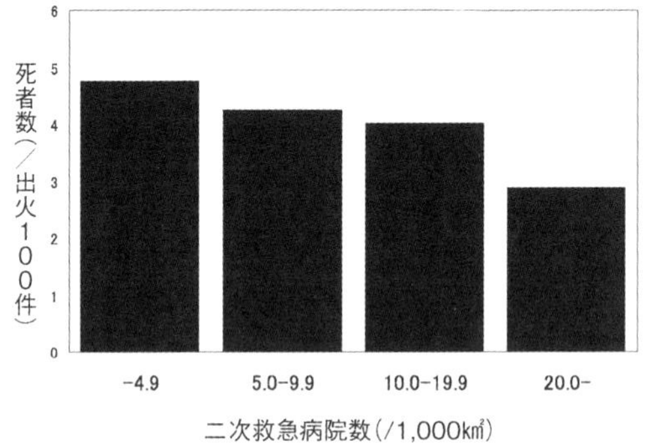

図7－6 県面積1,000㎢対三次救急病院数と出火100件対死者数との関係（その2）

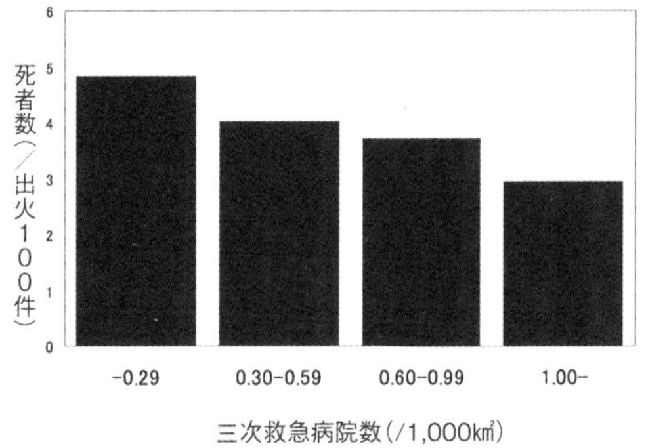

図7－7　県面積1,000km²対初期救急病院数と出火100件対負傷者数との関係

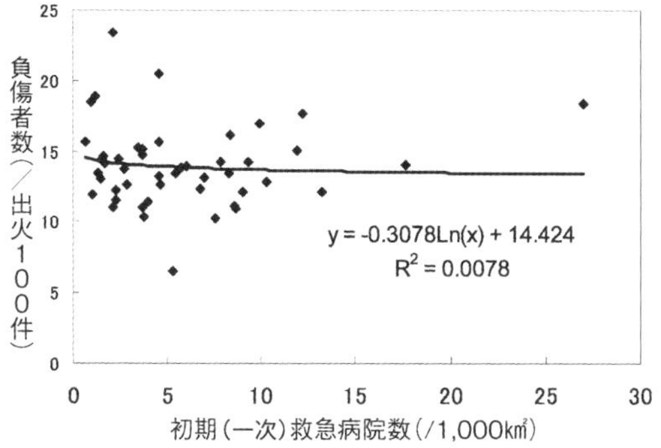

図7－8　県面積1,000km²対二次救急病院数と出火100件対負傷者数との関係

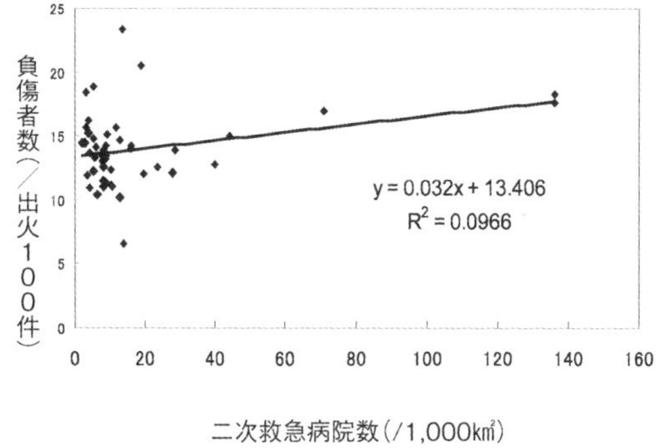

図7－9　県面積1,000km²対三次救急病院数と出火100件対負傷者数との関係

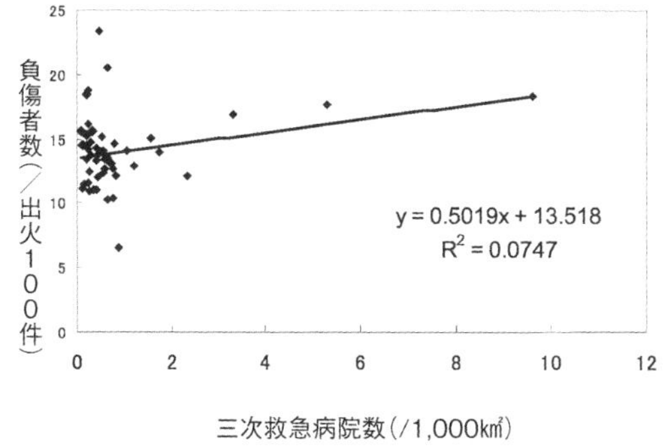

図7－10　人口10万対初期救急病院数と出火100件対死者数との関係

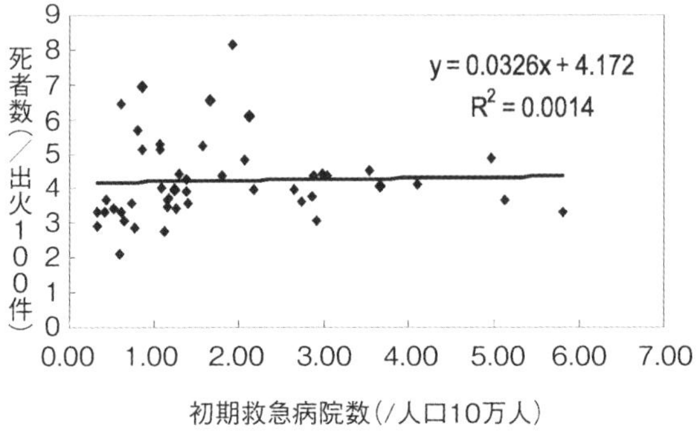

図7－11　人口10万対二次救急病院数と出火100件対死者数との関係

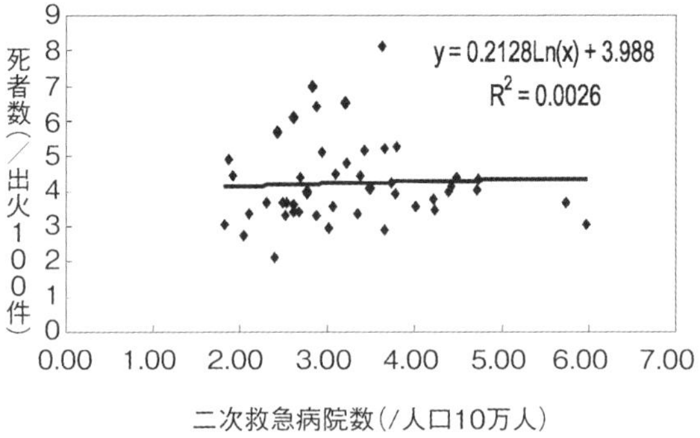

図7－12　人口10万対三次救急病院数と出火100件対死者数との関係

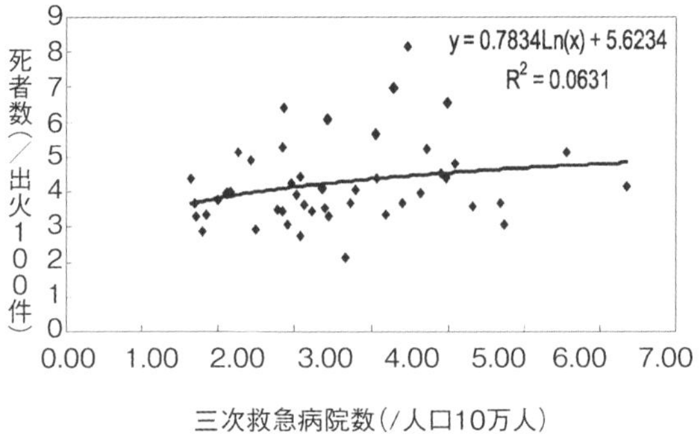

表7－1 札幌市以外の北海道と札幌市の比較

	札幌市以外の北海道	札幌市
人　口	3,809,867	1,845,533
面積（㎢）	82,335	1,121
死　者　数（／出火100件）	4.4	3.15
救急病院数（／人口10万人）		
初期	3.28	4.44
二次	3.53	3.41
三次	0.16	0.19
救急病院数（／ 1,000㎢）		
初期	1.52	73.14
二次	1.63	56.19
三次	0.07	3.12

人口10万対救急病院数は、両者の間に大きな相違はなく、二次救急病院数はかえって札幌市が少なかったが、面積1,000㎢対救急病院数は札幌市が札幌市以外の北海道の数10倍であった。出火100件対死者数は札幌市が3.15であったのに対し、札幌市以外の北海道は4.40と、札幌市の約1.4倍であった。

Ⅳ 考　察

以前の論文[1,2]においては単位人口当たりの焼死者を取り上げたが、今回の報告では単位火災件数当たりの死者数を取り上げた。これらの論文では火災が発生する以前の要因、即ち火災発生のリスクを上げる要因（経済的な因子など）も含んでいたが、今回の解析では、これら発生の危険度を上昇させる因子などは入っておらず、発生後の要因のみを扱ったことになる。同時に、本報告の対象は、救急病院に運ばれた症例や心肺停止傷病者に限定されていないことから、「救命率」と比較する際には注意が必要である。

負傷者と救急病院数との間に明らかな関係がなかったことは、直ちに生命に関わるような状態でない負傷者は、救急病院へ搬送される頻度が少なくなり、結果的に救急病院の寄与が小さくなるからであると考えられる。これに対し、死者数の減少、即ち重傷者の救命には救急病院数の関与は明らかであった。ただし、それは単位人口当たりではなく単位面積当たりの救急病院数であった。このことは札幌市以外の北海道と札幌市の比較において端的に表れており、両者の救急病院数は人口当たりではあまり違わなかったのに対し、面積当たりでは大きく異なっていて、これが両者の死者数の差に関係していると考えられた。

今回の結果から、火災現場へ短時間で行けることや、短時間で救急医療施設へ搬送できる体制が、火災を原因とする死者数の減少に大きく寄与していると推測される。火災に際しての死者数を抑制するためには、単位人口当たりではなく単位面積当たりの救急病院数を増加させることが有効と考えられた。救急病院は、当然のことながら火災以外の事故や疾患による症例も扱うが、これらの症例の救命に対しても、単位面積当たりの病院数との関連性が強いであろうことが、今回の結果から推測される。

消防白書の統計によれば、最近数年間、救急病院数は全国的には減少傾向にある。このことは医療制度の変化や病院経営上の理由にもよるにせよ、県レベルで救急医療施設の整備を検討する際は、カバーする地域の面積やアクセスが軽視されるべきではないと考えられた。

文献

1）西 基.「火災および火焔による不慮の事故」死亡の疫学的県別比較. 近代消防 2009；47(12)：60－62.

2）西 基. 世帯別の「火災および火焔による不慮の事故」の死亡の比較. 近代消防 2010；48(6)：55－57.

建物火災における焼損程度と時間的因子の関連性の検討

要　旨

目的：建物火災に関して、１日のうちいつが全焼のリスクが高いのか、また、早期通報が焼損程度を軽減しうるかは、興味深い問題である。今回の報告では、焼損程度と時間的因子との関連性を検討した。

方法：2006年１月１日から2009年12月31日までに札幌市において発生し、札幌市消防局が火災と認定した2,972件のうち、出火時刻と覚知時刻が記載されているもので、事後聞知でない、全焼・半焼・部分焼・ぼやの1,574件を対象とし、出火時刻から覚知時刻までの所要時間（覚知所要時間）を求めた。

結果：１時間ごとにみると、０時台では全焼の割合が14.5%と高く、かつこれは有意であった。９時台と17時台は、半焼が有意に多かったが、全焼が３%台と少なかった。19時台は、全焼が３%台、半焼は2.9%と有意に少なく、かつぼやが66.7%と多かった。24時間をいくつかの時間帯に分けたところ、最も10分未満割合が多かったのは19－21時台で、中央値も最短の６分で、全焼は3.5%と最小、ぼやが61.6%と最大であった。最も10分未満割合が小さかったのは０－６時台で、19－21時台とは約16ポイントの差があり、かつ中央値も最長の９分で、全焼は9.5%と最大だったのに対し、ぼやは49.3%と12－15時台に次いで小さかった。覚知所要時間が長くなるほど焼損程度が重く、全焼確率も増加し、５－10分程度の差違で全焼確率は数倍となった。

考察：19時台や19－21時台において、全焼半焼が少なく、かつぼやが多かったのは、早期通報によってぼやのうちに消し止めたためと考えられる。また、０時台や０－６時台で全焼の割合が有意に大きかったのは、人が寝静まっているために発見が遅れ、全焼に至ったものと解釈される。焼損程度と覚知所要時間との間には明らかな関係が認められ、かつ５－10分程度の差違が全焼確率を数倍にすることから、特に深夜から未明の火災に対しては、早期通報が全焼を回避する有力な手段であり、住宅用火災警報器の設置を一層促進すべきであると考えられた。
キーワード：覚知、出火、所要時間、全焼、建物火災。

Ⅰ 緒　言

建物火災は、一般市民にとっては、しばしば生命や財産を失う極めて重大な火災事例の一つである。建物火災が起こったとしても、火災の程度を可及的抑えることが重要であるのは言うまでもない。以前の報告において、放火などの火災の発生は、季節や時刻などの時間的因子に一定程度依存することを報告した[1,2)]。１日における時間帯のうち、いつが全焼のリスクが高いのか、また、早期に通報すると焼損の程度が軽減されうるかは、興味深い問題である。今回の報告では、札幌市における建物火災の、特に焼損程度について、時間的因子との関連性を検討した。

Ⅱ 資料及び方法

2006年１月１日から2009年12月31日までの４年間に札幌市において発生し、札幌市消防局が火災と認定した2,972件のうち、出火時刻と覚知時刻が記載されているもので、事後聞知でない建物火災の事例は1,585件であった。建物火災は、焼損程度に基づいて全焼・半焼・部分焼・ぼや・爆発の５種類に分類されているが、「爆発」の性質は他の４つとは異なり、かつ11件に過ぎなかったことから、今回の報告では爆発を除外した1,574件を対象とした。

出火時刻から覚知時刻までの所要時間（覚知所要時間）を分単位で求めた。覚知所要時間の分布は、ばらつきが大きく、正規分布から外れていたため、代表値としては中央値を使用し、併せて10分未満の件数の割合も算出した。統計的検定としては、全体としての割合を元に期待値を求め、実測値と突き合わせて、原則としてχ^2検定を用いたが、期待値が10未満の場合にはポアソン分布によりＰ値を算出し、$P<0.05$を有意とした。

Ⅲ 結　果

1．焼損程度

1,574件のうち、全焼・半焼・部分焼・ぼやは、それぞれ103件（6.5%）・118件（7.5%）・515件（32.7%）・838件（53.2%）を占めた。

2．覚知所要時間

1,574件の覚知所要時間の中央値は７分であった。948件（60.2%）は10分未満であった。

3．焼損程度と覚知所要時間

図８－１に焼損程度と覚知所要時間の中央値との関係を、図８－２に焼損程度と覚知所要時間が10分未満であった件数の割合との関係を、それぞれ示す。覚知

図８－１　覚知所要時間の中央値

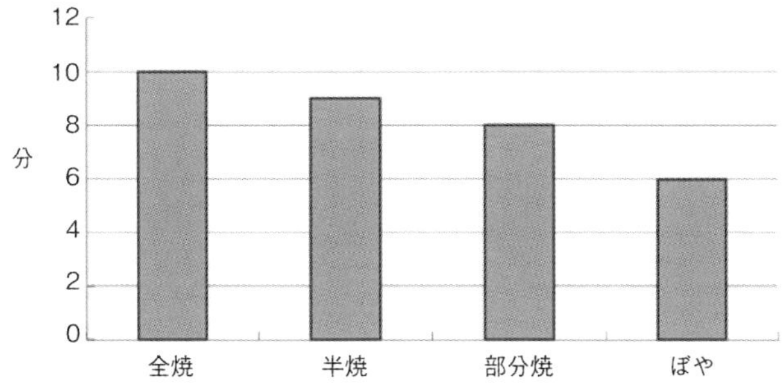

図８－２　覚知所要時間の10分未満の割合（%）

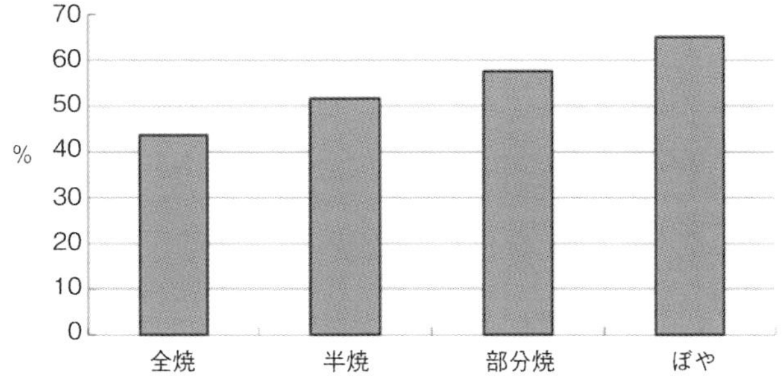

所要時間が長くなるほど、焼損程度が重かった。

4．1時間毎の覚知所要時間と焼損程度

表8－1に1時間ごとの覚知所要時間の中央値及び10分未満割合、及び焼損程度別の割合を示す。

覚知所要時間の中央値及び10分未満割合は、6時台以前と7時台以後で明らかに相違しており、7時台になると急速に短縮した。

0時台では全焼の割合が14.5%と高く、かつこれは有意であった。（0時台の

表8－1　1時間毎の覚知所要時間と焼損程度の割合

出火時刻（時台）	件数	覚知所要時間		焼損程度の割合（%）				
		中央値（分）	10分未満割合（%）	全焼	半焼	部分焼	ぼや	計
0	62	8.5	53.2	*14.5	8.1	33.9	43.5	100
1	51	10	49.0	7.8	11.8	33.3	47.1	100
2	52	10	44.2	11.5	1.9	36.5	50.0	100
3	51	8	56.9	3.9	9.8	25.5	60.8	100
4	47	7	59.6	6.4	6.4	36.2	51.1	100
5	43	10	41.9	9.3	7.0	34.9	48.8	100
6	31	8	58.1	12.9	6.5	38.7	41.9	100
7	58	5.5	67.2	1.7	8.6	31.0	58.6	100
8	67	8	65.7	7.5	6.0	29.9	56.7	100
9	57	6	66.7	3.5	*14.0	29.8	52.6	100
10	73	9	58.9	5.5	8.2	43.8	42.5	100
11	68	8.5	52.9	5.9	5.9	42.6	45.6	100
12	77	6	67.5	9.1	6.5	39.0	45.5	100
13	65	7	64.6	7.7	10.8	32.3	49.2	100
14	78	8	59.0	6.4	5.1	35.9	52.6	100
15	86	8	55.8	8.1	8.1	34.9	48.8	100
16	74	8	55.4	5.4	6.8	29.7	58.1	100
17	83	6	57.8	3.6	*13.3	26.5	56.6	100
18	85	6	65.9	7.1	5.9	22.4	64.7	100
19	105	5	67.6	3.8	−*2.9	26.7	66.7	100
20	85	6	69.4	4.7	3.5	35.3	56.5	100
21	68	7	64.7	1.5	5.9	32.4	60.3	100
22	62	6	62.9	9.7	12.9	29.0	48.4	100
23	46	6	60.9	6.5	8.7	32.6	52.2	100
計	1574	7	60.2	6.5	7.5	32.7	53.2	100

＊P＜0.05、期待値より多い

－＊P＜0.05、期待値より少ない

件数の合計は62件であり、全焼は全体として103件あったから、０時台の全焼の期待値は62×103÷1,574=4.06となる。この値と、実測値である９件を使用し、この場合は期待値が10未満であることから、ポアソン分布によってＰ値を算出した。）

また、９時台と17時台は、ともに半焼が有意に多かったが、全焼がいずれも３％台で、これは全体としての全焼の割合である6.5％の半分程度であった。

さらに、19時台は、全焼が3.8％と少なく、半焼も2.9％と有意に少なく、かつぼやが66.7％と多かった。

５．時間帯別の覚知所要時間と焼損程度、及び全焼リスク

24時間を一般的な生活リズムに従っていくつかの時間帯に分けた場合の、それぞれの時間帯における覚知所要時間の中央値と10分未満割合、及びそれぞれの時間帯に占める焼損程度の割合を**表８－２**に示す。最も10分未満割合が多かったのは19－21時台、つまり多くの市民が自宅で起きている時間帯で、この時間帯では中央値も最短の６分であった。この時間帯においては、全焼の割合は3.5％と最小、半焼の割合も3.9％と最小（かつ有意）、ぼやの割合が61.6％と最大であった。

最も10分未満割合が少なかったのは０－６時台、つまり多くの市民が寝入っている深夜から未明にかけての時間帯であった。19－21時台とは約16ポイントの差があり、かつこの時間帯の中央値も最長の９分であった。この時間帯においては、全焼の割合は9.5％と最大（かつ有意）、ぼやの割合は49.3％で12－15時台に

表８－２　時間帯毎の覚知所要時間と焼損程度の割合及び全焼リスク

出火時間帯（時台）	件数	覚知所要時間		焼損程度の割合（%）					全焼のリスク#
		中央値（分）	10分未満割合(%)	全焼	半焼	部分焼	ぼや	計	
0-6	337	9	51.6	*9.5	7.4	33.8	49.3	100	2.7
7-11	323	7	61.9	5.0	8.4	35.9	50.8	100	1.4
12-15	306	7	61.4	7.8	7.5	35.6	49.0	100	2.2
16-18	242	6	59.9	5.4	8.7	26.0	59.9	100	1.5
19-21	258	6	67.4	3.5	-*3.9	31.0	61.6	100	1.0
22-23	108	6	62.0	8.3	11.1	30.6	50.0	100	2.4

＊Ｐ＜0.05、期待値より多い
－＊Ｐ＜0.05、期待値より少ない
#19-21時台を1.0とした場合

図8－3　覚知所要時間と全焼確率（カッコ内はそれぞれの総件数）

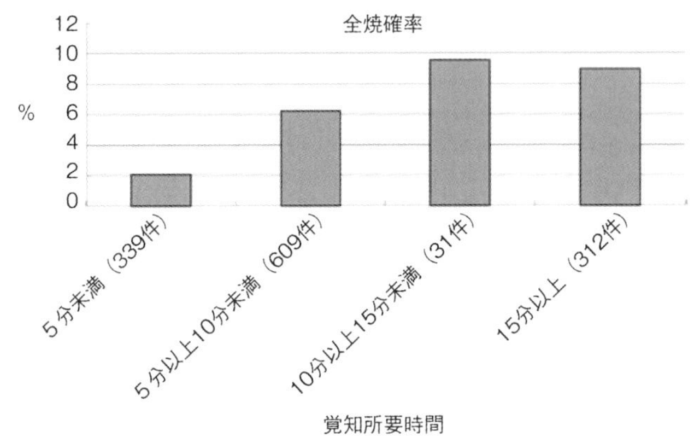

次いで小さかった。

この9.5%という数字を、0－6時台において建物火災が発生して全焼となる確率であると仮定すると、これは19－21時台の数字である3.5%の2.7倍となる。**表8－2**には、このように計算した、全焼となるリスクも示した。最も高かったのはこの0－6時台であった。

6．覚知所要時間と全焼確率

図8－3に覚知所要時間によって全体を4段階に分け、それぞれにおいて発生した火災のうち、全焼に至った割合すなわち全焼確率（%）を示す。覚知所要時間とほぼ比例して全焼確率が上昇し、10分以上の場合には10%近くが全焼していた。5－10分程度の差違で、確率は数倍となった。

Ⅳ 考　察

覚知時刻は、消防当局が正確に把握している。これに対し、出火時刻は、状況から推定しなければならない場合もある。従って、真の時刻からの誤差は、ある程度存在する。しかし、全焼・半焼・部分焼・ぼやの4者を相互比較する場合、いずれかにおける誤差が、遅い方または早い方に偏っていることは考えにくい。

また、出火時刻から覚知時刻までの所要時間を計算する際、例数は十分に多いことから、それぞれの誤差は、遅いものと早いものとで相殺されると考えられるため、所要時間の中央値の誤差は、かなり縮減されると考えられる。

19時台や19－21時台において、覚知所要時間が短く、全焼半焼が少なく、ぼやが多かったのは、放置すれば全焼や半焼に至る火災を、早期に通報して早期に対処がなされ、ぼやのうちに消し止めたからであると考えられる。また、0時台や0－6時台で全焼の割合が有意に大きかったのは、人が寝静まっているために発見と対処が遅れ、全焼に至ったものと解釈される。

焼損程度と覚知所要時間との間には明らかな関係が認められ、かつ5－10分程度の差違が全焼する確率を数倍にすることから、特に全焼リスクの高い深夜から未明に発生する火災に対しては、早期通報が全焼を回避する有力な手段であると考えられる。住宅用火災警報器の設置は2010年から義務化されたが、一般家庭における設置を一層促進すべきであろう。

謝辞　データを提供して下さいました札幌市消防局の関係者の皆様に深謝いたします。

文献

1）西　基．ごみステーションへの放火に関する疫学的分析．近代消防2009；47(11)：70－72．

2）西　基．札幌市における放火の疫学．厚生の指標2009；56(3)：30－33．

わが国における住宅用火災警報器の普及と火災による死亡率

要旨

目的：2006年６月から新築住宅に対し、住宅用火災警報器（住警器）の設置が義務づけられた。住警器の死亡率減少効果について疫学的に検討した。

方法：全国の５歳階級別の男女別人口及び各都道府県の男女別人口は国勢調査の資料によった。全国及び各都道府県の火災による死者数は、人口動態統計の死因簡単分類20105（煙、火及び火炎への曝露）の数字とした。2009年と2010年における各都道府県の住警器の普及率は、総務省消防庁のホームページ上に公表されているものを使用した。

結果：全国においては、男女とも、2006年から2010年における西暦年と死亡率との間の相関係数が、2001年から2005年における相関係数よりマイナスの方向に向かっており、住警器の全国的普及が始まった2006年を境として、死亡率の低下傾向が明らかとなった。2009年と2010年それぞれにおいて、普及率別に都道府県を群分けした死亡率の分析では、男性では普及率の高い県ほど死亡率が低い傾向にあった。また、いずれの年も、普及率が60%を超えると男性死亡率は1.2程度となっていた。女性においては県別の分析では明らかな傾向は認められなかった。

考察：女性の死亡率は、元来男性よりかなり低いため、低下を検出することは困難である可能性が考えられた。男性において、2006年以降、全国で死亡率の直線的な低下が認められ、かつ県別の分析においても普及率と死亡率との間に明らかな関係が認められたことは、住警器の効果の現れと考えて矛盾はないと思われた。

キーワード：住宅用火災警報器、人口動態統計、国勢調査、死亡率、都道府県。

Ⅰ 緒 言

深夜に発生した火災は、その通報が遅れる傾向にあるため、全焼するリスクが高くなる[1)]。住宅用火災警報器（住警器）は、火災発生の覚知を容易ならしめることから、特に夜間に発生した火災の早期発見に有効であり、死亡者を減少させることが期待されている。

2004年に消防法が改正され、住警器の設置が義務づけられた。2006年６月からは新築住宅に設置しなければならないこととなった。既存住宅への設置義務は市町村が条例で定めるため、また設置も一斉に行われるわけではないため、地域間で住警器の普及率に差が生ずる。この状況に鑑み、本稿では、住警器の普及率と、日本全体及び都道府県別の火災による死亡率の推移との関係に関し、疫学的に検討した。

Ⅱ 対象と方法

全国の５歳階級別の男女別人口は国勢調査の資料によった。全国の火災による死者数は、人口動態統計の死因簡単分類20105（煙、火及び火炎への曝露）の数字とした。今回対象としたのは「不慮の事故」の中の火災であるため、自殺は含まれない。

2009年と2010年（それぞれ12月）における各都道府県の住警器の普及率は、総務省消防庁のホームページ上[2)]に公表されている数字を使用した。全国のものと同様、両年の各都道府県の男女別人口は国勢調査の資料に、両年の各都道府県の火災による死者数は人口動態統計の死因簡単分類20105（煙、火及び火炎への曝露）の数字に、それぞれよった。

Ⅲ 結 果

１．2001～05年及び2006～10年の全国における火災による死亡率

表９－１に2001年から2005年、及び2006年から2010年の全国における男女別の各年齢層の火災による死亡率（人口10万対）の推移、及び西暦年と死亡率との間

表9－1　全国における年齢階級別の火災による死亡率（人口10万対）

西暦年	総数	0-19歳	20-59歳	60-79歳	80-99歳
男性					
2001	1.56	0.36	1	3.22	12.39
2002	1.51	0.42	0.93	3.05	11.88
2003	1.58	0.32	1	3.07	12.8
2004	1.37	0.27	0.76	3.11	8.98
2005	1.58	0.41	0.9	3.06	10.06
2006	1.56	0.26	0.83	3.31	9.48
2007	1.5	0.38	0.8	2.83	9.27
2008	1.46	0.25	0.74	2.76	9.3
2009	1.34	0.15	0.69	2.72	7.02
2010	1.37	0.26	0.72	2.4	7.9
相関係数					
2001-05	-0.18	-0.1	-0.6	-0.58	-0.73
2006-10	-0.95*	-0.47	-0.91*	-0.93*	-0.79
女性					
2001	0.83	0.31	0.41	1.33	5.91
2002	0.79	0.29	0.37	1.25	5.65
2003	0.81	0.26	0.35	1.36	5.62
2004	0.86	0.32	0.37	1.28	6.14
2005	0.96	0.37	0.4	1.37	5.51
2006	0.85	0.25	0.37	1.26	4.67
2007	0.83	0.23	0.36	1.32	3.86
2008	0.86	0.22	0.37	1.1	4.71
2009	0.84	0.15	0.38	1.17	4.02
2010	0.77	0.24	0.27	1.02	3.86
相関係数					
2001-05	0.77	0.59	-0.18	0.32	-0.19
2006-10	-0.66	-0.37	-0.58	-0.83	-0.54

＊P＜0.05

の相関係数を示す。男性の総数（全年齢階級合計）の死亡率は1.34から1.58、女性は0.77から0.96であって、女性の死亡率は男性の約半分であった。男女とも、すべての年齢階級において、2006－2010年の相関係数が、2001－2005年の相関係数よりマイナスの方向に向かっており、住警器の全国的普及が始まった2006年を境として、死亡率の低下傾向が明らかとなった。

特に男性では、2006年以降、総数・20－59歳・80－99歳において、相関係数の絶対値は0.9以上と高くかつ有意であり、死亡率が直線的に低下していた。

2．都道府県における住警器の普及率と火災による死亡率

2009年における火災による死亡数の各都道府県の合計は、男性817例（人口10万対死亡率1.33）、女性536例（同0.83）、同年12月における全国平均の住警器の普及率は52.0％であった。

2010年における火災による死亡数の各都道府県の合計は、男性832例（同1.35）、女性490例（同0.76）、同年12月における全国平均の住警器の普及率は63.6％であった。

住警器の普及率により、40％未満から70％以上まで10％刻みで都道府県を各年において４群に分けた。それぞれの群の人口に極端な偏りはなかった。それぞれの群の人口と火災による死亡数を求めて死亡率を算出した（**表９－２及び図９－１、図９－２**）。例えば2010年に普及率が60％以上70％未満であった県は10あり、男性人口は合計2,528万8,850人、男性死亡数は合計301例であったから、この群の男性死亡率は1.19となる。

男性では、いずれの年においても、普及率の高い群ほど死亡率が低い傾向があり、トレンドは35・45・55・65・75％を外的基準値とするコクラン・アーミテージ検定で有意であった（P＜0.05）。また、いずれの年も、普及率が60％を超えると、死亡率は1.2程度となっていた。これに対し、女性では、明らかな傾向は認められなかった（同検定、P＞0.05）。

表９－２　都道府県別住宅用火災警報機の普及率と火災による死亡率（人口10万対）

住警器普及率	県数	男性			女性		
		死亡数	人口	死亡率	死亡数	人口	死亡率
2009年							
40%未満	21	233	13,657,000	1.71	160	14,810,000	1.08
40%以上50%未満	10	186	15,105,000	1.23	97	15,728,000	0.62
50%以上60%未満	5	155	12,838,000	1.21	103	13,381,000	0.77
60%以上	11	243	19,739,000	1.23	176	20,560,000	0.86
計	47	817	61,339,000	1.33	536	64,479,000	0.83
2010年							
50%未満	12	139	8,143,400	1.71	67	8,712,495	0.77
50%以上60%未満	16	181	11,006,211	1.64	115	11,964,544	0.96
60%以上70%未満	10	301	25,288,850	1.19	180	26,193,364	0.69
70%以上	9	211	17,133,266	1.23	128	17,939,598	0.71
計	47	832	61,571,727	1.35	490	64,810,001	0.76

図9－1　2009年都道府県別住宅用火災警報器の普及率と火災による死亡率

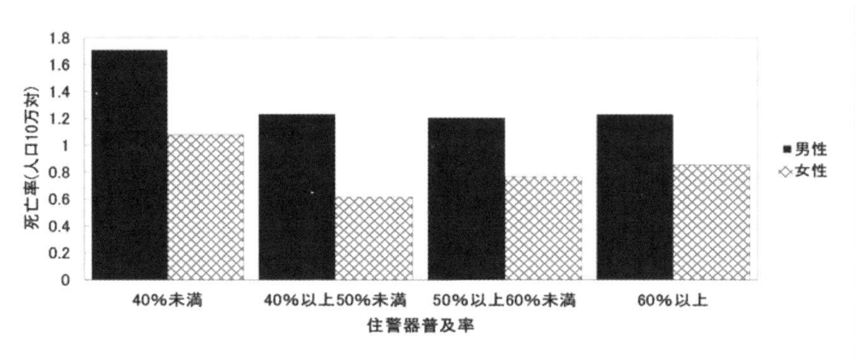

図9－2　2010年都道府県別住宅用火災警報器の普及率と火災による死亡率

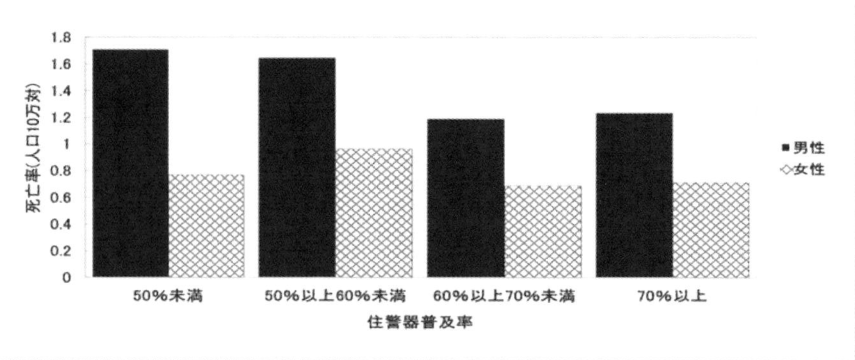

Ⅳ 考　察

男性においては、2006年以降、全国において死亡率の直線的な低下が認められ、県別の分析においても普及率と死亡率との間に明らかな関係が認められた。

女性においては、全国では2006年以降に低下傾向が認められたが、県別の分析では明らかな傾向は認められなかった。女性の死亡率は元々男性よりかなり低いため、低下を検出することが難しいためかも知れない。男女間で死亡率に差が出ることに対する明確な理由付けは困難であるが、男女間では喫煙率の違いは大きく、平成21年国民健康・栄養調査によれば[3)]、2009年の喫煙率は男性38.2％、女性10.9％であった。さらに、同調査によれば[4]、同年において飲酒習慣のある者は、男性36.4％、女性6.9％であった。一方、平成23年版消防白書によれば[5]、2010年における全国の住宅火災による死者は1,022例であって、うち原因の判明した例は545例で、タバコが原因とされるものは、そのうち173例つまり31.7％を占めていた。さらに、泥酔により逃げ遅れた者が21例あったことから、男女間の生活習慣の違いが火災による死亡率の違いをもたらしている可能性は否定できない。

今回の分析においては、住警器の普及は、少なくとも男性の火災死亡率を有意に低下させるものと考えて矛盾のない結果が得られた。例えば、住警器が男性の「寝タバコ」による夜間の火災を早期に覚知させて死亡を回避した、などの可能性が考えられる。

今後、個々の事例の資料などを使用して、住警器の効果に関し、詳細な分析を実施すべきであると考えられた。

文献

1）西　基．建物火災における焼損程度と時間的因子の関連性の検討．近代消防　2011；49(12)：90－92.

2）総務省消防庁ホームページ：住宅用火災警報器の普及率
http://www.fdma.go.jp/html/life/yobou_contents/info/index.html

3）厚生労働統計協会．(4)たばこ．国民衛生の動向　2011/2012；58：92－93.

4）厚生労働統計協会．(5)アルコール．国民衛生の動向　2011/2012；58：94－95.

5）総務省消防庁ホームページ：平成23年版消防白書　第１章　災害の現況と課題(3)住宅火災による死者の状況
http://www.fdma.go.jp/html/hakusho/h23/h23/html/2-1-1a-2_1.html

たばこを原因とする火災の損害分析

要 旨

目的：「たばこを原因とする火災」の損害の分析を喫煙率との関連などにおいて行う。

方法：1998年から2013年までの16年間を対象とし、火災による被害は消防白書に、喫煙率は国民健康・栄養調査に、それぞれよった。

結果：１年間の出火件数は4,000 ～ 7,000件、焼損棟数は3,000 ～ 5,000棟程度、損害額は40 ～ 130億円程度であったが、いずれも減少傾向にあった。たばこを原因とする火災の損害と男性及び女性の年齢別喫煙率との相関係数を計算したところ、男性については、全年齢層で、かつすべての項目（出火件数・焼損棟数・損害額）で有意な相関関係が認められた。男性の平均喫煙率と焼損棟数及び損害額との相関係数はいずれも0.9程度で、ほぼ直線的な関係が得られた。女性については、20代では出火件数・焼損棟数・損害額すべてで、30代では出火件数・焼損棟数で有意な相関関係が示されたものの、他の年齢層ではほぼ無関係であった。男性の平均喫煙率と損害額との間の１次回帰式は、男性平均喫煙率（%）をX、損害額（十億円）をYとして、Y＝0.4147X－7.585となり、男性の喫煙率が１%減少すると、火災による損害額が１年間で４億１千万円余り減少すると考えられた。男性の平均喫煙率と焼損棟数との間の１次回帰式は、男性平均喫煙率（%）をX、焼損棟数をYとして、Y＝86.9X＋686.3となり、男性の喫煙率が１%減少すると、焼損棟数が１年間で87棟近く減少すると考えられた。

考察：喫煙率のわずかな減少によっても、大きな損害減少効果が期待できると考えられた。また、男女とも、20代～ 30代の、特に20代の相関係数が高かったことから、特に若年層の喫煙を抑止することは、たばこによる火災の損害減少に有効であると考えられた。

キーワード：疫学、火災、喫煙率、損害、たばこ。

Ⅰ 緒　言

たばこによる健康被害は極めて大きなものがあり、世界保健機関（WHO）の推定によれば、世界で1年間に600万人程度がたばこの害により過剰に死亡しているとされる。わが国においても、2013年には「肺及び気管支の悪性新生物」と「慢性閉塞性肺疾患」の死亡だけでも、それぞれ7万2,734人、1万6,443人を数えている。その一方で、たばこは火災の大きな原因ともなっていて、現在のわが国においては、放火とともに、出火件数などの1、2位を争っている。今回の報告では、消防白書及び国民健康・栄養調査の公表データを使用して、「たばこを原因とする火災」の損害分析を試みた。

Ⅱ 資料と方法

出火件数など、火災関係のデータは、すべて総務省消防庁がインターネット上に「消防白書」として公表している資料によった[1)]。男女別・年齢階級別の喫煙率は国民健康・栄養調査の資料によった[2)]。いずれも1998年から2013年までの16年間を対象とした。両者の間の相関係数（ピアソン）などを求め、また単回帰分析を行うことなどにより検討した。

Ⅲ 結　果

1．たばこを原因とする火災による損害の推移

表10－1に日本全体のたばこを原因とする火災による損害の推移を示す。1年間の出火件数は4,000～7,000件程度、焼損棟数は3,000～5,000棟程度、損害額は40～130億円程度であったが、いずれも減少傾向にあった。

2．男性及び女性の年齢別喫煙率の推移

表10－2に男性及び女性の年齢別喫煙率（%）の推移を示す。男性においては、いずれの年齢層においても喫煙率が明らかに減少していた。

3．たばこを原因とする火災の損害と喫煙率との関係

たばこを原因とする火災の損害と、男性及び女性の年齢別喫煙率との相関係数

表10－1　たばこを原因とする火災の損害状況〔消防白書による〕

	出火件数	焼損棟数	損害額（千円）
1998	5,690	4,767	11,754,324
1999	6,415	4,858	13,325,624
2000	6,871	5,015	13,086,283
2001	6,769	4,853	12,372,086
2002	6,779	4,780	12,118,462
2003	5,357	4,329	10,447,644
2004	6,128	4,441	9,870,038
2005	5,814	4,633	10,451,499
2006	5,135	4,065	8,562,828
2007	5,707	4,524	8,703,232
2008	5,063	3,951	7,658,849
2009	4,997	3,867	7,291,183
2010	4,475	3,529	6,063,757
2011	4,752	3,544	6,923,372
2012	4,212	3,341	5,623,480
2013	4,454	3,074	4,416,266

表10－2　喫煙習慣者の年次推移（性・年齢階級別）　〔%；国民健康・栄養調査による〕

	20～29歳	30～39歳	40～49歳	50～59歳	60～69歳	70歳以上	平均
男性							
1998	60.3	61.9	60.5	52.5	41.8	32.4	50.8
1999	56.3	58.1	57.7	52.9	42.1	33.8	49.2
2000	60.8	56.6	55.1	54.1	37.0	29.4	47.4
2001	58.9	58.1	58.4	49.6	35.9	29.0	45.9
2002	53.3	57.1	54.3	48.1	34.7	28.3	43.3
2003	55.8	56.8	55.4	54.4	35.7	26.6	46.8
2004	51.3	57.3	51.4	47.7	33.3	24.0	43.3
2005	48.9	54.4	44.1	42.5	34.0	20.0	39.3
2006	45.1	53.3	46.5	46.2	34.8	19.9	39.9
2007	47.5	55.6	49.1	42.3	32.8	18.6	39.4
2008	41.2	48.6	51.9	41.2	32.6	19.1	36.8
2009	40.1	51.2	49.1	44.0	33.7	19.3	38.2
2010	34.2	42.1	42.4	40.3	27.4	15.6	32.2
2011	39.2	43.9	40.2	37.3	29.3	16.6	32.4
2012	37.6	43.2	43.2	41.0	31.9	16.9	34.1
2013	36.3	44.0	39.5	41.5	33.2	14.5	32.2
女性							
1998	19.1	13.8	12.7	9.6	7.9	5.4	10.9
1999	16.0	14.9	14.2	8.3	7.9	3.5	10.3
2000	20.9	18.8	13.6	10.4	6.6	4.0	11.5
2001	16.1	16.0	11.7	9.7	6.5	3.4	9.9
2002	17.4	17.2	14.4	9.4	7.5	2.9	10.2
2003	19.2	18.1	15.5	10.7	6.4	4.2	11.3
2004	18.0	18.0	13.7	13.7	7.6	4.5	12.0
2005	18.9	19.4	15.1	12.4	7.3	2.6	11.3
2006	17.9	16.4	13.8	9.2	6.4	2.8	10.0
2007	16.7	17.2	17.9	9.3	7.3	3.7	11.0
2008	14.3	18.0	13.4	9.5	4.9	3.2	9.1
2009	16.2	17.5	15.2	11.7	7.4	4.9	10.9
2010	12.8	14.2	13.6	10.4	4.5	2.0	8.4
2011	12.8	16.6	16.5	10.2	6.4	3.0	9.7
2012	12.3	11.9	12.7	11.9	8.0	2.9	9.0
2013	12.7	12.0	12.4	11.8	6.4	2.3	8.2

を表10－3にそれぞれ示す。男性については、全年齢層で、かつ出火件数・焼損棟数・損害額のすべてにおいて、有意な相関関係が認められた。平均喫煙率と損害額との相関係数は0.9を超えており、また焼損棟数との相関係数も0.883と高かった。

女性については、20代では出火件数・焼損棟数・損害額すべてにおいて、30代では出火件数・焼損棟数において、それぞれ有意な相関関係が認められたものの、他の年齢層では有意な相関係数は認められなかった。平均喫煙率と出火件数・焼損棟数・損害額との相関係数は有意ではあったが、男性におけるほど高くはなかった。

男女とも、20代～30代、特に20代の相関係数が高かった。男性の場合、70歳以上で再び高くなるという特徴が見られた。

4．男性の平均喫煙率と損害額及び焼損棟数との関係

男性の平均喫煙率との相関係数が約0.9、即ち男性の平均喫煙率との関係がほぼ直線的であった損害額及び焼損棟数について、平均喫煙率との間の１次回帰式

表10－3 喫煙率とそれぞれの損害との間の相関係数

	出火件数	焼損棟数	損害額
男性			
20～29歳	0.870 ＊	0.925 ＊	0.951 ＊
30～39歳	0.831 ＊	0.923 ＊	0.891 ＊
40～49歳	0.740 ＊	0.824 ＊	0.849 ＊
50～59歳	0.693 ＊	0.752 ＊	0.828 ＊
60～69歳	0.590 ＊	0.688 ＊	0.751 ＊
70歳以上	0.806 ＊	0.853 ＊	0.933 ＊
平均	0.786 ＊	0.883 ＊	0.919 ＊
女性			
20～29歳	0.706 ＊	0.815 ＊	0.767 ＊
30～39歳	0.514 ＊	0.539 ＊	0.450
40～49歳	−0.031	0.063	−0.040
50～59歳	−0.253	−0.331	−0.371
60～69歳	0.338	0.371	0.370
70歳以上	0.322	0.461	0.430
平均	0.621 ＊	0.723 ＊	0.649 ＊

＊P＜0.05

を求めた。

男性の平均喫煙率と損害額との関係を**図10－1**に示す。一次回帰式は男性平均喫煙率（%）をX、損害額（十億円）をYとして、Y＝0.4147X－7.585となった。つまり、男性の喫煙率が1%減少すると、火災による損害額が1年間で4億1千万円余り減少することになる。

男性の平均喫煙率と焼損棟数との関係を**図10－2**に示す。一次回帰式は男性平均喫煙率（%）をX、焼損棟数をYとして、Y＝86.9X＋686.3となった。つまり、男性の喫煙率が1%減少すると、焼損棟数が1年間で87棟近く減少することになる。

図10－1　男性平均喫煙率と損害額との関係

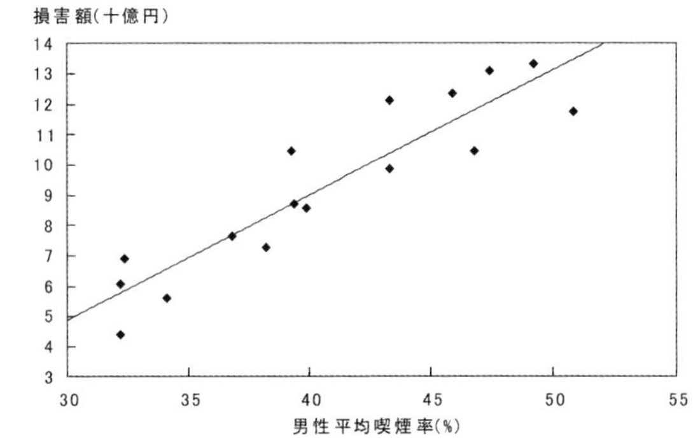

図10－2　男性平均喫煙率と焼損棟数との関係

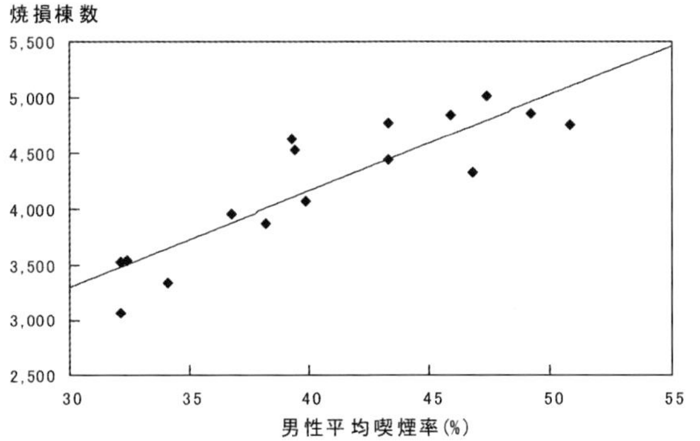

Ⅳ 考　察

肺癌罹患の最大の原因は喫煙であることは論を待たないが、喫煙者がすべて肺癌に罹患するとは限らないし、肺癌患者がすべて喫煙者というわけでもない。また、わが国の喫煙率は、1966年以降、男女とも減少傾向にあるが、「肺の悪性新生物」の年齢調整死亡率の減少が始まったのは1995年であって、両者の間には30年程度のタイムラグがある[3)]。

喫煙の火災に対する関係は、肺癌に対する関係のような間接的な、またタイムラグを置いたものではなく、直接的な、また間隔を置かないものであることから、喫煙率の減少は直ちに損害の減少として現れるものと考えられる。本論文の結論は、単回帰分析によるものであることから一定の誤差は伴うものの、喫煙率のわずかな減少で、大きな損害減少効果が期待できるものと考えられた。

男女とも特に20代の相関係数が高かったが、これは、20代では単独世帯が多いためかもしれない。今回の対象期間にほぼ相当する、1995年、2000年、2005年、及び2010年の国勢調査によれば、20代前半の男性の単独世帯の総人口に対する割合はいずれも27％程度で、すべての年齢層の中で最も高かった。20代前半の女性の単独世帯の総人口に対する割合も16％～20％程度で、75歳～79歳、80歳～84歳に次いで高かった[4)]。単独世帯の場合、火災の発生に気付きにくいと考えられ、それが被害の拡大に繋がっている可能性はあるであろう。2013年度にスタートした健康日本21（第二次）においては、喫煙に関する目標の一つとして、2022年度に成人の喫煙率を12％に、未成年の喫煙率を０％に、それぞれ低下させることが掲げられている。特に若年層の喫煙を抑止することは、たばこによる火災の損害減少に有効であろう。2001年には未成年者喫煙防止法が改正され、たばこの販売に際し年齢確認などの措置が講じられることとなり、また2008年には成人識別機能付き自動販売機も導入されている[5)]。喫煙者が禁煙するのは容易ではないため、最初から喫煙させないことが重要であって、これらの対策の今後の成果に期待したい。

文献

1）総務省消防庁．消防白書
http://www.fdma.go.jp/concern/publication

2）厚生労働省．国民健康・栄養調査
http://www.mhlw.go.jp/bunya/kenkou/kenkou_eiyou_chousa.html

3）Nishi M.Lifestyle and cancer after the Second World War in Japan. J Tumor 2014；2(8)：197－201.

4）国勢調査．「世帯」（政府統計の総合窓口）
http://www.e-stat.go.jp/SG1/estat/List.do?bid= 000001007704&cycode=0

5）厚生労働統計協会．喫煙の健康影響．国民衛生の動向2014/2015 2014；61(9)：107－110.

追加資料

火災編の追加資料は主として放火に関するものである。

今回新たに追加した情報の結論は、ほぼすべて、論文で報告した結論と基本的には違いはなかった。ただし、直近は放火の件数が減少するなどしたため、発生率などのデータそのものの中には、以前の値とは相当異なるものはみられる。

Ⅰ 資料と方法

今回は、前回の報告から時間が経過していることから、やはり札幌市消防局より提供していただいた2011年から2021年までの11年間の資料に基づき、同様の観点から解析を試みた。対象としたのは「放火」と「放火の疑い」を合計した872件であるが、例えば出火時刻が不明、などの欠測値があったことから、それぞれの項目で対象とした件数は、この数より少ない場合がある。適宜、全国の結果と比較した。

全国の放火関係の資料は総務省消防庁の消防白書によった。
https://www.fdma.go.jp/publication/#whitepaper

主要都市都市の放火の状況は、札幌市火災統計の資料により、放火と放火の疑いを合計した。
https://www.city.sapporo.jp/shobo/yobo/chosa/kasai/hassei-jokyo.html

岡山市の一部は同市のホームページの資料によった。
https://www.city.okayama.jp/shisei/category/4-1-2-0-0-0-0-0-0-0.html
金沢市の2009年のデータは不明であった。

成人喫煙率は厚生労働省国民健康・栄養調査の資料によった。
https://www.health-net.or.jp/tobacco/statistics/kokumin_kenkou_eiyou_report.html

日の出の時刻及び日の入りの時刻は国立天文台の資料によった。
https://eco.mtk.nao.ac.jp/koyomi/dni/dni00.html

放火の延焼拡大と初期消火有効の事例について、今回新たに分析した。

年次などとの相関係数を算出し、統計的検定には χ^2 検定を用いた。

札幌市における2011年１月１日から2021年12月31日までの11年間の放火または放火の疑いに関する資料872件を対象とした。資料に含まれる項目は、

・焼損の程度　全焼、半焼、部分焼、ぼや

・放火対象　乗用車、貨物車、二輪車、特殊車、野火、その他

・着火物　廃材、ごみ、木材、紙屑、タイヤなど種々のもの

・出火箇所　ごみステーション、公園、物置など種々のもの

にそれぞれ分類されていた。

気象については、出火の時点における、天気、気温、湿度、風速、風向、積雪のデータが含まれていた。このうち、天気は、快晴、晴、曇、雨、雪、みぞれ、地吹雪、霧雨に分類されていた。

札幌市は北緯43度に位置しているので、季節により、日の出と日没の時刻はかなりの違いがある。放火発生のそれぞれの日の札幌市における日の出と日没の時刻から、放火が行われたのが、太陽が出ている時間帯なのか、没している時間帯なのかに分類した。前回と同様、出火月、出火曜日、出火時間帯など、時間的な観点を含めて検討した。

Ⅱ 結　果

1．札幌市及び全国における放火について

札幌市における放火の時間的な観点から見た特徴については、以前、「札幌市における放火の疫学」として厚生の指標2009；56(3)：30-33で報告した。これは、札幌市消防局よりいただいた2003年から2007年までの５年間の695件の放火または放火の疑いとされた資料を分析したものであった。その結果は、

・１日当たり件数は平均0.38件。

・５月から10月は概して平均より多く、11月から４月までは平均より低かった。

これは全国における傾向、つまり、冬に多く、夏に少ないという傾向とは正反対であって、冬季の低温、降雪・積雪が、放火しようとする意志を削ぐものと

考えられた。
・曜日別としては、日曜と月曜に多かった。
・全体の約２割が未明と夜に発生していた。
・全国における失業率と単位人口当たりの放火発生率・自殺率・離婚率の年次推移が極めて強い相関を示したことから、放火についても自殺や離婚と共通する社会病理学的背景が想定された。

などというものであった。

１）札幌市及び全国の放火と完全失業率との関係

札幌市単独の完全失業率の資料はないため、北海道における完全失業率を使用した。結果を**表11－１**に示す。今回の期間においては、１年当たりの平均は79.3件であった。2003年から2007年までの５年間では、年間約140件であったから、減少が著しい。特に2018年には43件、2020年には44件と、激減していると言ってよい。

放火頻度と完全失業率との相関係数は0.929と有意かつ極めて高く、両者の関係は極めて強かった。この結果も、後述する全国における2009年から2020年までの結果と同様で、全国においては自殺数も離婚数も減少傾向にあり、これは既報（2009年「厚生の指標」）で述べた如く、経済的な行き詰まりは、人の攻撃性を

表11－１　札幌市における放火件数と北海道における完全失業率

年	件数	北海道完全失業率（%）
2011	154	5.2
2012	118	5.2
2013	106	4.6
2014	82	4.1
2015	92	3.4
2016	73	3.6
2017	57	3.3
2018	43	2.9
2019	51	2.6
2020	44	3.0
2021	52	3.0
計	872	
相関係数（放火件数 vs 完全失業率） 0.929＊		

＊P＜0.05

高め、それが自分自身に向けば自殺を、家庭に向けば離婚を、社会に向かえば放火を、それぞれ招くと考えられた。

次に、全国における完全失業率、放火の件数と火災全体に占める割合、またこれらと年次・完全失業率との相関係数について検討した（**表11－2**）。年次との相関係数を見ると、どちらもほとんど同じ、有意な高い負の相関係数であり、完全失業率との相関係数は、どちらも有意な高い正の相関係数であった。最近は、わが国の経済状態が改善された結果、失業率が低くなり、放火も少なくなっているものと考えられる。

2020年は最少であった。コロナウイルス感染症対策により、外出自粛が社会に広く行き渡ったことが、放火しようとする者が外出する頻度を低下させた可能性も考えられる。

離婚と自殺についても同様で、完全失業率と高い相関関係があり、最近は両者とも減少傾向が顕著である（**表11－3**）。離婚と自殺は、放火からは一見離れているが、社会病理学的な視点からは、類似した性格を有するものである。

2）火災全体の中における放火

全国における火災原因としての放火の順位については、見方により、解釈が異なる場合がある。これは、消防白書では「放火」と「放火の疑い」を別にしてい

表11－2　全国における完全失業率、放火の件数、及び火災の中に占める放火の割合

年	完全失業率（%）	放火＋放火の疑い	火災全体に占める割合（%）
2009	5.1	11,205	21.9
2010	5.1	9,551	20.5
2011	4.6	9,563	19.1
2012	4.3	8,590	19.4
2013	4.0	8,786	18.3
2014	3.6	8,038	18.4
2015	3.4	6,502	16.6
2016	3.1	5,814	15.8
2017	2.8	5,833	14.8
2018	2.4	4,761	12.5
2019	2.4	4,567	12.1
2020	2.8	4,052	11.7
相関係数 vs 年次		−0.982＊	−0.979＊
vs 失業率		0.958＊	0.949＊

＊P＜0.05

るためで、「放火」単独としての首位は、2017年に「たばこ」に奪われたが、「放火」と「放火の疑い」を合計すると、首位が続いている（**表11－4**）。

各年の札幌市火災統計の資料によれば、「放火」と「放火の疑い」を合計すると、札幌市における原因の順位は2014年までは１位だったが、2015年以降は、「こんろ」、「電気関係」、「たばこ」に抜かれ、2018年と2019年は４位にまで低下した（**表11－5**）。「たばこ」は50件前後、「電気関係」は70－80件前後で、明確な増減の傾向を有していない。「こんろ」は減少傾向があって、2019年から2021

表11－3　全国における離婚件数、自殺件数、及び完全失業率

年	離婚	自殺	完全失業率（%）
2009	253,354	30,707	5.1
2010	251,379	29,554	5.1
2011	235,720	28,896	4.6
2012	235,407	26,433	4.3
2013	231,385	26,063	4.0
2014	222,115	24,417	3.6
2015	226,238	23,152	3.4
2016	216,856	21,021	3.1
2017	212,296	20,468	2.8
2018	208,333	20,031	2.4
2019	208,496	19,425	2.4
2020	193,253	20243	2.8
相関係数 vs 年次	-0.977＊	-0.973＊	-0.969＊
vs 失業率	0.938＊	0.989＊	

＊P＜0.05

表11－4　全国における火災原因としての放火の順位

	順位			備考
	放火	放火の疑い	放火＋放火の疑い（件数）	
2009	1	4	1（11,205）	
2010	1	4	1（9,551）	
2011	1	4	1（9,563）	
2012	1	4	1（8,590）	
2013	1	5	1（8,786）	
2014	1	4	1（8,038）	
2015	1	4	1（6,502）	
2016	1	4	1（5,814）	
2017	2	5	1（5,833）	1位たばこ3,712件
2018	4	5	1（4,761）	1位たばこ3,414件
2019	4	5	1（4,567）	1位たばこ3,581件
2020	4	7	1（4,052）	1位たばこ3,104件

年には、2009年の７割程度まで低下している。「放火」は、これに対し、2020年には、2009年の３分の１程度にまで低下しており、結局、「放火」の相対的な減少が大きいことが、順位の低下を招いたことになる。

３）主要都市における放火の状況

表11－６に示すように、多くの都市で放火（放火＋放火の疑い）の件数と、放火が全火災の中に占める割合は減っている。年次との相関係数は、ほとんどが有意な高い負の値を示していた。

４）札幌市及び全国における放火に関する時間的因子・気象条件の検討

872例のうち、744例は出火時刻が判明していたが、128例は出火直後には気付かれることなく、後日、放火であると判断された例などで、以下、時間関係・気象関係の解析からは除いた。つまり、ここでは出火日時が確定している例のみを採用した。また、太陽が出ている時間帯（日照時）か、沈んでいる時間帯（日没時）かに分けた分析も行った。

⑴　月別の放火の状況

「雪の降る季節には少ない」という札幌市における放火の特徴は変わっていない（**表11－７**）。既報で述べたが、全国の傾向と札幌市の傾向は逆であって、全

表11－５　札幌市における火災原因順位とそれぞれの件数（「放火」は放火と放火の疑いの合計）

	1位		2位		3位		備考	
2009	放火	152	こんろ	103	たばこ	52		
2010	放火	134	こんろ	102	たばこ	54		
2011	放火	154	こんろ	107	たばこ	53		
2012	放火	118	こんろ	87	たばこ	48		
2013	放火	106	こんろ	96	たばこ	47		
2014	放火	82	こんろ	74	たばこ	64		
2015	こんろ	94	放火	92	電気関係	65		
2016	電気関係	77	こんろ	76	放火	73		
2017	こんろ	77	電気関係	65	放火	57		
2018	電気関係	88	こんろ	68	たばこ	46	４位放火	43
2019	電気関係	72	こんろ	59	たばこ	53	４位放火	51
2020	電気関係	76	こんろ	62	放火	44		
2021	電気関係	75	こんろ	69	放火	52		

表11－6 主要都市における放火の状況

	仙台			横浜			名古屋			金沢			京都		
年	総計	放火	放火(%)	総計	放火	放火(%)	総計	放火	放火(%)	総計	放火	放火(%)	総計	放火	放火(%)
2009	391	157	40.2	1010	306	30.3	929	319	34.3				186	48	25.8
2010	362	120	33.1	961	275	28.6	888	312	35.1	95	23	24.2	170	37	21.8
2011	419	97	23.2	1024	299	29.2	848	263	31.0	91	6	6.6	215	42	19.5
2012	333	84	25.2	903	300	33.2	767	206	26.9	102	22	21.6	270	57	21.1
2013	308	60	19.5	968	310	32.0	783	211	26.9	92	19	20.7	245	47	19.2
2014	334	81	24.3	950	306	32.2	661	190	28.7	95	9	9.5	236	58	24.6
2015	294	63	21.4	750	174	23.2	558	116	20.8	80	17	21.3	232	39	16.8
2016	250	46	18.4	754	207	27.5	567	129	22.8	86	17	19.8	256	42	16.4
2017	280	67	23.9	854	270	31.6	551	97	17.6	91	17	18.7	249	34	13.7
2018	254	40	15.7	702	162	23.1	569	108	19.0	78	7	9.0	230	27	11.7
2019	249	44	17.7	685	163	23.8	528	96	18.2	73	5	6.8	215	16	7.4
2020	251	46	18.3	624	139	22.3	516	77	14.9	79	12	15.2	204	35	17.2
2021	228	30	13.2	698	122	17.5	468	86	18.4	75	9	12.0	196	29	14.8
相関係数	-0.919*	-0.890*	-0.831*	-0.908*	-0.857*	-0.732*	-0.955*	-0.948*	-0.942*	-0.827*	-0.507	-0.381	0.102	-0.654*	-0.772*

	大阪			神戸			岡山			広島			福岡		
年	総計	放火	放火(%)	総計	放火	放火(%)	総計	放火	放火(%)	総計	放火	放火(%)	総計	放火	放火(%)
2009	1266	441	34.8	648	202	31.2	275	63	22.9	475	95	20.0	368	98	26.6
2010	1172	395	33.7	631	170	26.9	288	34	11.8	482	101	21.0	378	100	26.5
2011	1134	337	29.7	640	173	27.0	241	29	12.0	437	96	22.0	356	99	27.8
2012	1012	259	25.6	371	163	43.9	254	31	12.2	375	76	20.3	337	76	22.6
2013	1091	250	22.9	573	157	27.4	225	28	12.4	384	75	19.5	325	77	23.7
2014	1021	257	25.2	514	150	29.2	230	25	10.9	361	55	15.2	307	68	22.1
2015	870	216	24.8	451	100	22.2	187	30	16.0	289	45	15.6	281	66	23.5
2016	849	171	20.1	457	97	21.2	175	25	14.3	275	54	19.6	283	62	21.9
2017	918	187	20.4	472	99	21.0	243	41	16.9	297	51	17.2	321	47	14.6
2018	741	119	16.1	460	68	14.8	182	11	6.0	260	36	13.8	309	76	24.6
2019	745	113	15.2	373	52	13.9	200	12	6.0	277	32	11.6	307	60	19.5
2020	704	115	16.3	385	48	12.5	183	23	12.6	229	28	12.2	261	41	15.7
2021	596	96	16.1	347	56	16.1	193	17	8.8	247	30	12.1	280	38	13.6
相関係数	-0.972*	-0.964*	-0.953*	-0.818*	-0.973*	-0.797*	-0.807*	-0.692*	-0.527	-0.951*	-0.958*	-0.879*	-0.847*	-0.899*	-0.820*

＊P＜0.05

国における月別の傾向は、6月から10月が少なく、1月から4月に多かった。全国において夏季が少ないのは、周囲の明るさであろうと考えられる。札幌市において冬季が少ないのは、雪や寒さが放火の意志を削ぐ可能性が考えられる。

⑵　曜日別の放火の状況

札幌市における曜日別の放火の状況を**表11－8**に示す。日曜日と月曜日に多かった。新たな週を目前に控えた日に放火が増えるというのは、既報と同様である。

⑶　時間帯別の放火の状況

表11－9に札幌市における時間帯別の放火の状況を示す。23時台から3時台が有意に多く、6時台から13時台は有意に少なかった。23時台から3時台までの合計は261件で、これは全体の35.1％を占めた。また、太陽が沈んでいる時間帯（日没時）の放火が485件（65.2％）で約3分の2を占めていた。

表11－10に全国における時間帯別の放火の状況を示す。全国では、0時から3時台が5％以上かつ有意だが、その差はあまり大きくない。札幌市では4時台まで5％以上だが、0時台7.8％、3時台8.1％と差が大きい。全国では、16時台から23時台は5％台前半で、いずれも有意ではあるが差は大きくない。これに対し

表11－7　札幌市における月別の放火の状況（2011-2021年合計）

出火月	件数	%	1日当たり件数
1	31＊－	4.2	0.09
2	47	6.3	0.15
3	65	8.7	0.19
4	69	9.3	0.21
5	83＊＋	11.2	0.24
6	79＊＋	10.6	0.24
7	64	8.6	0.19
8	82＊＋	11.0	0.24
9	73	9.8	0.22
10	55	7.4	0.16
11	59	7.9	0.18
12	37＊－	5.0	0.11
計	744	100	0.19

＊＋P＜0.05（有意に多い）
＊－P＜0.05（有意に少ない）
各月の期待値は744/365×当該月の日数

表11－8　札幌市における曜日別の放火の状況（2011-2021年合計）

曜日	件数	割合（%）
日	130	17.5＊＋
月	113	15.2
火	101	13.6
水	87	11.7
木	105	14.1
金	100	13.4
土	108	14.5
計	744	100

＊＋P＜0.05（有意に多い）
各曜日の期待値は106.3（744/ 7）

札幌市では23時台に向かって比較的急に上昇している。札幌市は日本の中では高緯度に位置するため、同じ時間帯でも季節により周囲の明るさは相当異なる。これが全国との差異をもたらしている原因の一つと思われる。

⑷　天候別の放火の状況

札幌市においては、快晴、晴、曇で89.5％を占めた（**表11－11**）。つまり約9割が空からの降下物がない日に起きている。雨や雪が、放火の意志を削ぐためと

表11－9　札幌市における時間帯別の放火の状況（2011-2021年合計）

時間帯	件数	割合（%）
0	58	7.8　＊＋
1	44	5.9　＊＋
2	48	6.5　＊＋
3	60	8.1　＊＋
4	41	5.5
5	25	3.4
6	13	1.7　＊－
7	18	2.4　＊－
8	14	1.9　＊－
9	17	2.3　＊－
10	16	2.2　＊－
11	17	2.3　＊－
12	14	1.9　＊－
13	16	2.2　＊－
14	29	3.9
15	27	3.6
16	34	4.6
17	28	3.8
18	32	4.3
19	28	3.8
20	35	4.7
21	41	5.5
22	38	5.1
23	51	6.9　＊＋
	744	100
日照時	259	34.8
日没時	485	65.2
計	744	100

＊＋P＜0.05（有意に多い）
＊－P＜0.05（有意に少ない）
各時間帯の期待値は31（744/24）

表11－10　全国における時間帯別の放火の状況（2010-2020年合計）

時間帯	件数	割合（%）
0	3,868	5.8　＊＋
1	3,752	5.6　＊＋
2	3,648	5.5　＊＋
3	3,349	5.0　＊＋
4	2,744	4.1
5	2,162	3.2　＊－
6	1,513	2.3　＊－
7	1,257	1.9　＊－
8	1,391	2.1　＊－
9	1,393	2.1　＊－
10	1,732	2.6　＊－
11	1,957	2.9　＊－
12	2,175	3.3　＊－
13	2,511	3.8　＊－
14	2,689	4.0
15	3,113	4.7　＊＋
16	3,434	5.1　＊＋
17	3,509	5.3　＊＋
18	3,485	5.2　＊＋
19	3,370	5.0　＊＋
20	3,328	5.0　＊＋
21	3,511	5.3　＊＋
22	3,457	5.2　＊＋
23	3,457	5.2　＊＋
	66,805	100

＊＋P＜0.05（有意に多い）
＊－P＜0.05（有意に少ない）
各時間帯の期待値は2783.5（66,805/24）

考えられる。

(5) 気温別の放火の状況

札幌市における気温と放火の状況について、気温は５度階級で分類して分析したところ、最も多くを占めたのは15～19℃であった（**表11－12**）。

今回の結果も、既報のものと同様、気象という観点からは、外に出やすい条件のとき、時間という観点からは、周囲の目にさらされないような時間帯に放火のリスクが高まるというものであった。

２．札幌市の放火事例の中における延焼拡大事例及び初期消火有効事例の検討

札幌市の放火事例中、出火時刻が判明したものの中で、「初期消火有効」の記録が327件、「延焼拡大」の記録が55件あった。これまで、これらについてはこれまで検討したことがなかったため、今回新たに分析した。

１）延焼拡大事例の年別の状況

2014年以降は10件未満、特に2016年以降は３件以下となっていて、減少傾向が

表11－11　札幌市における天候別の放火の状況（2011-2021年合計）

天候	件数	割合（%）
快晴	21	2.8
晴	333	44.8
曇	312	41.9
雨	46	6.2
霧	2	0.3
雪	23	3.1
みぞれ	2	0.3
霧雨	4	0.5
地吹雪	1	0.1
計	744	100

表11－12　札幌市における気温別の放火の状況（2011-2021年合計）

気温（℃）	件数	割合（%）
～－11	2	0.3　＊－
－10～－６	19	2.6　＊－
－５～－１	85	11.4
０～４	106	14.2　＊＋
５～９	99	13.3　＊＋
10～14	120	16.1　＊＋
15～19	149	20.0　＊＋
20～24	134	18.0　＊＋
25～29	25	3.4　＊－
30～	5	0.7　＊－
計	744	100

＊＋P＜0.05（有意に多い）
＊－P＜0.05（有意に少ない）
各気温の期待値は74.4（744/10）

著明である（表11－13）。放火件数自体が減少したのも一つの理由であろう。

2）延焼拡大事例の月別の状況

延焼拡大事例は４月から10月にかけて、特に６月に多かった（表11－14）。この結果も、一つには総放火件数が夏に多いことの反映と思われるが、後述するように放火事例全体に占める割合も高かった。

3）延焼拡大事例の曜日別の状況

曜日別にみると、金曜が多かったが、有意ではなかった。週末で、警戒が緩むためかも知れない。この結果は、後述する初期消火有効事例とは正反対である（表11－15）。

4）延焼拡大事例の時間帯別の状況

時間帯別に見たところ、０時台が最多で、日没以降が約７割を占めた（表11－16）。有意に少なかった時間帯はなかった。

表11－13 札幌市における年別の延焼拡大事例の状況

出火年	件数	割合（%）
2011	12	21.8
2012	12	21.8
2013	11	20.0
2014	5	9.1
2015	6	10.9
2016	2	3.6
2017	1	1.8
2018	1	1.8
2019	0	0.0
2020	2	3.6
2021	3	5.5
計	55	100

表11－14 札幌市における月別の延焼拡大事例の状況（2011-2021年合計）

出火月	件数	割合（%）
1	2	3.6
2	5	9.1
3	1	1.8
4	6	10.9
5	3	5.5
6	10	18.2＊＋
7	5	9.1
8	6	10.9
9	4	7.3
10	7	12.7
11	2	3.6
12	4	7.3
計	55	100

＊＋P＜0.05（有意に多い）
各月の期待値は55/365×当該月の日数

5）延焼拡大事例の気温別の状況

気温を５度階級別としてみたところ、15～19℃が有意に多かった（**表11－17**）。

表11－15　札幌市における曜日別の延焼拡大事例の状況（2011-2021年合計）

曜日	件数	割合（%）
日	8	14.5
月	8	14.5
火	6	10.9
水	9	16.4
木	5	9.1
金	12	21.8
土	7	12.7
計	55	100

（有意なものなし）
各曜日の期待値は7.86（55/７）

表11－17　札幌市における気温別の延焼拡大事例の状況（2011-2021年合計）

気温（℃）	件数	割合（%）
～－11	0	0.0
－10～－６	3	5.5
－５～－１	5	9.1
０～４	5	9.1
５～９	7	12.7
10～14	9	16.4
15～19	13	23.6　＊＋
20～24	9	16.4
25～29	4	7.3
30～	0	0.0
計	55	100

＊＋P＜0.05（有意に多い）
各気温の期待値は5.5（55/10）

表11－16　札幌市における時間帯別の延焼拡大事例の状況（2011-2021年合計）

時間帯	件数	割合（%）
0	7	12.7　＊＋
1	3	5.5
2	6	10.9　＊＋
3	3	5.5
4	0	0.0
5	3	5.5
6	1	1.8
7	1	1.8
8	0	0.0
9	1	1.8
10	0	0.0
11	0	0.0
12	1	1.8
13	1	1.8
14	3	5.5
15	2	3.6
16	2	3.6
17	1	1.8
18	6	10.9　＊＋
19	0	0.0
20	6	10.9　＊＋
21	1	1.8
22	4	7.3
23	3	5.5
計	55	100
日照時	17	30.9
日没時	38	69.1
計	55	100

＊＋P＜0.05（有意に多い）
各時間帯の期待値は2.29（55/24）

6）初期消火有効事例の年別の状況

次に、初期消火有効で、出火時刻が判明していた327件について検討した。初期消火有効事例は、年を経るごとに減少しているが（**表11－18**）、これは、放火事例の数自体が減少していることが大きな要因と考えられる。

7）初期消火有効事例の月別の状況

初期消火有効事例は５月から９月にかけて多かったが、これも延焼拡大事例と同様、総放火件数が夏に多いことの反映と思われる（**表11－19**）。

8）初期消火有効事例の曜日別の状況

曜日別にみると、金曜日が、有意ではないが、少なかった（**表11－20**）。これは延焼拡大事例とは正反対である。金曜日は、相対的にリスクが高いと考えられる。

表11－18　札幌市における年別の初期消火有効事例の状況

年	件数	割合（%）
2011	60	18.3
2012	47	14.4
2013	37	11.3
2014	29	8.9
2015	30	9.2
2016	30	9.2
2017	19	5.8
2018	19	5.8
2019	24	7.3
2020	16	4.9
2021	16	4.9
計	327	100

表11－19　札幌市における月別の初期消火有効事例の状況（2011-2021年合計）

月	件数	割合（%）
1	17	5.2　＊－
2	25	7.6
3	27	8.3
4	29	8.9
5	38	11.6
6	34	10.4
7	24	7.3
8	41	12.5　＊＋
9	34	10.4
10	23	7.0
11	19	5.8
12	16	4.9　＊－
計	327	100

＊＋P＜0.05（有意に多い）
＊－P＜0.05（有意に少ない）
各月の期待値は327/365×当該月の日数

9）初期消火有効事例の時間帯別の状況

16時から22時までが比較的多かったが、これは、この時間帯には起きている人が多いためと考えられる。延焼拡大と比べると、日照時が10ポイント近く多かった（表11−21）。

10）初期消火有効事例の気温別の状況

最も多くを占めていたのは、20～24℃で、延焼拡大事例の15～19℃よりも高かった（表11−22）。外出に適当な気温であることが理由であるのかもしれない。逆に、氷点下6℃以下や、25℃以上の、外出に不向きな気温では有意に少なかった。

表11−20　札幌市における曜日別の初期消火有効事例（2011-2021年合計）

月	件数	割合（%）
日	52	15.9
月	56	17.1
火	42	12.8
水	43	13.1
木	46	14.1
金	35	10.7
土	53	16.2
計	327	100

（有意なものなし）
各曜日の期待値は46.7（327/ 7）

表11−22　札幌市における気温別の初期消火有効事例の状況（2011-2021年合計）

気温（℃）	件数	割合（%）
〜−11	1	0.3　＊−
−10〜−6	5	1.5　＊−
−5〜−1	43	13.1
0〜4	51	15.6　＊＋
5〜9	35	10.7
10〜14	48	14.7　＊＋
15〜19	63	19.3　＊＋
20〜24	69	21.1　＊＋
25〜29	8	2.4　＊−
30〜	4	1.2　＊−
計	327	100

＊＋P＜0.05（有意に多い）
＊−P＜0.05（有意に少ない）
各気温の期待値は32.7（327/10）

表11−21　札幌市における時間帯別の初期消火有効事例の状況（2011-2021年合計）

時間帯	件数	割合（%）
0	19	5.8
1	15	4.6
2	14	4.3
3	21	6.4　＊＋
4	19	5.8
5	8	2.4
6	6	1.8　＊−
7	7	2.1
8	10	3.1
9	11	3.4
10	8	2.4
11	7	2.1
12	8	2.4
13	9	2.8
14	10	3.1
15	11	3.4
16	21	6.4　＊＋
17	13	4.0
18	17	5.2
19	17	5.2
20	20	6.1
21	19	5.8
22	21	6.4　＊＋
23	16	4.9
計	327	100
日照時	129	39.4
日没時	198	60.6
計	327	100

＊＋P＜0.05（有意に多い）
＊−P＜0.05（有意に少ない）
各時間帯の期待値は13.6（327/24）

11）延焼拡大と初期消火有効の割合の年別の状況

次に、放火件数の多い・少ないによる影響を除いた上で延焼拡大と初期消火有効の条件を比較するため、延焼拡大／（延焼拡大＋初期消火有効）の値を計算した。**表11－23**に年別の値を示す。2017年から2019年は延焼拡大の割合が低かったが、最近、再び増加してきた。

12）延焼拡大と初期消火有効の割合の月別の状況

表11－24に月別のこの値を示す。６月と10月が延焼拡大の割合が高く、３月と５月が延焼拡大の割合が低かった。**表11－14**（延焼拡大）と**表11－19**（初期消火有効）を参照すると、６月と10月は、いずれも、延焼拡大が多いという点で共通している。６月は、日照時間は長いため、早期発見につながりやすいと思われ、延焼拡大は少なくなると思われるのだが、実際は逆となった。

13）延焼拡大と初期消火有効の割合の曜日別の状況

表11－25に曜日別のこの値を示す。金曜日が延焼拡大の割合が高かった。やはり、金曜日は、週末で警戒が緩むためかも知れない。

表11－23　札幌市における年別の延焼拡大／(延焼拡大＋初期消火有効)(%) の値

年	延焼拡大／（延焼拡大＋初期消火有効）(%)
2011	16.7
2012	20.3
2013	22.9
2014	14.7
2015	16.7
2016	6.3
2017	5.0
2018	5.0
2019	0.0
2020	11.1
2021	15.8
計	14.4

表11－24　札幌市における月別の延焼拡大／(延焼拡大＋初期消火有効) (%)の値(2011-2021年合計)

月	延焼拡大／（延焼拡大＋初期消火有効）(%)
1	10.5
2	16.7
3	3.6
4	17.1
5	7.3
6	22.7
7	17.2
8	12.8
9	10.5
10	23.3
11	9.5
12	20.0
計	14.4

14）延焼拡大と初期消火有効の割合の時間帯別の状況

表11－26に時間帯別のこの値を示す。日が没して以後の時間帯において高いが、時間帯によってばらつきがみられる。２時台は、季節を問わず、周囲が暗い時間帯であって、延焼拡大の割合が30％と高い。

15）延焼拡大と初期消火有効の割合の天候別の状況

表11－27に天候別のこの値を示す。雪の場合、延焼拡大の割合が25％と高い。外出に不向きであることから、気付きにくいためと考えられる。

表11－25　札幌市における曜日別の延焼拡大／(延焼拡大＋初期消火有効)(％)の値(2011-2021年合計)

曜日	延焼拡大／(延焼拡大＋初期消火有効)(％)
日	13.3
月	12.5
火	12.5
水	17.3
木	9.8
金	25.5
土	11.7
計	14.4

表11－27　札幌市における天候別の延焼拡大／(延焼拡大＋初期消火有効)(％)の値(2011-2021年合計)

天候	延焼拡大／(延焼拡大＋初期消火有効)(％)
快晴	20.0
晴	14.1
曇	14.1
雨	14.8
霧	—
雪	25.0
みぞれ	—
霧雨	0.0
地吹雪	0.0
計	14.4

表11－26　札幌市における時間帯別の延焼拡大／(延焼拡大＋初期消火有効)(％)の値(2011-2021年合計)

時間帯	延焼拡大／(延焼拡大＋初期消火有効)(％)
0	26.9
1	16.7
2	30.0
3	12.5
4	0.0
5	27.3
6	14.3
7	12.5
8	0.0
9	8.3
10	0.0
11	0.0
12	11.1
13	10.0
14	23.1
15	15.4
16	8.7
17	7.1
18	26.1
19	0.0
20	23.1
21	5.0
22	16.0
23	15.8
計	14.4
日照時	11.6
日没時	16.1

16）延焼拡大と初期消火有効の割合の気温別の状況

表11－28に気温別のこの値を示す。－10～－6℃となる状況は、冬の夜に他ならず、外出には不向きな状況であることから、気付きにくいためと考えられる。

延焼拡大＋初期消火有効についてのまとめ

・初期消火有効は、夜の比較的早い時間帯に多かったが、延焼拡大は深夜に多かった。

・初期消火有効は、有意ではないが、金曜日に少なかった。

・逆に延焼拡大は、やはり有意ではないが、金曜日が多く、13件が金曜日（すべて連休ではない通常の金曜日）、うち10件が日没後または日の出前であった。金曜日には、**表11－8**に示したごとく、放火の絶対数は水曜日に次いで少ないが、延焼拡大に関しては相対的にみると、金曜日、特にその未明または深夜が最も危険であると考えられる。

3．札幌市における公園での放火

2011年から2021年までの11年間に、公園における放火は全部で87件あった。1年間に平均7.9件の発生であって、既報では2003年から2011年までの９年間に94件、つまり１年に10.4件だったことから、ここにも減少傾向が見て取れる。

表11－28　札幌市における気温別の延焼拡大／（延焼拡大＋初期消火有効）（%）の値（2011－2021年合計）

気温（℃）	延焼拡大／（延焼拡大＋初期消火有効）（%）
～－11	0.0
－10～－6	37.5
－5～－1	10.4
0～4	8.9
5～9	16.7
10～14	15.8
15～19	17.1
20～24	11.5
25～29	33.3
30～	0.0
計	14.4

87件中27件（31.0%）は固定された物件（自殺目的はなし）で、東屋16（18.4%）、ベンチ6（6.9%）、公衆便所4（4.6%）、公園内の遊具1（1.1%）であった。既報では、自殺目的の4件を除くと、46件（48.9%）が固定された物件で、東屋20（22.2%）、ベンチ7（7.8%）、公衆便所12（13.3%）、公園内の遊具7（7.8%）であった。東屋が2割程度という割合はさほど変化していない。公衆便所は減少した。

1）札幌市における年別の公園での放火の状況

発生年の傾向も、2018年が最少、2013年前後が最多で、放火全体とほぼ一致していた（**表11－29**）。

2）札幌市における月別の公園での放火の状況

87件のうち、日時が確定していたのは67件であった。これを月別にみると、雪のない季節が圧倒的に多い（**表11－30**）。12月から3月にかけて、つまり雪がある月は少ない。

表11－29　札幌市における年別の公園での放火の状況

年	件数
2011	5
2012	12
2013	19
2014	9
2015	9
2016	8
2017	3
2018	1
2019	8
2020	6
2021	7
計	87

表11－30　札幌市における月別の公園での放火の状況（2011－2021年合計）

月	件数	割合（%）
1	2	3.0
2	0	0.0　＊－
3	3	4.5
4	6	9.0
5	15	22.4　＊＋
6	8	11.9
7	2	3.0
8	8	11.9
9	6	9.0
10	9	13.4
11	7	10.4
12	1	1.5　＊－
計	67	100

＊＋P＜0.05（有意に多い）
＊－P＜0.05（有意に少ない）
各月の期待値は67/365×当該月の日数

3）札幌市における曜日別の公園での放火の状況

表11－31に曜日別の状況を示す。有意な曜日はなかったが、概して平日が多かった。

4）札幌市における時間帯別の公園での放火の状況

絶対数が少ないため、χ^2検定では有意に出たものはなかったものの、境界は明らかに認められ、17時になると急に増え、朝5時を過ぎると急減していた（**表11－32**）。

日照・日没で分けても圧倒的に暗い時間帯が多く、両者の比は1：3程度となる。

表11－31　札幌市における曜日別の公園での放火の状況（2011－2021年合計）

曜日	件数	割合（%）
日	8	11.9
月	13	19.4
火	10	14.9
水	10	14.9
木	12	17.9
金	8	11.9
土	6	9.0
計	67	100

（有意なものなし）
各曜日の期待値は9.57（67/ 7）

表11－32　札幌市における時間帯別の公園での放火の状況（2011－2021年合計）

時間帯	件数	割合（%）
0	3	4.5
1	6	9.0
2	4	6.0
3	4	6.0
4	3	4.5
5	0	0.0
6	2	3.0
7	3	4.5
8	0	0.0
9	2	3.0
10	0	0.0
11	1	1.5
12	1	1.5
13	1	1.5
14	1	1.5
15	1	1.5
16	2	3.0
17	5	7.5
18	3	4.5
19	5	7.5
20	5	7.5
21	4	6.0
22	6	9.0
23	5	7.5
計	67	100
日照時	18	26.9
日没時	49	73.1

（有意なものなし）
各時間帯の期待値は2.79（67/24）

5）札幌市における天候別の公園での放火の状況

表11－33に示したように、快晴・晴・曇りの合計は83.6％。放火全体としての結果は**表11－11**に示したが、快晴・晴・曇りの合計は89.5％であったし、雨は6.2％であった。これに対し、公園では雨の日が１割以上を占めており、雨が公園での放火を抑止する効果はさほどではない。

6）札幌市における気温別の公園での放火の状況

表11－34に示すように15 ～ 19℃が最多で、この結果は**表11－12**に示した放火全体としてのものと同じであった。相違がみられたのは20 ～ 24℃で、放火全体としてはこの気温が有意に多かったのに、公園における放火では有意ではなかった。札幌市では、夜間の気温が20℃を超えることは夏でもさほど多くはないため、この結果は、夜間（つまり気温が20℃未満のとき）に公園での放火が多いことの反映と考えられる。

まとめ

公園における放火は、放火全体の傾向とは多少異なる。

・平日が比較的多い。これは休日には公園に人が集まりやすく、放火しにくいためかも知れない。

表11－33　札幌市における天候別の公園での放火の状況（2011－2021年合計）

天候	件数	割合（％）
快晴	0	0.0
晴	29	43.3
曇	27	40.3
雨	7	10.4
霧	1	1.5
雪	2	3.0
みぞれ	1	1.5
霧雨	0	0.0
地吹雪	0	0.0
計	67	100

表11－34　札幌市における気温別の公園での放火の状況（2011－2021年合計）

気温（℃）	件数	割合（％）	
～－11	1	1.5	＊－
－10～－6	0	0.0	＊－
－5～－1	3	4.5	
0～4	6	9.0	
5～9	14	20.9	＊＋
10～14	12	17.9	＊＋
15～19	20	29.9	＊＋
20～24	9	13.4	
25～29	1	1.5	＊－
30～	1	1.5	＊－
計	67	100	

＊＋P＜0.05（有意に多い）
＊－P＜0.05（有意に少ない）
各気温の期待値は6.7（67/10）

・雨が放火を抑止する効果はさほど強くない。
・時間帯には明らかな特徴がある。明るい時間帯には放火は抑えられる。
・気温の特徴は、夜間に放火が多いことの反映と考えられる。

4．札幌市におけるごみステーションへの放火

札幌市におけるごみステーションへの放火については、既報では2003年から2008年までの６年間に57件、放火全体に占める割合は6.8％（57/839）であった。2011年から2021年までは58件、放火全体に占める割合はのうち6.7％（58/872）と、全体の中に占める割合は変わっていない。しかし、１年当たりの件数は9.5件から5.3件とかなり減少している。着火物は、ごみステーションのごみ27件、段ボールごみ２件、飛散防止用ネット17件、ポリエチレン・プラスチック製品４件などで、多くは置かれてあるごみが放火されている。

１）札幌市における年別のごみステーションでの放火の状況

58件のうち日時が確定していた事例が54件であった。日時が確定していない４件は、年と月については判明していて、2015年が３件、2016年が１件であった。これらを足しても2014年以降は10件未満。2019年以降はゼロで、最近は減少が著しい（**表11－35**）。

札幌市のごみステーションは、以前は、地面に置かれたごみにネットをかぶせる形式のもの、または一つの側面が合成樹脂の幕である箱型で、幕をめくり上げてごみを置く形式のものであった。しかし、最近は、カラス対策のため、全体が硬い金網でできた直方体または立方体の、天井部分を開けてごみを入れる形式のもの（「ごみBOX」）に置き換えられている。天井部分は地上から約１ｍの高さにあるので、ごみで満杯にならない限り、天井を開けてもごみまでの距離があることから、放火はしにくい。このように、ごみステーションの形式が変わってきたことも、放火が少なくなった原因かも知れない。

２）札幌市における曜日別のごみステーションでの放火の状況

表11－36に示したように、有意に多い曜日はなかったが、土曜日と日曜日の放火の合計が、18件33.3％を占めた。土日には収集はなく、かつ収集の当日の朝に出すのがルールであるのに、このルールが守られていないことになる。

3）札幌市における時間帯別のごみステーションでの放火の状況

表11－37に示すように、公園の場合と同様、時間帯には明確な境界線があった。時間帯をみると、８時台から13時台までは０である。周囲の目があるためと、ゴミが収集された後で、ごみがないためと考えられる。夜間には「ごみは当日の朝に出す」というルールが守られていれば、放火はないはずなのに、23時台と０時台が有意に多かった。

表11－35　札幌市における年別のごみステーションでの放火の状況

年	件数
2011	14
2012	9
2013	11
2014	6
2015	6
2016	5
2017	2
2018	1
2019	0
2020	0
2021	0
計	54

表11－36　札幌市における曜日別のごみステーションでの放火の状況（2011－2021年合計）

曜日	件数	割合（%）
日	8	14.8
月	8	14.8
火	6	11.1
水	7	13.0
木	8	14.8
金	7	13.0
土	10	18.5
計	54	100

（有意なものなし）
各曜日の期待値は7.71（54/ 7）

表11－37　札幌市における時間帯別のごみステーションでの放火の状況（2011－2021年合計）

時間帯	件数	割合（%）
0	7	13.0　＊＋
1	5	9.3
2	4	7.4
3	5	9.3
4	1	1.9
5	1	1.9
6	1	1.9
7	2	3.7
8	0	0.0
9	0	0.0
10	0	0.0
11	0	0.0
12	0	0.0
13	0	0.0
14	2	3.7
15	1	1.9
16	1	1.9
17	2	3.7
18	2	3.7
19	1	1.9
20	3	5.6
21	4	7.4
22	5	9.3
23	7	13.0　＊＋
計	54	100
日照時	10	（18.5%）
日没時	44	（81.5%）

＊＋Ｐ＜0.05（有意に多い）
各時間帯の期待値は2.25（54/24）

まとめ

・ごみステーションへの放火は、最近は極めて少なくなってきているが、これはごみステーションの形式の変化も関係しているのかも知れない。

・土曜日・日曜日や夜間など、ごみ出しルールを守っていれば放火が起こらないはずの時間で放火が多数起きていた。

5．全国における火災による損害

「たばこを原因とする火災の損害分析」では、たばこ火災による経済的損失の分析を試みたが、最近、喫煙率が低下を続けているなど、状況がやや変化していることもあり、改めて分析した。

1）全国におけるすべての火災による損害額

損害額は2016年にかけて低下していたが、2017年以降は上昇しており、直線的な関係はなかった（**表11－38**）。出火件数は、2011年以降、ほぼ直線的に低下していた。１件当たり損害額は、2013年以降、上昇傾向にある。

表11－38　全国におけるすべての火災による損害額

年	火災による損害額	出火件数	１件当たり損害額
2010	101,762,173	46,620	2,182,801
2011	112,835,173	50,006	2,256,433
2012	89,698,625	44,189	2,029,886
2013	90,782,394	48,095	1,887,564
2014	85,318,835	43,741	1,950,546
2015	82,520,479	39,111	2,109,905
2016	75,233,396	36,831	2,042,665
2017	89,322,667	39,373	2,268,627
2018	84,627,241	37,981	2,228,147
2019	90,800,192	37,683	2,409,580
2020	103,739,390	34,691	2,990,383
相関係数	−0.299	−0.899＊	0.614＊

＊P＜0.05

2）全国におけるこんろ・たばこ・放火火災の動きと損害額

こんろ、たばこ、放火による火災は、特に発生件数が多いことから、これらについて全国における2010年から2020年までの件数と損害額の推移をまとめた（表11−39）。

こんろによる火災の発生件数及び損害額には、有意な減少傾向が見られる。これに対し、１件当たりの損害額は、100万円前後で増減を繰り返しており、有意な増加または減少の傾向は見られなかった。

たばこによる火災の発生件数及び損害額には、有意な減少傾向が見られる（表11−40）。しかし、１件当たりの損害額は、百数十万円前後で増減を繰り返しており、有意な増加または減少の傾向は見られなかった。

表11−39　こんろによる火災の件数と損害額の推移

年	出火件数	損害額（千円）	損害額１件当たり（円）
2010	4,694	5,156,968	1,098,630
2011	4,178	5,065,378	1,212,393
2012	3,959	7,387,517	1,866,006
2013	3,717	3,527,476	949,012
2014	3,484	3,736,938	1,072,600
2015	3,497	3,059,686	874,946
2016	3,136	3,195,138	1,018,858
2017	3,032	2,620,953	864,430
2018	2,852	2,739,599	960,589
2019	2,918	3,147,590	1,078,681
2020	2,792	2,187,692	1,078,681
相関係数	−0.965＊	−0.774＊	−0.392

＊P＜0.05

表11−40　たばこによる火災の件数と損害額の推移

年	出火件数	損害額（千円）	損害額１件当たり（円）
2010	4,475	6,063,757	1,355,029
2011	4,752	6,923,372	1,456,939
2012	4,212	5,623,480	1,335,109
2013	4,454	4,416,266	991,528
2014	4,088	4,534,257	1,109,163
2015	3,638	3,981,369	1,094,384
2016	3,483	4,452,000	1,278,208
2017	3,712	3,586,253	966,124
2018	3,414	3,849,288	1,127,501
2019	3,581	5,212,935	1,455,720
2020	3,104	3,728,669	1,455,720
相関係数	−0.922＊	−0.720＊	−0.001

＊P＜0.05

件数と男性喫煙率との間、件数と女性喫煙率との間の相関係数は、いずれも有意に高かった。喫煙率（**表11－41**）の減少が件数の減少に関与しているものと考えられた。

放火（「放火＋放火の疑い」とした）による火災の件数及び損害額には、有意な減少傾向が見られる（**表11－42**）。ところが、１件当たりの損害額には、有意な増加傾向が見られ、2018年には140万円を超えた。

表11－41　たばこによる火災の件数と喫煙率

年	出火件数	喫煙率	
		男性	女性
2010	4,475	32.2	8.4
2011	4,752	32.4	9.7
2012	4,212	34.1	9.0
2013	4,454	32.2	8.2
2014	4,088	32.1	8.5
2015	3,638	30.1	7.9
2016	3,483	30.2	8.2
2017	3,712	29.4	7.2
2018	3,414	29.0	8.1
2019	3,581	27.1	7.6
相関係数			
件数 vs 男性	0.776＊		
件数 vs 女性	0.712＊		

＊P＜0.05

表11－42　放火（放火＋放火の疑い）による火災の件数と損害額の推移

年	件数	損害額（千円）	損害額１件当たり（円）
2010	9,551	7,811,270	817,848
2011	9,563	7,210,651	754,016
2012	8,590	8,112,900	944,459
2013	8,786	8,014,179	912,153
2014	8,038	5,871,389	730,454
2015	6,502	5,520,355	849,024
2016	5,814	6,889,334	1,184,956
2017	5,833	5,799,083	994,185
2018	4,761	6,882,906	1,445,685
2019	4,567	5,534,462	1,211,838
2020	4,052	3,776,867	1,211,838
相関係数	-0.982＊	-0.772＊	0.782＊

＊P＜0.05

まとめ

・こんろ、たばこ、放火のいずれにおいても、件数と損害額には有意な減少傾向が認められた。
・１件当たりの損害額には増加傾向は認められても、減少傾向は認められなかった。住宅用火災警報器が普及しつつある近年、火災の早期発見によって、損害額は低くなると思われるが、事実は逆であって、この理由は明らかにし得なかった。

Ⅱ　事故・救急編

第２章は事故・救急編とし、「不慮の事故」、「自殺」、「救急」にそれぞれ関係した論文を収録した。また、これらのうち、2020年の動きに特別なものが見られた事項などについては、これら論文の後に、最新の資料に基づいた知見を追加した。

わが国における転倒・転落・墜落による死亡の疫学

要旨

背景：転倒することは、外傷、骨折、重要臓器の出血を招き、死亡に至ることも少なくない。本稿では、わが国における1995年から2019年までの25年間に発生した転倒・転落・墜落による死亡について疫学的に検討した。

方法：厚生労働省の人口動態統計のホームページより、1995年から2019年までに発生した転倒・転落・墜落（ICD10基本分類 W00－W17）による死亡数を抽出した。各年の日本人人口も厚生労働省の人口動態統計のホームページによった。労働災害による死亡の資料は厚生労働省の職場のあんぜんサイトによった。

結果：男女とも、全年齢でも65歳以上でも、死亡数も死亡率もほぼ単調に増加しており、2019年には男女総合で9,580人（人口100万対77.4）となった。65歳以上が死亡数の中に占める割合も男女とも単調に増加しており、2019年には男性が87.0%、女性は96.8%となっていた。死亡数の男女差は、1997年には1,650人だったのが、2019年には618人まで縮小した。労働災害としての転倒・転落・墜落による死亡を業種別にみると、25年間通算で建設業が６割近くを占め、最多であった。転倒・転落・墜落による死亡率を都道府県別にみると、四国などの西日本の県が上位を占め、かつ建設業の死亡率との間に有意な相関関係がみられた。分類別（「その他」を除く）にみると、25年間通算で死亡数が最も多かったのは「スリップ，つまづき及びよろめきによる同一平面上での転倒」で、男性で５万4,292人、女性で５万8,032人と女性が多かった。一方、建物などからの転落は男性では第２位（１万3,307人）だったが、女性では、第３位（4,167人）となっており、男性の死亡数が女性より２倍以上多かった。

考察：目下、死亡数は男性が多いが、死亡数の中で高齢者が占める割合は増加しており、今後、高齢女性が増加するにつれ、男女の死亡数は逆転する可能性があり、男女総合で10,000人を超える可能性がある。男性の建物などからの転落による死亡数が女性の２倍以上あったのは、男性では労働災害としての死亡が多いことが関与しているためと考えられた。西日本で死亡率が高かったのは、台風や豪雨による災害復旧工事の際などの労働災害における転倒や転落による死亡が一定の寄与をしている可能性が考えられた。

キーワード：人口動態統計、墜落、転倒、転落、労働災害。

I 緒　言

2018年の不慮の事故による死亡の第１位は転倒・転落・墜落で、75歳以上の年齢層においても首位であった[1)]。また、死亡に至らなくても、骨折などを来した結果、寝たきりになるなど、介護が必要になった原因の12.5％を占めている[2)]。また、2019年に、労働災害として、死亡に至った件数を型別にみると、墜落・転落が216人で最多であった[3)]。このように、転倒事故は、重い外傷、さらには死亡をも招くことから、家庭・職場を問わず、大きな問題である。今回の報告では、わが国における1995年から2019年までの25年間に発生した転倒・転落・墜落による死亡について、労働災害からの視点も含め、疫学的に検討した。

II 方　法

厚生労働省の人口動態統計のホームページより、1995年から2019年までに発生した転倒・転落・墜落（国際疾病分類ICD10基本分類W00-W17）による死亡数を抽出した（**表12－１**）。

https://www.e-stat.go.jp/stat-search/files?page=1&toukei=00450011&tstat=000001028897

各年の日本人人口も厚生労働省の人口動態統計のホームページによった。

都道府県別のデータは、1999年以降のものが公表されている。

本稿では、都道府県の死亡率については、国勢調査が実施された年である2000・05・10・15年の平均を算出した。

表12－1　転倒・転落・墜落のICD10基本分類

W00	氷及び雪による同一平面上での転倒
W01	スリップ，つまづき及びよろめきによる同一平面上での転倒
W02	アイススケート，スキー，ローラースケート又はスケートボードによる転倒
W03	他人との衝突又は他人に押されることによる同一平面上でのその他の転倒
W04	他人によって運ばれているとき又は支えられているときの転倒・転落
W05	車椅子からの転落
W06	ベッドからの転落
W07	椅子からの転落
W08	その他の家具からの転落
W09	運動場設備からの転落
W10	階段及びステップからの転落及びその上での転倒
W11	はしごからの転落又はその上での転倒
W12	足場からの転落又はその上での転倒
W13	建物又は建造物からの転落
W14	樹木からの転落
W15	がけからの転落
W16	溺死又は溺水以外の損傷を生じた水中への潜水又は飛込み
W17	その他の転落

労働災害の資料は厚生労働省の「職場のあんぜんサイト」によった。

https://anzeninfo.mhlw.go.jp/

死亡率の経年の推移は暦年とのピアソンの相関係数により評価した。

Ⅲ 結 果

1．転倒・転落・墜落による死亡数の推移（表12－2）

表12－2に転倒・転落・墜落による死亡数の推移を示す。男女総合で2019年には9,580人が、1995年から2019年までの25年間で18万人余りが、それぞれ死亡した。後者のうち14万4,000人余りは65歳以上の高齢者で、約８割を占めていた。死亡の総数も、65歳以上の高齢者の総数も、またその割合も、暦年との相関係数は0.9を超えており（すべてＰ＜0.05）、有意かつほぼ単調な増加傾向が存在した（2017年に急激な増加がみられているが、これはこの年からICD10の2013年版

が適用され、死因選択が変更されたためと考えられる)。

男女とも、死亡総数は、多少の増減を繰り返しながら、ほぼ単調に増加している。男性は、1995年に3,663人だったのが、2019年には5,099人と約1.4倍となったのに対し、女性は、1995年に2,248人だったのが、2019年には4,481人と約2倍になっており、また男女の差は、1997年に1,650人だったのが、2019年には618人と縮小している。このように、最近では女性（特に65歳以上）の死亡数の増加が目立ってきたのが特徴である。

表12−2　転倒・転落・墜落（ICD10基本分類・W00−W17）による死亡数の推移

年	男女総合			男性			女性			男女差（男−女）
	総数	65歳〜	65歳〜（%）	総数	65歳〜	65歳〜（%）	総数	65歳〜	65歳〜（%）	総数
1995	5,911	3,797	64.2	3,663	1,874	51.2	2,248	1,923	85.5	1,415
1996	5,918	3,790	64.0	3,768	1,981	52.6	2,150	1,809	84.1	1,618
1997	5,872	3,860	65.7	3,761	2,068	55.0	2,111	1,792	84.9	1,650
1998	6,143	4,159	67.7	3,776	2,155	57.1	2,367	2,004	84.7	1,409
1999	6,318	4,426	70.1	3,914	2,335	59.7	2,404	2,091	87.0	1,510
2000	6,245	4,458	71.4	3,798	2,287	60.2	2,447	2,171	88.7	1,351
2001	6,409	4,625	72.2	3,848	2,400	62.4	2,561	2,225	86.9	1,287
2002	6,328	4,635	73.2	3,885	2,489	64.1	2,443	2,146	87.8	1,442
2003	6,722	5,077	75.5	4,019	2,671	66.5	2,703	2,406	89.0	1,316
2004	6,412	4,781	74.6	3,854	2,523	65.5	2,558	2,258	88.3	1,296
2005	6,702	5,174	77.2	3,989	2,758	69.1	2,713	2,416	89.1	1,276
2006	6,601	5,070	76.8	3,931	2,711	69.0	2,670	2,359	88.4	1,261
2007	6,951	5,442	78.3	4,041	2,851	70.6	2,910	2,591	89.0	1,131
2008	7,170	5,712	79.7	4,230	3,044	72.0	2,940	2,668	90.7	1,290
2009	7,312	5,944	81.3	4,273	3,196	74.8	3,039	2,748	90.4	1,234
2010	7,517	6,181	82.2	4,335	3,260	75.2	3,182	2,921	91.8	1,153
2011	7,686	6,402	83.3	4,482	3,418	76.3	3,204	2,984	93.1	1,278
2012	7,761	6,667	85.9	4,471	3,582	80.1	3,290	3,085	93.8	1,181
2013	7,766	6,690	86.1	4,501	3,606	80.1	3,265	3,084	94.5	1,236
2014	7,946	6,853	86.2	4,520	3,637	80.5	3,426	3,216	93.9	1,094
2015	7,992	7,044	88.1	4,461	3,686	82.6	3,531	3,358	95.1	930
2016	8,030	7,082	88.2	4,488	3,704	82.5	3,542	3,378	95.4	946
2017	9,673	8,792	90.9	5,303	4,595	86.6	4,370	4,197	96.0	933
2018	9,645	8,803	91.3	5,187	4,488	86.5	4,458	4,315	96.8	729
2019	9,580	8,774	91.6	5,099	4,435	87.0	4,481	4,339	96.8	618
合計	180,610	144,238	79.9	105,597	75,754	71.7	75,013	68,484	91.3	30,584
相関係数	0.939*	0.966*	0.996*	0.921*	0.977*	0.995*	0.944*	0.949*	0.978*	-0.899*

*P ＜0.05

2．転倒・転落・墜落による死亡率の推移（表12－3）

表12－3に転倒・転落・墜落による死亡率（人口100万対）の推移を示す。65歳以上の死亡率は、男女とも、暦年との相関係数は有意に高いものの、その絶対値は、1995年から2016年までは、大きな変化はない（2017年以降に高くなったのは統計手法の変更によるものと考えられる）。これは、分子である65歳以上の死亡数は増加しているが、分母である65歳以上人口も増加しているため、死亡率は大きく変わらなかったと考えられる。また、男女とも総数の死亡率が1995年から

表12－3　転倒・転落・墜落（ICD10基本分類・W00－W17）による死亡率（人口100万対）の推移

年	男女総合		男性		女性	
	総数	65歳～	総数	65歳～	総数	65歳～
1995	47.6	208.7	60.1	250.8	35.5	179.4
1996	47.5	200.0	61.7	253.5	33.8	162.5
1997	47.0	196.0	61.4	253.7	33.1	155.3
1998	49.0	203.5	61.6	254.0	37.0	167.7
1999	50.4	209.6	63.8	265.8	37.5	169.6
2000	49.7	203.0	61.8	248.4	38.2	170.2
2001	50.9	203.0	62.5	250.5	39.8	168.5
2002	50.2	196.9	63.1	250.9	37.9	157.5
2003	53.3	209.6	65.2	261.4	41.9	171.8
2004	50.8	192.9	62.6	241.0	39.6	157.7
2005	53.1	201.7	64.7	253.7	42.0	163.4
2006	52.3	191.4	63.8	240.8	41.3	154.8
2007	55.1	199.0	65.7	244.7	45.1	165.0
2008	56.9	203.3	68.9	253.9	45.6	165.6
2009	58.1	205.8	69.7	259.0	47.1	166.1
2010	59.5	210.5	70.4	260.5	49.1	173.3
2011	60.9	216.1	72.9	270.7	49.5	175.5
2012	61.6	217.4	72.9	273.0	50.9	175.8
2013	61.8	210.6	73.6	264.2	50.6	170.2
2014	63.3	208.5	74.0	256.7	53.2	172.0
2015	63.8	208.8	73.1	252.5	54.9	175.5
2016	64.2	205.6	73.7	248.0	55.2	173.1
2017	77.6	251.1	87.4	302.4	68.3	211.9
2018	77.6	248.5	85.8	291.6	69.9	215.4
2019	77.4	245.6	84.7	285.5	70.5	214.8
相関係数	0.930*	0.650*	0.913*	0.571*	0.936*	0.632*

*P ＜0.05

2016年にかけて増加しているのは、分母である人口総数が今世紀に入って減少傾向にある一方で、分子である死亡数の中において65歳以上の死亡数が増えたためと考えられる。

3．労働災害の中における転倒・転落・墜落による死亡（表12－4）

表12－4に労働災害の中における転倒・転落・墜落による死亡、また、その中に占める建設業の死亡数とその割合を示す。労働災害としての転倒・転落・墜落による死亡数も、建設業の中に占める転倒・転落・墜落による死亡数も有意な減

表12－4　労働災害の中における転倒・転落・墜落による死亡、うち建設業の死亡数とその割合

年	労働災害の転倒・転落・墜落の合計	うち建設業の死亡数	割合（%）
1995	699	463	66.2
1996	693	444	64.1
1997	621	395	63.6
1998	544	346	63.6
1999	538	347	64.5
2000	494	322	65.2
2001	496	286	57.7
2002	445	271	60.9
2003	450	260	57.8
2004	449	273	60.8
2005	369	214	58.0
2006	381	196	51.4
2007	393	217	55.2
2008	335	178	53.1
2009	317	156	49.2
2010	344	170	49.4
2011	307	160	52.1
2012	304	166	54.6
2013	300	169	56.3
2014	284	158	55.6
2015	282	139	49.3
2016	256	139	54.3
2017	280	142	50.7
2018	284	142	50.0
2019	238	116	48.7
合計	10103	5869	58.1
相関係数	-0.946*	-0.937*	-0.864*

*P ＜0.05

少傾向にあるが、労働災害における転倒・転落・墜落による死亡の中に建設業が占める割合は、直近でも約50％以上、通算で約６割を占めており、労働災害としての転倒・転落・墜落の中では建設業のウェイトが最も大きいものと考えられた。

４．都道府県別の建設業における労働災害死亡率（表12－５）

労働災害としての転倒・転落・墜落の都道府県別の死亡数は公表されていないが、建設業での労働災害の死亡数は公表されているため、県別人口で除して死亡率を算出した（人口100万対、2000・05・10・15年の平均、**表12－５**）。最高は高知県、最低は神奈川県であった。

５．都道府県別の転倒・転落・墜落の分類別の死亡率及び建設業死亡率との相関係数（表12－６）

表12－６に、転倒・転落・墜落のうちW00－W17（つまり総数）、W01、W10及びW13について、都道府県別の死亡率（人口100万対、2000・05・10・15年の平均）、及び**表12－５**に示した建設業における労働災害死亡率との相関係数を示す。総数（W00－W17）の死亡率の上位10県はすべて西日本であり、うち８県は

表12－５　労働災害・建設業の死亡率（人口100万対、2000・05・10・15年の平均）

都道府県	死亡率	都道府県	死亡率	都道府県	死亡率
高　知	7.12	岡　山	4.80	静　岡	3.52
岐　阜	6.84	徳　島	4.75	香　川	3.52
山　梨	6.43	岩　手	4.64	石　川	3.44
秋　田	6.32	新　潟	4.61	山　形	3.38
大　分	6.30	宮　城	4.59	沖　縄	3.29
佐　賀	6.15	長　野	4.57	奈　良	3.22
三　重	6.05	青　森	4.48	島　根	3.11
福　井	5.93	山　口	4.46	鳥　取	2.96
北海道	5.92	滋　賀	4.21	東　京	2.95
福　島	5.66	栃　木	4.18	群　馬	2.91
愛　媛	5.39	広　島	3.79	千　葉	2.90
鹿児島	5.24	和歌山	3.70	愛　知	2.83
長　崎	5.20	兵　庫	3.69	大　阪	2.68
富　山	5.05	福　岡	3.64	埼　玉	2.56
宮　崎	4.84	茨　城	3.59	神奈川	2.49
熊　本	4.81	京　都	3.57		

表12－6　転倒・転落・墜落のICD10基本分類分類別の都道府県別死亡率（人口100万対、2000・05・10・15年の平均）及び建設業死亡率との相関係数

W00-W17		W01		W10		W13	
高知	95.1	愛媛	51.8	高知	10.7	長崎	10.4
徳島	94.9	高知	51.4	徳島	8.9	愛媛	9.6
愛媛	93.6	大分	50.6	東京	7.8	徳島	9.2
大分	81.9	岡山	49.4	和歌山	7.4	香川	9.0
和歌山	76.7	徳島	49.0	香川	7.3	秋田	9.0
岡山	76.0	三重	45.7	岡山	7.1	鳥取	8.0
香川	75.8	和歌山	44.9	新潟	7.1	新潟	7.7
福井	75.3	鹿児島	44.5	石川	6.9	富山	7.6
鹿児島	73.8	島根	44.2	奈良	6.8	鹿児島	7.6
島根	73.5	山口	44.1	愛媛	6.8	熊本	7.4
山梨	73.0	福井	43.4	大分	6.5	福岡	7.2
三重	70.8	山梨	43.2	静岡	6.5	三重	7.2
新潟	70.2	香川	42.4	長崎	6.4	北海道	7.1
長崎	69.6	広島	41.5	山梨	6.1	広島	7.0
熊本	69.0	熊本	41.5	兵庫	6.1	大分	6.9
広島	67.3	鳥取	41.0	大阪	5.8	石川	6.9
富山	66.2	群馬	40.9	福島	5.7	山形	6.8
山口	66.1	兵庫	40.5	千葉	5.5	宮崎	6.6
宮崎	65.1	福島	39.9	富山	5.5	愛知	6.3
群馬	64.7	新潟	39.4	熊本	5.5	青森	6.1
静岡	63.9	静岡	38.9	山口	5.5	千葉	6.0
福島	63.8	長崎	38.1	鳥取	5.5	佐賀	5.9
鳥取	63.3	佐賀	38.1	福井	5.3	滋賀	5.9
秋田	63.2	山形	37.8	広島	5.2	高知	5.8
山形	63.0	宮崎	37.8	島根	5.2	静岡	5.8
佐賀	62.7	岐阜	37.4	群馬	4.8	岐阜	5.7
岐阜	62.3	長野	36.2	神奈川	4.7	奈良	5.5
長野	62.2	奈良	35.9	京都	4.5	沖縄	5.5
石川	60.5	栃木	35.7	埼玉	4.5	宮城	5.4
兵庫	59.7	富山	35.6	秋田	4.5	山口	5.3
奈良	59.0	茨城	33.9	長野	4.5	岡山	5.3
栃木	55.9	石川	33.2	愛知	4.3	長野	5.3
岩手	55.3	大阪	33.1	福岡	4.3	和歌山	5.2
茨城	54.6	秋田	33.0	茨城	4.2	茨城	5.1
青森	53.9	京都	32.9	岐阜	4.2	福井	5.0
福岡	53.3	愛知	32.9	鹿児島	4.1	群馬	4.9
千葉	52.4	岩手	32.8	滋賀	4.0	福島	4.9
愛知	51.5	青森	32.8	北海道	3.8	大阪	4.7
滋賀	51.1	滋賀	32.2	佐賀	3.8	岩手	4.5
大阪	49.6	千葉	31.6	栃木	3.8	兵庫	4.3
京都	49.1	福岡	31.5	宮城	3.7	京都	4.2
東京	48.4	東京	31.1	岩手	3.7	島根	4.1
宮城	46.7	宮城	30.8	山形	3.6	埼玉	4.1
北海道	44.6	神奈川	29.3	沖縄	3.5	栃木	4.0
埼玉	44.2	埼玉	28.0	三重	3.3	東京	3.5
神奈川	42.6	北海道	25.8	宮崎	3.3	山梨	3.2
沖縄	36.5	沖縄	21.9	青森	3.2	神奈川	2.3
建設業死亡率との相関係数	0.508*		0.430*		0.079		0.290

*P <0.05

四国・九州・中国地方で、ここでも高知県が最高で、神奈川県は下から２番目であった。W01、W10、W13でも同様な傾向が認められた。総数の相関係数は0.508、W01の相関係数は0.430と、いずれも有意な中程度の相関であった。

６．分類別の転倒・転落・墜落による死亡数（表12－７）

表12－７に1995年から2019年までの25年間を通算したW00からW17までのそれぞれの死亡数及びそれぞれが占める割合を示す（以下、W17「その他の転落」を除く）。

男女総合でも、男性でも、女性でも、最多はW01の同一平面上での転倒であるが、女性が男性より多く、また女性では77.4％を占めているのに対し、男性では51.4％と低かった。

一方、男性の第２位はW13「建物又は建造物からの転落」で１万3,307人が死亡し、女性では第３位の同分類（4,167人）の３倍強となっていた。多くが現役を退いている65歳以上を見ると、同分類の男性での順位は女性と同じ第３位となっていた。

表12－７　ICD10基本分類分類別の転倒・転落・墜落による死亡数及び割合（1995～2019年通算）

分類	死亡数						死亡数割合（%）					
	男女総合		男性		女性		男女総合		男性		女性	
	総数	65歳～	総数	65歳～	総数	65歳～	総数	65歳～	総数	65歳～	総数	65歳～
W00	147	112	121	92	26	20	0.1	0.1	0.1	0.1	0.0	0.0
W01	112,324	102,943	54,292	46,857	58,032	56,086	62.2	71.4	51.4	61.9	77.4	81.9
W02	355	31	292	29	63	2	0.2	0.0	0.3	0.0	0.1	0.0
W03	113	52	63	19	50	33	0.1	0.0	0.1	0.0	0.1	0.0
W04	161	97	66	24	95	73	0.1	0.1	0.1	0.0	0.1	0.1
W05	765	711	374	339	391	372	0.4	0.5	0.4	0.4	0.5	0.5
W06	3,729	3,443	1,857	1,665	1,872	1,778	2.1	2.4	1.8	2.2	2.5	2.6
W07	600	513	353	290	247	223	0.3	0.4	0.3	0.4	0.3	0.3
W08	94	67	44	28	50	39	0.1	0.0	0.0	0.0	0.1	0.1
W09	20	3	15	2	5	1	0.0	0.0	0.0	0.0	0.0	0.0
W10	16,895	11,861	11,492	7,439	5,403	4,422	9.4	8.2	10.9	9.8	7.2	6.5
W11	5,181	3,978	4,854	3,727	327	251	2.9	2.8	4.6	4.9	0.4	0.4
W12	1,178	313	1,150	297	28	16	0.7	0.2	1.1	0.4	0.0	0.0
W13	17,474	7,256	13,307	5,333	4,167	1,923	9.7	5.0	12.6	7.0	5.6	2.8
W14	1,621	1,208	1,551	1,156	70	52	0.9	0.8	1.5	1.5	0.1	0.1
W15	1,842	1,154	1,384	794	458	360	1.0	0.8	1.3	1.0	0.6	0.5
W16	445	270	321	162	124	108	0.2	0.2	0.3	0.2	0.2	0.2
W17	17,666	10,226	14,061	7,501	3,605	2,725	9.8	7.1	13.3	9.9	4.8	4.0
合計	180,610	144,238	105,597	75,754	75,013	68,484	100	100	100	100	100	100

Ⅳ 考　察

男女とも、転倒・転落・墜落による死亡総数は増加しているが、これは高齢者の死亡数が増えていることによるためと考えられる。女性の死亡全体に占める65歳以上の高齢者の割合は従来から大きく、1995年で既に80%台の後半になっていた（**表12－2**）。暦年との相関係数も0.978と高く、ほぼ単調に増加しており、近年では96%を超える年もある。男女の差は縮小しつつあるが、65歳以上人口は女性が圧倒的に多いことから（目下、女性が約2,000万人、男性が約1,500万人）、やがては逆転する可能性がある。

一方、男性では、65歳以上の高齢者が占める割合は、暦年との相関係数が0.995とほとんど直線的に増加しているものの、90%を超えた年はない。男性の第２位はW13「建物又は建造物からの転落」であったが、これは、男性では、生産年齢において、労働現場などにおける転倒・転落・墜落による死亡数が多いためと考えられ、このため65歳以上の高齢者が占める割合が相対的に低くなったと考えられる。

労働災害の建設業の中での転倒・転落・墜落の多寡は、都道府県の順位に一定の影響を与えているものと考えられる。日野[4)]は、建設業の災害復旧工事における労働災害を分析して、その中での建築工事での死亡災害の87%が墜落に起因するものであったと報告している。今回、台風や豪雨被害が毎年のように繰り返されている西日本の各県で転倒・転落・墜落の死亡率が高く、かつ建設業死亡率との相関係数が有意だったことに対しては、台風や豪雨による災害に対する復旧工事における労働災害としての転倒・転落・墜落が、一定の寄与をしている可能性は否定できない。

これとは別に、労働災害としての転倒・転落・墜落による死亡数は減少しつつあったが（**表12－4**）、今後は建設現場で働く男性高齢者が増加する可能性があり、そうなると必ずしも減少の一途を辿るとは限らないかも知れない。

在宅高齢者の転倒は、大腿骨頸部などの骨折から、あるいは転倒に対する不安から、閉じこもりに至り、廃用症候群を来して寝たきりに至る場合が少なくない。高齢者、特に在宅高齢者における転倒については、多くの研究がなされているが、ほとんどの場合、死亡は主たる対象とはされていない。これは、目下のわが国において、わが国の在宅高齢者における転倒の年間発生率は10～25%と高く[5)]、かつ、高齢者が転倒した場合、その後、寝たきりになるなど、健康寿命の短縮に高率に結びつくことが、死亡よりも大きな問題として認識されているためであろう。本稿は、この点において、趣旨を異にする。今回、例えば、転倒や転落による死亡全体に対して、労働災害がある程度関与している可能性がある、という結論となったのは、死亡例のみを扱ったからである、とも考えられる。ただし、転倒や転落の根本原因としては、死亡に至った例にも至らなかった例にも共通するものは想定できよう。例えば、認知障害、向精神薬の服用、フレイルなどの筋力低下の状態などである[6)]。わが国においては、高齢者が家庭にも労働現場にも、今後ますます増加することから、転倒予防対策はその重みを増すことは確実である。

文献

1）厚生労働統計協会.　①不慮の事故. 国民衛生の動向2020/2021 2020；67(9)：65－66.

2）厚生労働統計協会.　2）生活習慣病の現状. 国民衛生の動向2020/2021 2020；67(9)：90－93.

3）厚生労働省. 労働災害発生状況.

4）日野泰道. 建設業の災害復旧工事における労働災害の分析. 労働安全衛生研究 2010；3(2)：137－142.

5）長谷川 美規, 安村 誠司. 日本人高齢者の転倒頻度と転倒により引き起こされる骨折・外傷. 骨粗鬆症治療 2008；7(3)：180－185.

6）鈴木隆雄. 転倒の疫学. 日老医誌　2003；40(2)：85－94.

わが国における交通事故による死亡の疫学

要旨

背景：交通事故については、これまで多数の研究がなされてきたが、人口動態統計をベースとして詳細に検討したものはほとんどないことから、今回、1995年以降のICD10（国際疾病分類、疾病及び関連保健問題の国際統計分類）を使用した人口動態統計に基づいて、わが国における交通事故死亡の状況を検討した。

方法：交通事故による死亡（ICD10項目 V01 ～ 98）については、厚生労働省がインターネット上で公表している人口動態統計の1995 ～ 2018年のわが国全体及び各都道府県における死亡に関する資料を使用した（都道府県の事故種類別の検討のみ1999年以降の資料）。人口についても同サイトの資料を使用した。年次と死亡率との相関関係の検討にはピアソンの相関係数を計算した。

結果：1995年に１万5,000例を超えていた死亡数は、2018年には5,000例未満、つまり３分の１未満となった。月別の死亡率はほぼ毎年、12月が最高で、2018年の５月・６月の死亡率は1995年の約４分の１となっていたが、12月・１月は３分の１まで減少していなかった。15 ～ 64歳においては、男性の死亡率が高いのが目立った。長崎県内においての交通事故死亡全体に占める V13「自転車乗員」の割合が1.7%と極端に低かった。V03「歩行者」の死亡割合と「80歳以上の死亡割合」との間の相関係数（0.414）は有意であった。また V23「オートバイ乗員」の死亡割合と「15 ～ 24歳の死亡割合」との関係をみたところ、相関係数（0.538）は有意であった。

考察：生産年齢において男性の死亡率が女性に比べ高いことが目立ったのは、男性は職業上自動車を使用する機会が多いこと、また特に20代から30代の女性は、出産・育児などで外出の頻度が減る、などが理由として考えられた。若年者のオートバイ乗用が多いことが、若年者が多く集まる大都市の多い県で「オートバイ乗員」の死亡が多いことに寄与していると思われた。長崎県において

「自転車乗員」の死亡割合が極端に低かったのは、長崎市や佐世保市など斜面の割合の多い地域において自転車の利用そのものが制約された結果であると考えられた。1990年以降のスタッドレスタイヤ導入の、冬季の事故抑制に対する劇的な効果は今回の結果では示されなかった。

キーワード：疫学、交通事故、死亡、人口動態統計、都道府県。

Ⅰ　緒　言

わが国においては、特に高度成長期である1960年代から70年代にかけ、「交通戦争」と呼ばれるほど交通事故死亡が多かった時期があった。その後、自動車の安全性の向上や交通関係諸規則の改正、取り締まりの強化などにより、死亡数は次第に減少してきた。

交通事故については、これまで多数の研究がなされてきたが、外傷など臨床的な観点から検討する色合いが濃いものや個々の事例の集積とその分析を行ったものが多く[1,2]、人口動態統計に基づいて疫学の面から詳細に検討した報告はほとんどみられない。今回は人口動態統計の資料を使用して、最近のわが国における交通事故による死亡の状況について検討した。

Ⅱ　資料と方法

今回は厚生労働省の人口動態統計のサイトの死亡に関する資料のうち、1995年から2018年までのICD10（国際疾病分類）のデータを使用した。

https://www.e-stat.go.jp/stat-search/files?page=1&toukei=00450011&tstat=000001028897

全国及び各都道府県の人口も同サイトに掲げられている資料によった。乗用車及びオートバイ保有台数は一般財団法人自動車検査登録情報協会の資料によった。

https://www.airia.or.jp/publish/statistics/number.html

本論文で使用した相関係数はすべてピアソンの相関係数で、その有意差検定はｔ検定によった。

III 結　果

1．全国としての検討

人口動態統計の中では、「交通事故」の項目として、V01 ～ 98が挙げられている。V89までは陸上交通事故、V90 ～ 94は水上交通事故、V95 ～ 97は航空・宇宙交通事故、V98はその他の明示された交通事故である。1995 ～ 2018年における「外因による死亡」は174万4,378例で、このうち交通事故による死亡は22万3,317例であって、「外因による死亡」の12.8％を占めていた。水上交通事故は4,332例、航空・宇宙交通事故は528例で、それぞれ交通事故の1.9％、0.2％を占めるに過ぎず、大部分は陸上交通事故であった。

1）交通事故の種類別の死亡

表13－１に交通事故の種類別の死亡数と暦年（1995 ～ 2018年）との相関係数を示す。1995年には、１万5,000例を超えていた死亡数は、2018年には5,000例未満、即ち３分の１未満となった。すべての種類で減少傾向を示し、相関係数は「バス乗員」を除くすべてで有意であった。

2）月別の死亡率の推移

月別の人口10万対死亡率及び暦年（1995 ～ 2018年）との相関係数を**表13－２**に示す。すべての月においてほぼ単調かつ有意な減少傾向が認められた。1998、2000、03、06、07年以外は12月が最高であった。2018年が1995年よりどれだけ減少したかを計算したところ、５月・６月は約４分の１となっていたが、12月・１月は３分の１まで減少していなかった。

3）年齢別死亡率（路上交通事故）の推移及びその男女比

年齢別死亡の資料は「路上交通事故死亡数、傷害発生地による都道府県（特別区－指定都市再掲）・年齢（特定階級）・性別」によった。この資料は、傷害発生地で集計され、またその年齢階級は15 ～ 24歳など、特定のものとなっている。

死亡率（人口10万対）は、男性においては、高い順に80歳以上、65 ～ 79歳、15 ～ 24歳、45 ～ 64歳、25 ～ 44歳で、これは1995年から2018年まで変動はなか

表13－1　交通事故の種類別の死亡数（1995年・2018年のみ表示）及び暦年との相関係数（1995～2018年）

		1995年	2018年	相関係数
死亡数				
V01-V98	総数	15,147	4,595	−0.990＊
V01-V09	歩行者	4,335	1,614	−0.992＊
V10-V19	自転車乗員	1,998	595	−0.995＊
V20-V29	オートバイ乗員	2,551	626	−0.985＊
V30-V39	オート三輪車乗員	4	1	−0.776＊
V40-V49	乗用車乗員	4,281	998	−0.976＊
V50-V59	軽トラック乗員	470	139	−0.982＊
V60-V69	大型輸送車両乗員	284	53	−0.962＊
V70-V79	バス乗員	12	5	−0.019
V80-V89	その他の陸上交通事故	918	461	−0.888＊
V90-V94	水上交通事故	260	84	−0.970＊
V95-V97	航空交通事故	32	19	−0.520＊
V98	その他、詳細不明	2	0	−0.541＊

＊P＜0.05

表13－2　交通事故の月別死亡率（人口10万対、1995年と2018年のみ表示）及び暦年（1995～2018年）との相関係数

月	1995年	2018年	2018年/1995年	相関係数
総数	12.2	3.7	0.303	−0.989＊
1月	10.6	3.8	0.358	−0.981＊
2月	11.4	3.4	0.298	−0.984＊
3月	11.3	3.5	0.310	−0.978＊
4月	12.3	3.4	0.276	−0.977＊
5月	11.7	3.1	0.265	−0.984＊
6月	11.4	3.0	0.263	−0.985＊
7月	11.6	3.3	0.284	−0.987＊
8月	11.9	3.7	0.311	−0.990＊
9月	12.7	3.7	0.291	−0.984＊
10月	13.0	4.0	0.308	−0.989＊
11月	13.9	4.3	0.309	−0.984＊
12月	14.1	5.0	0.355	−0.983＊

＊P＜0.05

った。０～４歳と５～14歳が最低を示したが、これらは年により順位が入れ替わっていた。女性においては、高い順に80歳以上、65～79歳で、これに45～64歳と15～24歳が次ぐが、これらは年により入れ替わっていた。次が25～44歳であり、０～４歳と５～14歳が最低を示したが、男性同様、これらは年により順位が入れ替わっていた。

全体としての男女比は２あまりであったが、有意に減少する傾向があった。年齢別にみて、男女比が最も高かった、つまり男性が女性に比べ多く死亡していたのは25～44歳で、1996年以外は首位であった。次に高かったのは15～24歳（2014年のみ３位）で、３位が45～64歳（2014年のみ２位）であった。このように、生産年齢である15～64歳においては、男性の死亡率が高かった（**表13－3**）。

２．都道府県別の検討

１）年齢別の検討（路上交通事故）

都道府県における年齢別の検討も「路上交通事故死亡数、傷害発生地による都道府県（特別区－指定都市再掲）・年齢（特定階級）・性別」によった。

全国の死亡数について1995年から2018年をすべて合計する。次に各年齢別の割合を出す。これらを各都道府県の総数に掛けると、各都道府県におけるそれぞれの年齢別の期待値が出る。つまり、この期待値は、当該県の各年齢において、全国と同じ割合で死亡したら、それぞれの年齢で何人死亡するか、という意味である。これと実測値とを突き合わせてχ^2値を算出した。

今回は若年者（15～24歳）及び高齢者（80歳以上）について検討した（**表13－4**）。15～24歳における死亡は、首都圏に位置する県や大都市を擁する県が多かった。下位県には人口減少と高齢化が進展している県が多かった。80歳以上における死亡には、これとほぼ正反対の特徴がみられた。

２）種類別の検討

この項目のみ1999年から2018年の資料を使用した（1995年から1998年のこれに関する都道府県別の資料は厚生労働省のサイトで非表示のため）。以下の４種類で同期間の交通事故死亡の合計の約半数（45.5％）を占めていたことから、これらについて検討した。括弧内にそれぞれが占める割合を示す。すべて乗用車などとの衝突による事故であった。

表13－３　交通事故による年齢別死亡率（人口10万対）、死亡率の男女比（1995年と2018年のみ表示）

		1995年	2018年	相関係数
死亡率				
	男性			
	総数	16.29	4.60	-0.984＊
	０～４歳	3.45	0.74	-0.936＊
	５～14歳	3.00	0.54	-0.965＊
	15～24歳	25.45	4.22	-0.970＊
	25～44歳	10.57	2.77	-0.975＊
	45～64歳	15.68	4.14	-0.981＊
	65～79歳	32.20	7.09	-0.987＊
	80歳～	58.71	14.62	-0.982＊
	女性			
	総数	6.63	2.11	-0.992＊
	０～４歳	1.65	0.47	-0.893＊
	５～14歳	1.43	0.51	-0.913＊
	15～24歳	6.12	0.98	-0.980＊
	25～44歳	2.51	0.54	-0.971＊
	45～64歳	6.14	1.08	-0.984＊
	65～79歳	16.92	3.89	-0.992＊
	80歳～	24.74	7.03	-0.988＊
死亡率男女比		1995	2018	
	総数	2.46	2.18	-0.804＊
	０～４歳	2.08	1.56	-0.319
	５～14歳	2.10	1.06	0.172
	15～24歳	4.16	4.31	0.074
	25～44歳	4.22	5.12	0.460＊
	45～64歳	2.55	3.82	0.875＊
	65～79歳	1.90	1.82	-0.444＊
	80歳～	2.37	2.08	-0.714＊

＊P＜0.05

V03　乗用車、軽トラック又はバンとの衝突により受傷した歩行者（22.7%）

V13　乗用車、軽トラック又はバンとの衝突により受傷した自転車乗員（8.1%）

V23　乗用車、軽トラック又はバンとの衝突により受傷したオートバイ乗員（7.8%）

V43　乗用車、軽トラック又はバンとの衝突により受傷した乗用車乗員（6.9%）

表13－4　都道府県別・年齢別の路上交通事故死亡率（人口10万対、男女総数；1995～2018年通算）

15～24歳	死亡率	80歳以上	死亡率
沖縄	27.12＊	富山	21.89＊
神奈川	16.87＊	香川	21.75＊
宮城	16.80＊	愛媛	20.47＊
福岡	15.61＊	鹿児島	20.05＊
奈良	15.52＊	群馬	19.63＊
大阪	15.41＊	石川	19.39＊
愛知	15.40＊	福井	19.18＊
北海道	15.35＊	高知	18.90＊
京都	15.09＊	佐賀	18.68＊
千葉	14.70＊	大分	18.65＊
埼玉	14.64＊	徳島	18.61＊
山梨	14.63	熊本	18.50＊
茨城	14.61＊	島根	18.13＊
東京	14.52＊	新潟	18.07＊
滋賀	14.16	長野	17.79＊
広島	13.89	岐阜	17.54＊
栃木	13.64	和歌山	17.04＊
鹿児島	13.24	鳥取	16.99
岡山	13.09	静岡	16.98＊
静岡	12.98	宮崎	16.98＊
兵庫	12.75＊	長崎	16.86
佐賀	12.48	岡山	16.78＊
宮崎	12.48	山形	16.78
三重	12.24＊	山口	16.35
長野	12.23＊	栃木	16.05
山口	12.18＊	広島	15.99
福島	12.16＊	岩手	15.88
長崎	12.07	山梨	15.72
岐阜	12.06＊	三重	15.41
和歌山	12.05	福島	15.34
香川	11.66＊	愛知	15.34
熊本	11.57＊	福岡	14.96
青森	11.53＊	青森	14.88
鳥取	11.45＊	秋田	14.75
群馬	11.30＊	兵庫	14.72
石川	11.21＊	茨城	14.57
福井	11.08＊	京都	13.86＊
新潟	11.07＊	滋賀	13.58＊
山形	10.78＊	埼玉	13.26＊
島根	10.56＊	千葉	12.99＊
高知	10.53＊	奈良	12.75＊
愛媛	10.25＊	宮城	12.18＊
大分	10.21＊	東京	12.05＊
岩手	10.06＊	北海道	11.21＊
秋田	9.71＊	沖縄	11.12＊
徳島	9.38＊	大阪	11.11＊
富山	8.49＊	神奈川	10.87＊

＊$P<0.05$（χ^2検定）

表13－5に、これらの種類の事故死亡が、それぞれの都道府県の中における交通事故全体（1999年から2018年の交通事故死亡の合計）に占める割合（%）を降順に示す。

V03「歩行者」の割合が多い上位10県で人口100万人を超える大都市を擁しているものはなかった。V13「自転車乗員」の下位県には、冬季に積雪が多い道県

表13－5　乗用車などとの衝突による各都道府県の交通事故種類別の死亡割合（%）

V03「歩行者」		V13「自転車乗員」		V23「オートバイ乗員」		V43「乗用車乗員」	
都道府県	死亡割合	都道府県	死亡割合	都道府県	死亡割合	都道府県	死亡割合
石川	28.8*	埼玉	12.0*	神奈川	14.5*	北海道	11.5*
富山	28.3*	愛知	11.8*	奈良	11.8*	茨城	10.1*
長崎	27.2*	栃木	10.9*	大阪	11.0*	栃木	9.8*
新潟	26.6*	香川	10.8*	東京	11.0*	岐阜	9.8*
沖縄	26.1*	大阪	10.8*	和歌山	10.9*	岩手	9.5*
群馬	25.9*	東京	10.6*	京都	10.6*	山形	9.0*
岩手	25.6*	岐阜	10.3*	静岡	10.5*	三重	9.0*
鳥取	25.6	徳島	10.2*	沖縄	10.0*	滋賀	8.8*
福井	25.4*	群馬	10.1*	滋賀	9.3*	石川	8.7*
佐賀	25.2*	滋賀	9.8*	埼玉	9.2*	秋田	8.7*
静岡	25.2*	茨城	9.5*	山梨	8.8	福島	8.5*
福岡	25.1*	兵庫	9.4*	兵庫	8.5*	青森	8.5*
鹿児島	25.1*	愛媛	9.2*	愛知	8.4*	富山	8.3*
大分	25.0*	福井	9.1	三重	8.1	群馬	8.3*
青森	24.9*	岡山	8.8	千葉	8.0	佐賀	8.2*
宮崎	24.9*	三重	8.7	福岡	8.0	鳥取	8.1
神奈川	24.9*	富山	8.6	栃木	7.7	新潟	8.0*
秋田	24.8	高知	8.4	茨城	7.6	宮城	7.9*
長野	24.8*	千葉	8.4	愛媛	7.6	山口	7.8
熊本	24.4	石川	8.1	広島	7.6	愛知	7.5*
山形	24.3	佐賀	7.9	熊本	7.4	長野	7.5
島根	24.2	和歌山	7.9	鹿児島	7.2	福井	7.3
福島	23.7	静岡	7.9	香川	7.2	和歌山	7.0
岐阜	23.2	鳥取	7.7	高知	6.9	千葉	6.9
山梨	23.1	福岡	7.2*	群馬	6.7*	山梨	6.9
山口	23.0	京都	7.1*	長崎	6.6	香川	6.9
千葉	22.9	新潟	7.1*	長野	6.4*	島根	6.8
茨城	22.7	熊本	6.9*	佐賀	6.4*	岡山	6.5
高知	22.5	宮崎	6.5*	宮城	6.3*	奈良	6.5
東京	21.9	秋田	6.5*	岡山	6.3*	徳島	6.5
香川	21.8	山口	6.5*	大分	6.1*	熊本	6.3
愛知	21.8	神奈川	6.4*	新潟	5.9*	鹿児島	6.3
京都	21.7	山形	6.3*	徳島	5.7*	静岡	6.2*
兵庫	21.5*	奈良	6.2*	岐阜	5.7*	広島	6.1
広島	21.4	福島	6.1*	島根	5.6*	宮崎	6.1
愛媛	21.1	大分	6.0*	福島	5.5*	京都	5.7*
宮城	20.8*	宮城	5.8*	山口	5.5*	愛媛	5.5*
埼玉	20.6*	広島	5.7*	山形	5.3*	高知	5.5*
三重	20.3*	青森	5.5*	富山	4.6*	福岡	5.2*
徳島	20.3*	長野	5.2*	宮崎	4.3*	兵庫	5.2*
岡山	20.1*	岩手	4.9*	岩手	4.3*	大分	5.1*
栃木	19.9*	鹿児島	4.6*	秋田	4.1*	埼玉	5.0*
滋賀	19.6*	島根	4.6*	鳥取	3.8*	沖縄	4.9*
北海道	19.6*	北海道	4.5*	石川	3.7*	神奈川	4.7*
奈良	19.5*	山梨	4.1*	福井	3.5*	長崎	4.6*
和歌山	19.2*	沖縄	2.0*	青森	3.4*	大阪	4.1*
大阪	18.6*	長崎	1.7*	北海道	3.0*	東京	2.8*

* $P<0.05$（χ^2検定）

が認められ、また山梨県・長野県など山がちの県もみられた。長崎県の割合が極端に低かった。V23「オートバイ乗員」の上位10県は、冬季の積雪が少ない県や大都市を擁する県であったが、下位10県のうち９つ（北海道、青森県、福井県、石川県、鳥取県、秋田県、岩手県、富山県、山形県）は日本海に面して冬季に積雪をみる県であった。北海道はV03「歩行者」、V13「自転車乗員」及びV23「オートバイ乗員」では最下位またはそれに近い順位であったのに、V43「乗用車乗員」では１位で、内容に極端な違いがみられた。

例えば乗用車保有台数と交通事故死亡数との相関係数を、47都道府県を対象として計算すれば、人口が多い県では両者とも多く、人口が少ない県では両者とも少なくなりがちであるから、相関係数は当然高くなるであろう。両者とも単位人口当たりに変換しても結果は同じである。そこで、対象期間を通算した単位人口当たりの乗用車及びオートバイの台数と、これら４項目の死亡の「割合」との関係について相関関係を検討した（**表13－６**）。有意だったのは、V23「オートバイ乗員」の死亡割合と単位人口当たりオートバイ保有台数との関係だけで、かつその絶対値も0.323とさほど高いものではなかった。

別にV13「自転車乗員」の死亡割合とV23「オートバイ乗員」の死亡割合との相関係数を計算したところ0.168と低く、有意ではなかった（P >0.05）。

V03「歩行者」の死亡割合と、**表13－４**に示した「80歳以上の死亡割合」との間の相関係数（0.414）は有意であった（**図13－１**、P <0.05）。

またV23「オートバイ乗員」の死亡割合と「15 ～ 24歳の死亡割合」との関係をみたところ、相関係数（0.538）は有意であった（**図13－２**、P <0.05）。

表13－６　都道府県における人口千対乗用車台数・オートバイ台数と交通事故各種類の死亡割合との相関係数

	乗用車台数	オートバイ台数
V03「歩行者」	−0.047	−0.193
V13「自転車乗員」	−0.025	0.002
V23「オートバイ乗員」	0.018	0.323＊
V43「乗用車乗員」	0.182	−0.068

＊P＜0.05

図13－1　80歳以上の死亡割合と V03「歩行者」の死亡割合との相関

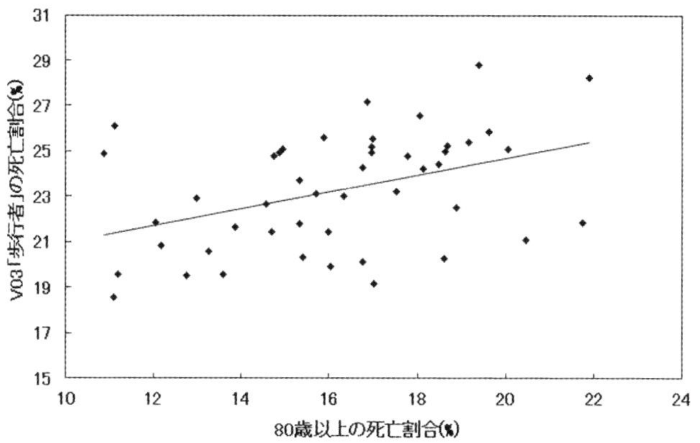

図13－2　15～24歳の死亡割合と V23「オートバイ乗員」の死亡割合との相関

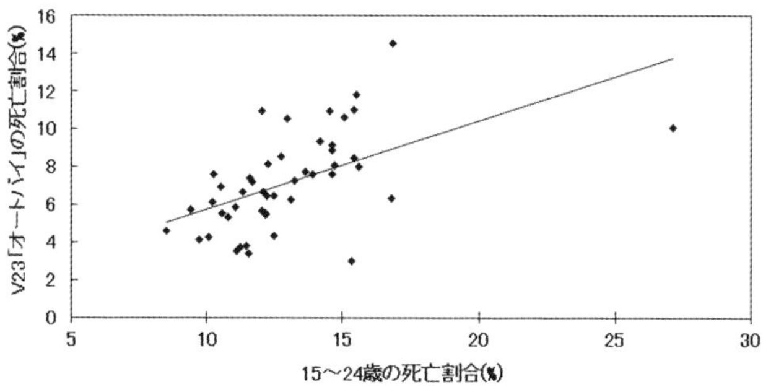

Ⅳ 考　察

例えば生活習慣病であれば、都道府県別の検討を行う際、当該県の人口構成を使用した年齢調整死亡率を指標とするのが一般的である。これは、当該県に在住する者が当該県で発症かつ死亡する、というのが普通の経過だからである。ところが、交通事故は、当該県の住民が当該県のみで起こすとは限らない。従って、当該県の単位人口当たりの数字、あるいは人口構成に基づいた年齢調整死亡率を使用することは、必ずしも妥当ではない。また、人口動態統計は原則として対象者の住所地により集計される（今回使用した年齢別の資料のみ発生地）。全国単位で評価する際には問題にならないが、都道府県で評価する際には、住所地・発生地いずれの方法で集計しても、何らかの問題は出てくる。このように、疫学的に正確な比較は、交通事故の場合、難しいことから、公表される都道府県の交通事故死亡のワースト10や、単位人口当たりの比較などの結果は、慎重に吟味する必要があろう。

生産年齢において、男性の死亡率が女性に比べ高いことが目立った。男性は、職業上で自動車を使用する機会が多いことはその理由の一つであろうし、特に20代から30代の女性は、出産・育児などで外出の頻度が減る、というのもまた一つの理由であろう。「15～24歳」と「オートバイ乗員」との相関係数は有意に高かったことから、この年齢層の多くを占める高校生や大学生などが、オートバイに乗って事故に遭遇する頻度が高いと考えられる。逆に80歳以上では自ら自転車・オートバイを含む車両を運転する機会が少なくなるため、「歩行者」との間に有意な相関関係が生じたものと考えられる。

月別の結果をみると、5・6月の減少が大きかったのに比べ12月・1月の減少は小さかった。今から50年以上前の新潟県での研究[3)]では、積雪期においては戸外気温とスリップ事故との間に有意の相関がみられるとの結果が報告されていた。また以前、北海道における自動車事故死亡の疫学的分析を行って、1990年前後に導入されたスタッドレスタイヤは、冬季の死亡事故を抑制する可能性があると結論した[4)]。スタッドレスタイヤは、積雪のある地域では、今回の対象期間においては導入されていたはずであり、冬季に積雪のない地域の存在によりその効果の表出は薄まってしまうとは言え、今回は劇的な効果は示されなかった。冬季の事故発生抑止を妨げているのは、むしろ、暗い時間が長いことなどの環境因子であるのかも知れない。

今回の結果からは、オートバイ台数や乗用車台数の寄与はさほど強くなく、むしろ、気象条件や社会状況の関与が大きいと思われた。つまり、オートバイは若年者かつ男女比の結果から男性の乗用が多いと考えられるため、若年男性が多く集まる大都市の多い県で多いのはこれが寄与していると思われ、また、積雪が多くなる県で少なかったのは、冬季にオートバイの走行が物理的に困難となるためと思われた。

自転車とオートバイとは、冬季の積雪が使用を抑制するという因子は共通しているものの、例えば山がちの地方や坂道の多い地方の場合、自転車の使用頻度は減っても、人力を使わないオートバイの使用を阻害する要因にはなりにくいであろう。加えてオートバイは子どもの乗用は制度上あり得ないし、高齢者も使用頻度はかなり少ないはずである。これに対し、自転車は使用する年齢層は子どもからある程度の高齢者まで、また男性も女性も乗用することから、両者の背景にあるものは、実は相当異なっていると思われ、今回、両者の相関係数が0.168と低かったのは、このような背景が関係しているためと思われた。

長崎県のV13「自転車乗員」の死亡割合が極端に低かったが、長崎市は斜面の割合の多さは全国でトップクラスにあり（10°以上の面積が43.0%）、また同じ県にある佐世保市も多い（同25.2%）[5)]。このような地理的因子が、同県において自転車の利用そのものを制約した結果であると考えられる。

北海道がV43「乗用車乗員」で１位だったのは、札幌市以外においては地下鉄がないなどのため、また面積が広大であるため、公共交通機関よりも自家用車に頼ることが多いことが、理由の一つとして挙げられよう。東京都、大阪府、神奈川県、埼玉県、福岡県が下位10位に入っているのは、公共交通機関のカバーが行き届いていることから、自家用車への依存度が低いためなのかもしれない。

一般に、死亡について疫学的に検討する際には、治療という因子の関与を無視することができない。交通事故死亡の場合には医療機関における治療に加え、救急搬送体制も関与してくる。中村[6)]は、1984年の都道府県レベルの交通事故発生要因についての報告において、救急医療体制や医療機関の地域的偏在が致死率に影響すると指摘している。交通事故死亡に関わる要因は極めて多数に及び、すべてを網羅して分析することは事実上不可能である。しかし、それら要因のいくつかを取り上げ、その観点からする分析を積み上げることによって全体像の解明は進むであろう。ただし自動運転などの技術革新が急速に進んでいる現下の状況からすると、乗用車が関係する事故そのものがさらに減少し、死亡も減少すると思われる。

文献

1）足助洵，田中克典，井上拓也，一杉正仁．滋賀県における自転車死亡事故例の分析と事故予防対策．日交通科会誌2016；16(2)：29－37.

2）中平進一．自動車事故に関する疫学的研究　第２編　歩行者事故の疫学的研究と事故防止を目標とする事例分析．関西医大誌　1976；28(1)：82－89.

3）上村桂，横山徹，山岸美津子，藤井保寿．積雪地方での気温と自動車事故の関係．日衛誌1966；21(5)：350－355.

4）西　基，川村麻衣子，菊地梨沙，他．北海道における自動車事故による死亡の疫学．交通医学　2001；55(3)：89－93.

5）天野充，杉山和一，全炳德．全国斜面都市の比較分析．土木計画学研究・講演集2004；30：125－128.

6）中村道男．最近の交通事故発生の動向に関する研究（第１報）　都道府県レベルでみた発生要因．民族衛生　1984；50(4)：168－177.

わが国における熱中症による死亡の疫学

要 旨

目的：最近のわが国における熱中症による死亡を疫学的に分析する。

方法：人口動態統計のＩＣＤ10の死亡のコードのＴ67（熱及び光線の作用）とし、全国の死亡数は1995年から2014年まで、各都道府県の死亡数は1999年から2014年までのものとした。全国の年齢調整死亡率を直接法によって算出する際は、1985年のモデル人口を用いた。都道府県別の間接法による年齢調整死亡率（標準化死亡比）を算出する際は2000・2005・2010年の国勢調査人口を用いた。気象データは気象庁の、暑さ指数（ＷＢＧＴ）のデータは環境省のサイトによった。

結果：全国における熱中症による粗死亡率は男女とも有意に上昇していた。年齢別では、粗死亡率は50歳以上では男女とも有意に増加していたが、０－９歳では男女とも有意に減少していた。69歳以下では男性の死亡率は女性より概して高かったが、70歳以上では男女の粗死亡率の差はかなり小さくなっていた。直接法による年齢調整死亡率の変化の状態は粗死亡率とよく似ており、有意に上昇していた。都道府県別の標準化死亡比をみると、最低は北海道だったが、その次に低いのが福岡県、さらに熊本県、第５位が長崎県、第８位が大分県、第10位が宮崎県と、九州各県が低いことが目立った。最も高かったのは香川県、次いで大阪府、沖縄県、新潟県、東京都、富山県、秋田県の順であった。東京において最高気温が35℃以上であった年間の日数と当該年の熱中症死亡数の相関係数は0.785、最低気温が25℃以上の場合の相関係数は0.608で、両者とも有意の相関関係が存在した。東京におけるＷＢＧＴが28℃以上の日数と、当該年の東京都における熱中症死亡数との間の相関係数も0.722と有意であった。

考察：粗死亡率は特に2007年以降の上昇が目立ったが、これは、猛暑日など気温の高い日が多い年が増え、その際、高齢者において死亡者が増加したからであると解釈される。９歳以下の年齢層では有意に減少し、20代・30代の若年層の死亡率も横ばいであったが、車中に乳幼児を放置する危険性や炎天下における部活動などの危険性の周知や、行政の啓発などが一定の成果を挙げているためなのかも知れない。東京都や大阪府などで高かったのはヒートアイランド現象によって、日本海側の秋田県・新潟県・富山県で高かったのはフェーン現象によって、ある程度の説明はつくが、一般に気温の高い九州において標準化死亡比が100を上回ったのは鹿児島県のみで、有意に低い県が数県存在したことに対しては、説明が困難であった。ＷＢＧＴと熱中症死亡数との間には、かなり明確な関係が存在したが、今回の結果をみると、最低気温のみでも、かなりよい相関関係が得られたことから、一般の簡易な指標として、ＷＢＧＴや最高気温のみならず、最低気温も使用できるものと思われた。

キーワード：疫学、死亡、人口動態統計、都道府県、熱中症。

Ⅰ　緒　言

熱中症は、一般に、高温多湿の環境において、体温調節ができなくなり、循環不全を来して種々の症状を呈し、最悪の場合、死に至る病態である。地球温暖化の関与もあると指摘されているが、最近では最高気温が35℃以上を記録する日（猛暑日）が目立つようになり、夏季において熱中症により搬送されるケースと、これによる死亡も相当数に上るようになった。

本稿では、人口動態統計の資料などを基に、わが国における熱中症による死亡について分析した。

Ⅱ　資料と方法

1．熱中症による死亡数の資料

人口動態統計の国際疾病分類第10改訂（ＩＣＤ10）の死亡のコード（**表14－1**）のＴ67とした。Ｔ67.0からＴ67.9までの細かい分類があるが、大部分がＴ67.0熱射病及び日射病に分類されているためで、Ｔ67を用いても事実上、支障がないためである。

全国の死亡数はＩＣＤ10が採用された1995年から2014年までとした。

各都道府県の死亡数は、厚生労働省のサイト http://www.e-stat.go.jp/SG1/estat/NewList.do?tid=000001028897に掲載されている、1999年から2014年までの資料によった。

2．人口の資料

全国の年齢調整死亡率を直接法によって算出する際は、1985年のモデル人口を用いた。

都道府県別の間接法による年齢調整死亡率（標準化死亡比）を算出する際の全国及び各都道府県の男女別・５歳階級別人口は、2000年・2005年・2010年の国勢調査人口の平均とした。全国の1999年から2014年までの16年間の熱中症による死亡数を男女別・５歳階級別に合計し、人口及び16年で除して単位人口当たり・１年当たりの死亡率を求め、これを各都道府県の男女別・５歳階級別人口に掛けて、男女別に合計してそれぞれの期待死亡数を出した。さらに、男女別の実死亡数を足したものを、男女別の期待死亡数で割って標準化死亡比（%）を算出した。これら実死亡数と期待死亡数を使用してχ^2検定を行った。

3．気象関係の資料

東京都における気象データと熱中症死亡との関係を検討する際、気象庁の「過去の気象データ検索」の「東京都」のうち、地点「東京」のデータを使用した。http://www.data.jma.go.jp/obd/stats/etrn/index.php?prec_no=14&block_no=47412&year=2014&month=01&day=&view=

表14－1　熱中症に関係するICD10コード及びその内容

ICD10コード	内　容
T67	熱及び光線の作用
T67.0	熱射病及び日射病
T67.1	熱性失神
T67.2	熱（性）けいれん
T67.3	日射病，無汗性
T67.4	塩分喪失による日射病
T67.5	日射病，詳細不明
T67.6	熱疲労，一過性
T67.7	熱性浮腫
T67.8	熱及び光線のその他の作用
T67.9	熱及び光線の作用，詳細不明

湿度、日射・輻射など周辺の熱環境、気温の３者より算出される指標で、熱中症発生予測などに使用されている暑さ指数（ＷＢＧＴ）の資料は環境省のサイトによった。

http://www.wbgt.env.go.jp/record_data.php?region=03&prefecture=44&point=44132

ＷＢＧＴが公表されるようになったのは最近のことで、データが限られていることから、今回は2006年から2014年の６・７・８月の、観測地点が「関東地方・東京・東京」におけるＷＢＧＴが28℃以上の日数と、当該年の東京都における熱中症死亡数との間の関係を検討した。

Ⅲ 結　果

１．全年齢通算の粗死亡率

図14－１に全国における熱中症による人口100万対粗死亡率の推移を男女別に示す。死亡年との相関係数は男性が0.676、女性が0.661で、両者とも有意であった（Ｐ＜0.05）。2007年以降は、変動幅が大きくなっていて、2010年には男性で15.27、女性で12.42と、1995年以降では最大の数字となった。

粗死亡率の男女比は、今世紀に入ってからは２倍までの開きがない（表14－２）。

図14－１　熱中症粗死亡率

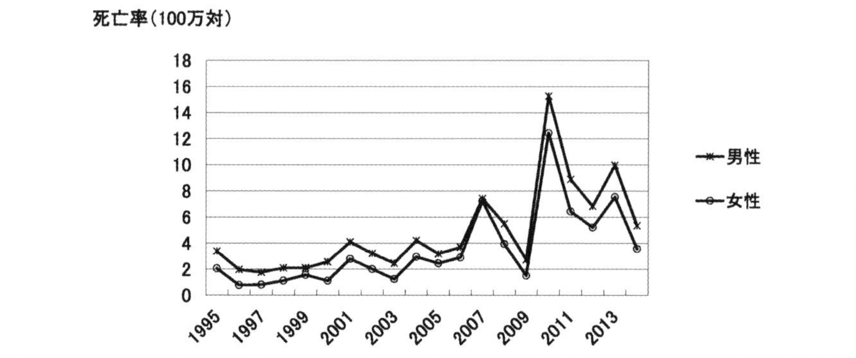

2．年齢階級別の死亡数・粗死亡率

図14－2に熱中症死亡数が特に多かった2010年における、10歳年齢階級別・男女別の死亡数を示す。80歳以上では、女性の死亡数が多かった。

表14－2　男女別熱中症粗死亡率（100万対）とその男女比

	男性	女性	男／女
1995	3.37	2.05	1.64
1996	1.96	0.77	2.55
1997	1.75	0.80	2.19
1998	2.09	1.11	1.88
1999	2.09	1.55	1.35
2000	2.55	1.11	2.31
2001	4.09	2.78	1.47
2002	3.20	2.00	1.60
2003	2.45	1.24	1.98
2004	4.20	2.94	1.43
2005	3.18	2.45	1.30
2006	3.69	2.90	1.27
2007	7.41	7.23	1.03
2008	5.49	3.94	1.39
2009	2.72	1.50	1.81
2010	15.27	12.42	1.23
2011	8.87	6.43	1.38
2012	6.83	5.21	1.31
2013	9.95	7.53	1.32
2014	5.34	3.57	1.50

図14－2　2010年における熱中症の年齢階級別男女別死亡数

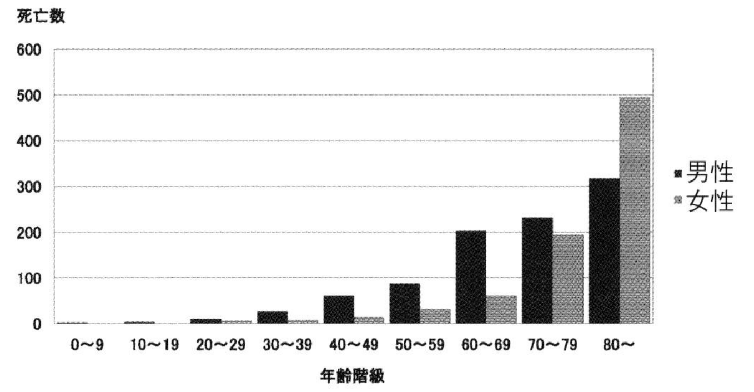

図14－3から**図14－11**に全国における10歳年齢階級別の粗死亡率の推移を男女別に示す。また、**表14－3**にそれぞれの相関係数を示す。50歳以上では男女とも有意に増加していたが、０～９歳では男女とも有意に減少していた。また、69歳以下では男性の死亡率は女性より概して高かったが、70歳以上では男女のグラフは重なり合うことが多くなり、差がかなり小さくなっていた。**表14－4**に０歳児の死亡数を示すが、特に2007年から2014年までの８年間で11例と、それ以前に比べ、相当減少していた。

３．全国における直接法による年齢調整死亡率

最近のわが国の社会の高齢化により、高齢者の絶対数が増加していることが、

図14－3　熱中症粗死亡率　０～９歳

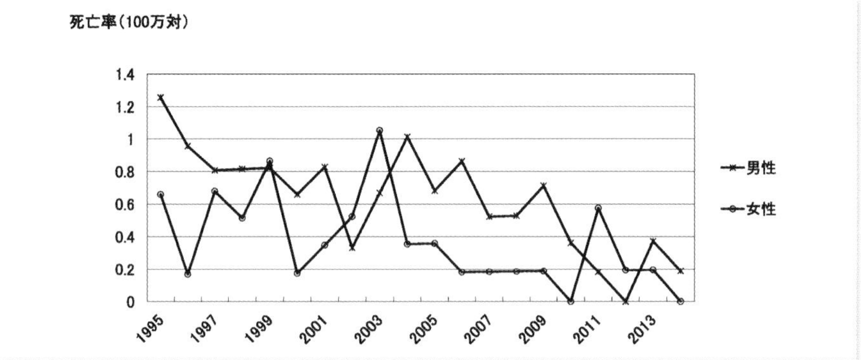

図14－4　熱中症粗死亡率　10～19歳

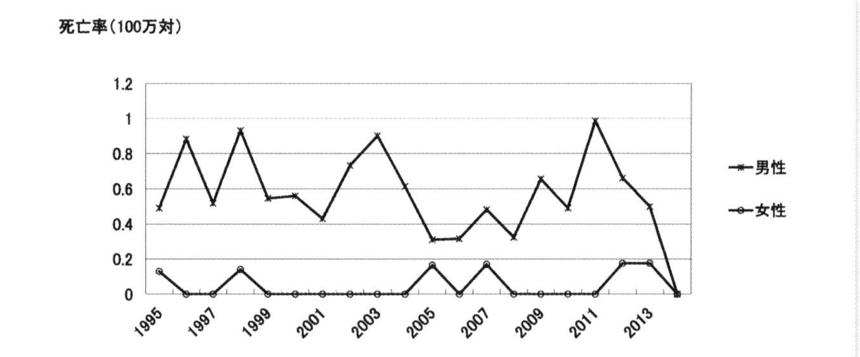

図14－5　熱中症粗死亡率　20～29歳

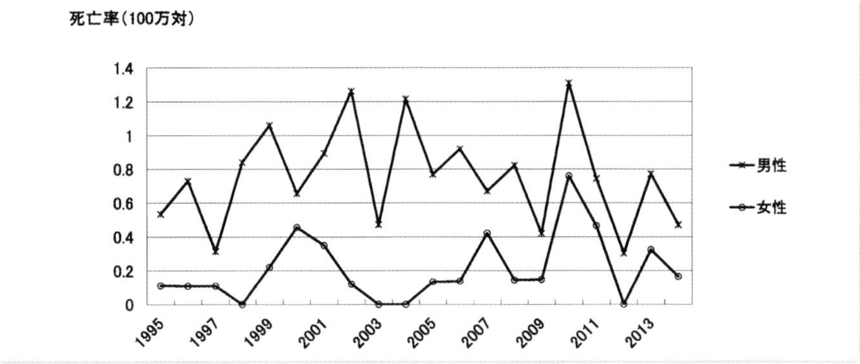

図14－6　熱中症粗死亡率　30～39歳

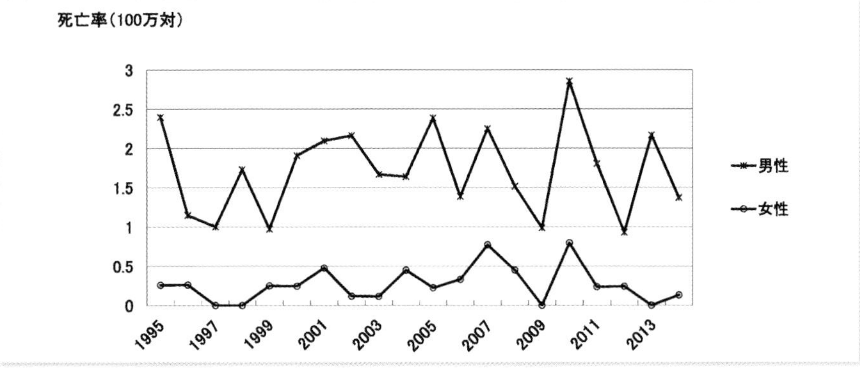

図14－7　熱中症粗死亡率　40～49歳

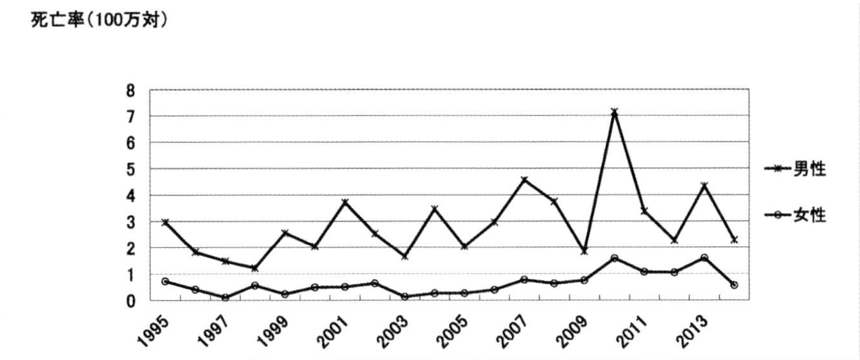

図14－8　熱中症粗死亡率　50～59歳

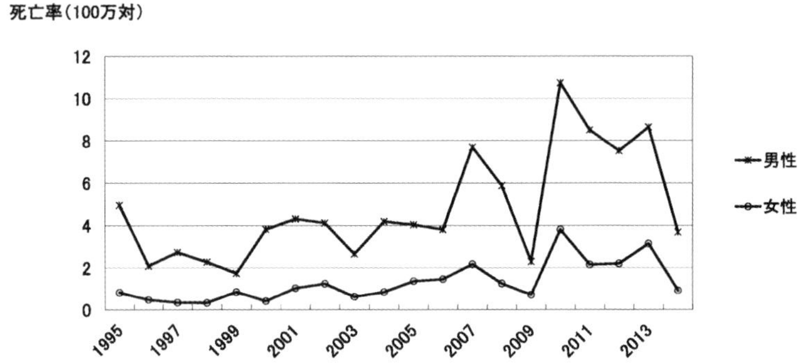

図14－9　熱中症粗死亡率　60～69歳

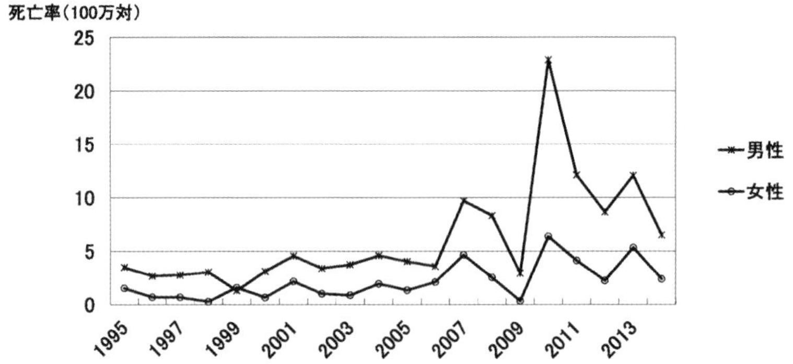

図14－10　熱中症粗死亡率　70～79歳

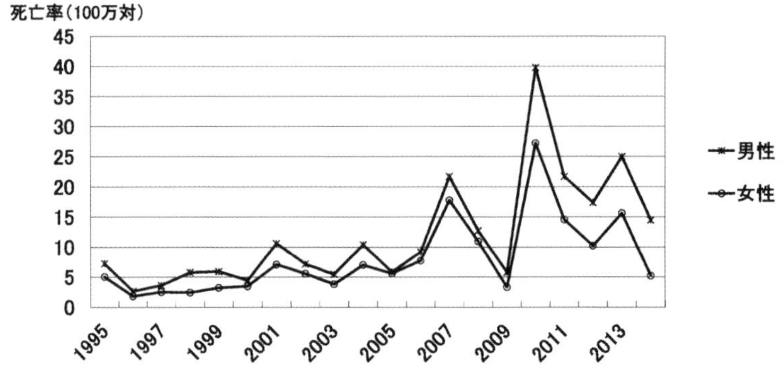

図14－11　熱中症粗死亡率　80歳以上

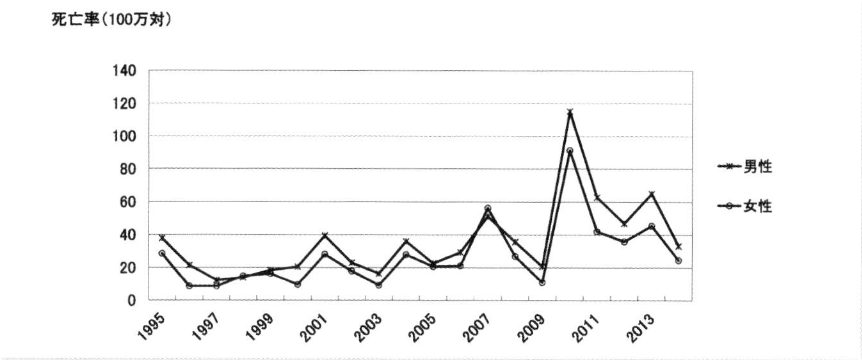

表14－3　年齢階級別・男女別の熱中症粗死亡率と年との相関係数（1995-2014年、全国）

年齢	男性	女性
0～9	−0.79＊	−0.52＊
10～19	−0.31	0.14
20～29	−0.06	0.29
30～39	0.05	0.14
40～49	0.42	0.61＊
50～59	0.62＊	0.67＊
60～69	0.63＊	0.63＊
70～79	0.68＊	0.60＊
80～	0.56＊	0.53＊

＊P＜0.05

表14－4　0歳児の熱中症による死亡数の推移

死亡年	死亡数	死亡年	死亡数
1995	8	2005	3
1996	4	2006	4
1997	4	2007	0
1998	4	2008	2
1999	4	2009	4
2000	3	2010	2
2001	0	2011	1
2002	3	2012	1
2003	4	2013	0
2004	3	2014	1

熱中症による粗死亡率を高めているのかも知れないことから、全国における年齢調整死亡率（直接法）を求めた（**図14－12**）。変化のパターンは粗死亡率とよく似ており、死亡年との相関係数は男女とも0.577と、粗死亡率の相関係数より小さくなったが、両者とも有意であった（P＜0.05）。

4．都道府県別の標準化死亡比

表14－5に都道府県別の標準化死亡比（1999年から2014年通算）を示す。最低は北海道だったが、福岡県がこれに次いで47都道府県の中で低かった。低い方から第３位は熊本県、第５位が長崎県、第８位が大分県、第10位が宮崎県と、九州各

図14－12 熱中症年齢調整死亡率

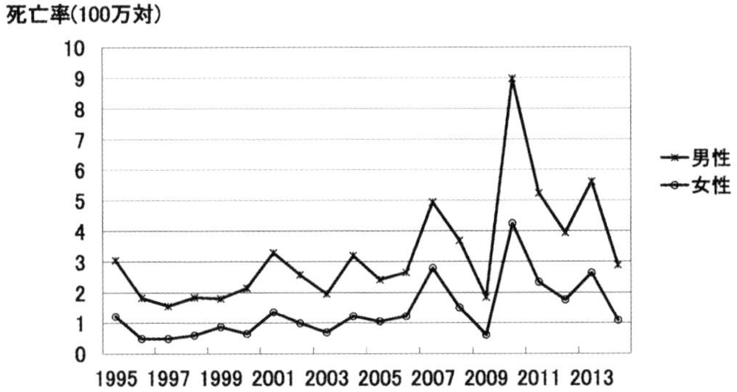

表14－5 都道府県別の熱中症による死亡の標準化死亡比（%、1999-2014年通算）

都道府県	標準化死亡比	
北海道	33.3	＊－
青森県	102.9	
岩手県	82.5	♯－
宮城県	85.1	＊－
秋田県	131.3	＊＋
山形県	110.8	
福島県	97.6	
茨城県	112.0	♯＋
栃木県	104.6	
群馬県	126.4	＊＋
埼玉県	121.8	＊＋
千葉県	92.3	
東京都	133.2	＊＋
神奈川県	66.7	＊－
新潟県	136.5	＊＋
富山県	132.3	＊＋
石川県	112.6	
福井県	98.7	
山梨県	89.5	
長野県	67.0	＊－
岐阜県	93.2	
静岡県	82.3	＊－
愛知県	91.0	♯－
三重県	130.8	＊＋

都道府県	標準化死亡比	
滋賀県	109.7	
京都府	86.0	＊－
大阪府	145.0	＊＋
兵庫県	121.7	＊＋
奈良県	95.9	
和歌山県	83.0	
鳥取県	104.6	
島根県	82.0	
岡山県	95.1	
広島県	86.6	＊－
山口県	64.8	＊－
徳島県	92.8	
香川県	147.5	＊＋
愛媛県	88.2	
高知県	124.7	＊＋
福岡県	60.9	＊－
佐賀県	86.3	
長崎県	65.4	＊－
熊本県	61.9	＊－
大分県	74.9	＊－
宮崎県	82.2	♯－
鹿児島県	118.3	＊＋
沖縄県	139.5	＊＋

＊＋：有意に高い（P<0.05）
＊－：有意に低い（P<0.05）
♯＋：高い傾向がある（0.05<P<0.10）
♯－：低い傾向がある（0.05<P<0.10）

県が低いことが目立った。最も高かったのは香川県、次いで大阪府、沖縄県、新潟県、東京都、富山県、秋田県の順であった。群馬県、埼玉県も有意に高かった。

5．最高気温・最低気温との関係

東京において、最高気温・最低気温につき、熱中症死亡数との間の関係を検討した。最高気温が35℃以上であった年間の日数の推移を**図14－13**に示す。特に2007年以降の年毎の日数の変動は大きい。

35℃以上であった年間の日数と当該年の熱中症死亡数の相関係数は0.785（Ｐ＜0.05）、最低気温が25℃以上の場合の相関係数は0.608（Ｐ＜0.05）であった（それぞれ**図14－14**、**図14－15**）。

6．暑さ指数（ＷＢＧＴ）との関係

東京におけるＷＢＧＴが28℃以上の日数と、当該年の東京都における熱中症死亡数との間の相関関係を**図14－16**に示す。両者の相関係数は0.722（Ｐ＜0.05）であった。

Ⅳ 考　察

環境省は熱中症予防情報サイトを開設し、啓発に努めている。その他にも種々の予防ガイドラインが公表されているが、いずれも熱中症発生の主たる要因である高体温と脱水の予防を主眼としている[1)]。また、中井は[2)]、熱中症は、０歳は

図14－13　最高気温が35℃以上の日数（東京）

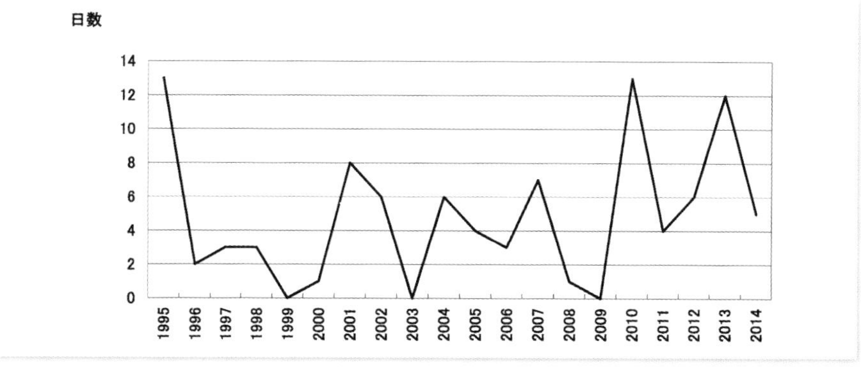

図14－14　日最高気温35℃以上の日数と熱中症死亡者数（東京）

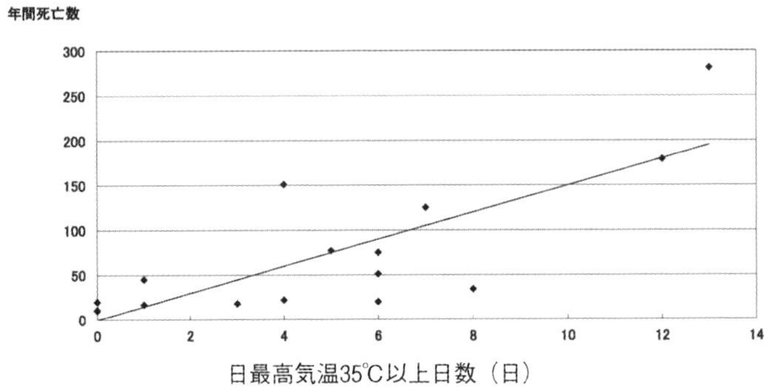

図14－15　日最低気温25℃以上の日数と熱中症死亡数（東京）

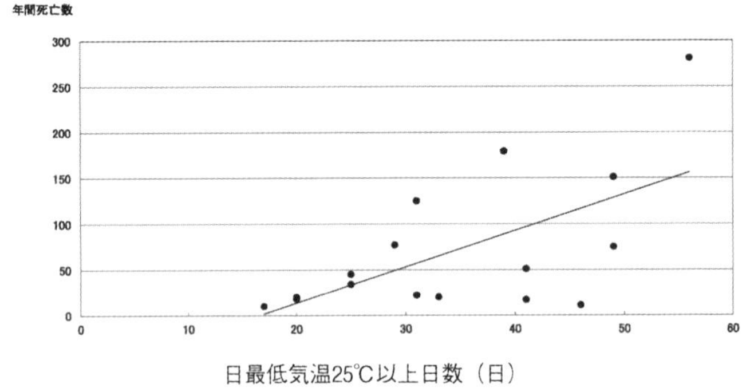

図14－16　ＷＢＧＴ28℃以上の日数と熱中症死亡数（東京）

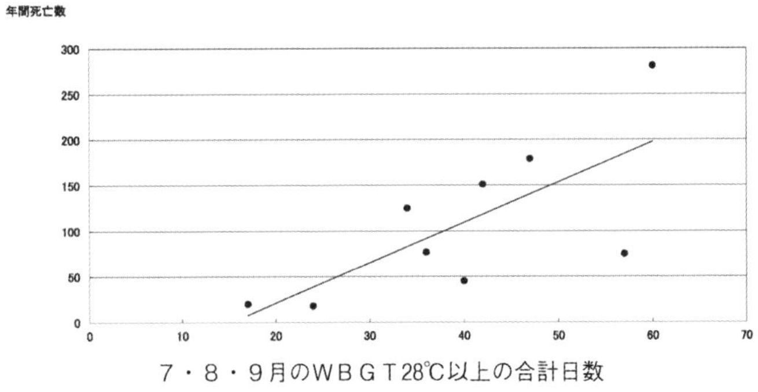

自動車への閉込、15～19歳はスポーツ場面、30～59歳は労働現場、65歳以上は日常生活・労働・運動時における発生が多いとしており、年齢によって熱中症の発生要因は異なっている。

粗死亡率はこの20年間、有意に上昇していたが、特に2007年以降の上昇が目立った。一般に、熱中症など高齢者が罹患しやすい病態・疾患の場合には、その粗死亡率は社会の高齢化の影響を受ける。この影響を除くため、年齢調整死亡率を算出することになる。今回も直接法による年齢調整死亡率を算出したが、推移の状況は粗死亡率とよく似ていた。10歳年齢階級でみても、50歳以上の年齢層すべてにおいて、特に2007年以降、上下幅は大きくなっているものの、長期のスパンで見た場合の粗死亡率は増加している。この上下の変動幅が大きい原因としては、真夏日の日数に代表される、年毎の気温の変動が挙げられよう。高齢者は、発汗や口渇感などの機能が低下しているため、熱中症を発症しやすいとされるが[3)]、特に2010年や2013年など、ここ数年、猛暑日など気温の高い日が増加したことから、そのような年では、元々調節能力が低下している高齢者において熱中症が多く発生するようになり、その結果、全体の死亡率も上昇したものと解釈される。

年齢層別の粗死亡率をみると、9歳以下の年齢層では有意に減少していた。炎天下に車中に放置されて死亡する0歳児例の減少が寄与しているのかも知れない。20代・30代の若年層の死亡率も横ばいであった。これらについては、車中に乳幼児を放置する危険性や炎天下における部活動などの危険性の周知、さらには環境省をはじめとする行政の啓発・取り組みなどが一定の成果を挙げているためなのかも知れない。

熱中症の症例の救急搬送については、一般に男性が多く、女性の4倍程度と報告されている[4)]。これに対し、粗死亡率の男女比は今世紀に入ってから2倍未満であった。救急搬送数は、若年及び中年では男性が多く、高齢者では女性が多いとされているが[4)]、死亡絶対数は若年者では少なく、高齢者では多いことから、全体の死亡率としては、男女差が小さくなるものと考えられる。

一般に、都道府県別の年齢調整死亡率を算出する際には、人口が100万人に満たない、かなり少ない県もあることから、わずかな死亡数の上下によってその結果に大きな影響を受ける直接法ではなく、安定した結果を出せる間接法が用いられる。今回も間接法によって得られる標準化死亡比を用いた。北海道の標準化死亡比が低かったのは、夏季の気温や湿度の低さからして当然である。東京都や大阪府などで高かったのは、ヒートアイランド現象によって、また日本海側の秋田県・新潟県・富山県で高かったのは、フェーン現象によって、ある程度の説明はつくし、群馬県や埼玉県で有意に高かったのも、内陸に位置するためという理由が考えられる。しかし、一般に気温の高い九州において、標準化死亡比が100を上回ったのは鹿児島県のみで、有意に低い県が数県存在したことに対しては、明確に説明することが困難で、今後、詳細に研究すべきと考えられた。

ＷＢＧＴは、気温だけではなく、湿度や日射などの要素を取り込んでいることから、熱中症の発生率とよく相関するとされている（環境省熱中症予防情報サイト）。今回は（発生ではなく）死亡についてＷＢＧＴとの関係を東京都のデータを使用して検討したが、2006年から2014年という、わずか９点のデータであったにも拘わらず、かなり明確な関係が得られた。ただし、今回の結果をみると、最低気温のみでも、かなりよい相関関係が得られ、また一般の人々は、ＷＢＧＴにはなじみが薄いことから、一般の簡易な指標として、ＷＢＧＴや最高気温のみならず、最低気温も使用できるものと思われた。

文献

1）芳田哲也．日本における熱中症予防研究．日生気誌　2015；52(2)：97－104.
2）中井誠一．熱中症の疫学．体力科学　2015；64(1)：77.
3）中井誠一．熱中症の疫学．日本臨床　2012；70(6)：934－939.
4）三宅康史、有賀徹、井上健一郎、他．熱中症の実態調査．日救急医会誌　2008；19(6)：309－321.

わが国における薬物中毒による死亡の疫学

要 旨

目的：現在のわが国において、自殺の手段として薬物中毒が一定の割合を占めることから、また、救急搬送患者として精神疾患を持つ患者の薬物中毒が多いとされていることから、薬物による自殺や死亡の状況を明らかにする。

方法：死亡に関する資料として、厚生労働省のホームページに掲載されている人口動態統計の死亡のうち、「T36－T50 薬物、薬剤及び生物学的製剤による中毒」について、全国としての資料は1995年から2014年までのものを、都道府県別の資料は1999年から2014までのものを、それぞれ採用した。各都道府県の人口及び人口密度は、それぞれ2000年、2005年、2010年の国勢調査人口及び人口密度の平均とした。

結果：1995年から2014年までを通算した20年間の全国における「T36－T50 薬物、薬剤及び生物学的製剤による中毒」の死亡は１万8,766人であって、「T42 抗てんかん薬、鎮静・催眠薬及び抗パーキンソン病薬による中毒」は5,633人で30.0%、「T43 向精神薬による中毒、他に分類されないもの」は5,375人で28.6%を占めていた。すべての項目において大きな男女差はみられなかった。1995年から2014年までの薬物による自殺数は１万66人であって、これは薬物による死亡全体の53.6%を占めた。2002年からは、薬物による自殺数は、女性が男性を上回っていた。死亡率は東京、神奈川、大阪など人口の多い都府県で高く、島根、岐阜、福井など人口の少ない県で低く、人口密度との相関係数は0.753と有意に高かった。同様に、「T43 向精神薬による中毒、他に分類されないもの」の0.720をはじめとして、バルビツレートやベンゾジアゼピン類など、向精神薬は有意の相関関係を示した。単位人口当たりの医師数とは有意な関係はみられなかった。

考察：Ｔ分類と、外因による死亡の分類であるＸ分類とでは、薬物の分類の仕方が異なるため、個々の薬物による死亡の何割が自殺によるものかまでは明らかにできなかったが、薬物による死亡の半分以上は自殺によるもので、その中では向精神薬や麻薬による死亡が目立った。精神疾患を持つ患者がその治療薬として処方された薬物を自殺のために使用することは多いと考えられた。また大都市では、互いに無関心な住民が多く、薬物が入手しやすい可能性も考えられた。新規の抗うつ薬（SSRI）が2000年に発売された直後の患者調査の年である2002年以降、気分（感情）障害の総患者数が急増したことが、女性の薬物による自殺死亡数が増加したことの背景にあるのかも知れない。

キーワード：疫学、自殺、死亡、人口動態統計、中毒、薬物。

Ⅰ　緒　言

わが国においては、薬物中毒が自殺の手段の中で一定の割合を占めている。また、精神疾患を持つ者が自殺目的などで薬物を大量に服用した結果、救急搬送される者が少なくなく、救急医療の現場ではそのような患者に対する適切な処置が求められている[1]。本稿では、最近のわが国における薬物中毒による死亡の状況を、人口動態統計の資料などを元に分析した。

Ⅱ　資料と方法

1．死亡に関する資料

厚生労働省のホームページに掲載されている人口動態統計の死亡のうち、「T36－T50 薬物、薬剤及び生物学的製剤による中毒」について、全国としてのデータは1995年から2014年まで、都道府県別のデータは1999年から2014年までのものを、それぞれ採用した。

2．人口に関する資料

各都道府県の人口及び人口密度は、それぞれ2000年、2005年、2010年の国勢調査人口及び人口密度の平均とした。

3．各都道府県の医師数に関する資料

1999年から2014年までのほぼ中間に当たる2006年に実施された医師・歯科医

師・薬剤師調査によった。

4．感情障害の総患者数

1996年、1999年、2002年、2005年、2008年、2011年、2014年の患者調査から、感情障害の総患者数を男女別に得た。

Ⅲ 結　果

1．わが国の全体としての薬物中毒による死亡

薬物中毒は、T36からT50までの項目及びそれらの中にある小分類により、延べ153の項目に分類されているが、**表15－1**に、小分類を除く、1995年から2014年までを通算した日本全体の薬物中毒による死亡の合計を示す。

表15－1　1995年から2014年までの日本全体としての薬物中毒による死亡の合計

	薬物の種類	男性（人）	女性（人）	合計（人）
T36-T50	薬物，薬剤及び生物学的製剤による中毒	9,238	9,528	18,766
T36	全身性抗生物質による中毒	13	16	29
T37	その他の全身性抗感染薬及び抗寄生虫薬による中毒	6	10	16
T38	ホルモン類，その合成代替薬及び拮抗薬による中毒，他に分類されないもの	209	109	318
T39	非オピオイド系鎮痛薬，解熱薬及び抗リウマチ薬による中毒	130	145	275
T40	麻薬及び精神変容薬［幻覚発現薬］による中毒	53	23	76
T41	麻酔薬及び治療用ガス類による中毒	57	43	100
T42	抗てんかん薬，鎮静・催眠薬及び抗パーキンソン病薬による中毒	2,681	2,952	5,633
T43	向精神薬による中毒，他に分類されないもの	2,704	2,671	5,375
T44	主として自律神経系に作用する薬物による中毒	31	22	53
T45	主として全身及び血液に作用する薬物による中毒，他に分類されないもの	80	91	171
T46	主として心血管系に作用する薬物による中毒	99	128	227
T47	主として消化器系に作用する薬物による中毒	9	15	24
T48	主として平滑筋，骨格筋及び呼吸器系に作用する薬物による中毒	94	81	175
T49	主として皮膚及び粘膜に作用する局所用薬物，眼科用薬，耳鼻咽喉科用薬及び歯科用薬による中毒	185	241	426
T50	利尿薬，その他及び詳細不明の薬物，薬剤及び生物学的製剤による中毒	2,887	2,981	5,868

「T42 抗てんかん薬、鎮静・催眠薬及び抗パーキンソン病薬による中毒」は5,633人で30.0%、「T43 向精神薬による中毒、他に分類されないもの」は5,375人で28.6%を占めた。また、「T50 利尿薬、その他及び詳細不明の薬物、薬剤及び生物学的製剤による中毒」が5,868人で31.3%を占めたが、この中には「詳細不明の薬物」が含まれており、かつそれが大部分を占めると考えられることから、全体の約３割は、薬物の種類が不明であった例と思われた。これらの次に「T49 主として皮膚及び粘膜に作用する局所用薬物、眼科用薬、耳鼻咽喉科用薬及び歯科用薬による中毒」、と「T38 ホルモン類、その合成代替薬及び拮抗薬による中毒、他に分類されないもの」が続くが、それぞれ順に426人で2.27%、318人で1.69%であり、これらが占める割合は少なかった。また、すべての項目において、大きな男女差はみられなかった。

図15－１に日本全体としての「T36－T50 薬物、薬剤及び生物学的製剤による中毒」の死亡数の推移を示す。同時に、死亡数の多かった「T42 抗てんかん薬、鎮静・催眠薬及び抗パーキンソン病薬による中毒」、及び「T43 抗精神病薬による中毒、他に分類されないもの」による死亡数の推移も示す。「T36－T50 薬物、薬剤及び生物学的製剤による中毒」は1998年から1999年にかけて急な上昇がみられ、2009年にはピークの1,185人に達して、その後減少した。「T42 抗てんかん薬、鎮静・催眠薬及び抗パーキンソン病薬による中毒」も

図15－１　わが国における薬物中毒による死亡数の推移

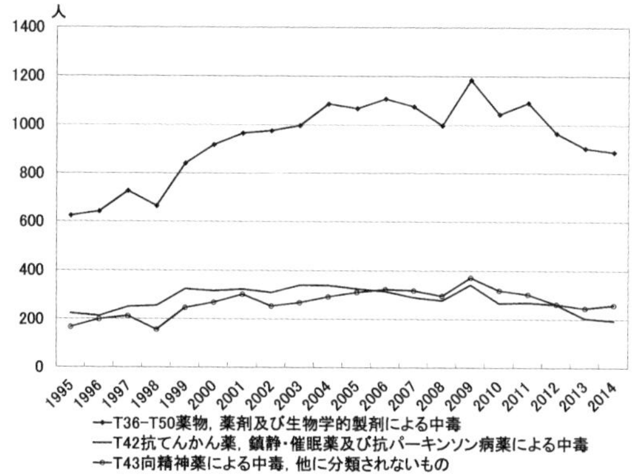

「T43 抗精神病薬による中毒、他に分類されないもの」も「T36－T50 薬物、薬剤及び生物学的製剤による中毒」と同様の変化を示し、2009年に最高値に達していた。

また、**図15－2**に、小分類として死亡数の多かった「T42.3 バルビツレート」、及び「T42.4 ベンゾジアゼピン類」の中毒による死亡数の推移も示すが、前者も2009年がピークで、後者は2003年がピークで、その後減少した。

2．人口密度との関係

表15－2に都道府県別の「T36－T50 薬物、薬剤及び生物学的製剤による中毒」の1999年から2014年までを通算した人口100万対の死亡率を示す。死亡率は総じて東京、神奈川、大阪など人口の多い都府県で高く、島根、岐阜、福井など人口の少ない県で低かった。

都道府県別の人口密度と死亡率との相関係数を**表15－3**に示す。「T36－T50 薬物、薬剤及び生物学的製剤による中毒」は0.753と高く有意な相関係数を示した。「T42 向精神神薬による中毒、他に分類されないもの」は0.720、「T42 抗てんかん薬、鎮静・催眠薬及び抗パーキンソン病薬による中毒」は0.690と、それぞれ高く有意な相関係数を示した。また、「T42 抗てんかん薬、鎮静・催眠薬及び抗パーキンソン病薬」の中の小分類である「T42.3 バルビツレート」、「T42.4 ベンゾジアゼピン類」は高い相関係数を示した。このように、向精神薬は高い相関を示した一方、T44以下に示される、その他の薬物は有意な関係がなかった。

図15－2　バルビツレート及びベンゾジアゼピン類による死亡数の推移

表15－2　都道府県別の「T36－T50薬物、薬剤及び生物学的製剤による中毒」の死亡率（人口百万対）

都道府県	死亡率	都道府県	死亡率	都道府県	死亡率
東京	13.38	長崎	6.75	徳島	5.52
沖縄	11.65	奈良	6.7	鳥取	5.51
大阪	11.18	鹿児島	6.41	愛媛	5.48
神奈川	11.18	茨城	6.35	大分	5.39
兵庫	8.86	青森	6.31	滋賀	5.33
埼玉	8.75	高知	6.1	佐賀	5.14
京都	8.47	静岡	6.09	富山	5.08
千葉	8.34	栃木	6.09	福島	4.99
新潟	8.03	宮城	6.06	山口	4.91
福岡	7.98	山形	6	石川	4.75
和歌山	7.93	岩手	5.87	秋田	4.61
香川	7.28	山梨	5.77	愛知	4.58
北海道	7.28	長野	5.75	福井	4.14
群馬	7.01	広島	5.62	岐阜	4.09
宮崎	6.84	三重	5.59	島根	3.89
熊本	6.81	岡山	5.53		

表15－3　都道府県別の人口密度と薬物中毒による死亡率との相関係数

	薬物の種類	相関係数
T36-T50	薬物，薬剤及び生物学的製剤による中毒	0.753＊
T36	全身性抗生物質による中毒	−0.095
T37	その他の全身性抗感染薬及び抗寄生虫薬による中毒	−0.015
T38	ホルモン類，その合成代替薬及び拮抗薬による中毒，他に分類されないもの	0.074
T39	非オピオイド系鎮痛薬，解熱薬及び抗リウマチ薬による中毒	0.202
T40	麻薬及び精神変容薬［幻覚発現薬］による中毒	0.289＊
T41	麻酔薬及び治療用ガス類による中毒	0.363＊
T42	抗てんかん薬，鎮静・催眠薬及び抗パーキンソン病薬による中毒	0.690＊
T42.3	バルビツレート	0.645＊
T42.4	ベンゾジアゼピン類	0.582＊
T43	向精神薬による中毒，他に分類されないもの	0.720＊
T44	主として自律神経系に作用する薬物による中毒	0.007
T45	主として全身及び血液に作用する薬物による中毒，他に分類されないもの	−0.038
T46	主として心血管系に作用する薬物による中毒	−0.047
T47	主として消化器系に作用する薬物による中毒	−0.068
T48	主として平滑筋，骨格筋及び呼吸器系に作用する薬物による中毒	0.02
T49	主として皮膚及び粘膜に作用する局所用薬物，眼科用薬，耳鼻咽喉科用薬及び歯科用薬による中毒	−0.054
T50	利尿薬，その他及び詳細不明の薬物，薬剤及び生物学的製剤による中毒	0.206

＊P＜0.05

3．医師数との関係

表15－4に各都道府県の「T36－T50 薬物、薬剤及び生物学的製剤による中毒」と人口10万対の各診療科の医師数との相関係数を示す。有意なものはなかった。

4．自殺としての薬物中毒による死亡の推移

人口動態統計のX60からX64が薬物中毒による自殺の死亡の項目である。**表15－5**に1995年から2014年までを通算した、全国における薬物による自殺者数の合計と、その中においてそれぞれの薬物が占める割合を示す。1万8,766人が薬物中毒の死亡の総数であったことから、自殺は1万66人つまりこのうちの53.6％を占めたことになる。ここでも、向精神薬の割合は高かった（個々の薬物の種類の

表15－4　都道府県別の人口10万対医師数と「T36－T50薬物、薬剤及び生物学的製剤による中毒」死亡率との間の相関係数

	医師総数	内科	心療内科	精神科	神経科
相関係数	0.069	−0.022	0.246	−0.023	0.266

表15－5　1995年から2014年までの全国における薬物中毒による自殺者数の合計と割合

	項目	死亡数（人）	割合（%）
X60	非オピオイド系鎮痛薬，解熱薬及び抗リウマチ薬による中毒及び曝露にもとづく自傷及び自殺	152	1.5
X61	抗てんかん薬，鎮静・睡眠薬，パーキンソン病治療薬及び向精神薬による中毒及び曝露にもとづく自傷及び自殺	6.381	63.4
X62	麻薬及び精神変容薬［幻覚発現薬］による中毒及び曝露にもとづく自傷及び自殺，他に分類されないもの	21	0.2
X63	自律神経系に作用するその他の薬物による中毒及び曝露にもとづく自傷及び自殺	21	0.2
X64	その他及び詳細不明の薬物，薬剤及び生物学的製剤による中毒及び曝露にもとづく自傷及び自殺	3,491	34.7
	計	10,066	100

分類法が、T分類と、外因による死亡の分類であるX分類とで、かなり相違していることから、その死亡数のうち、自殺がどれくらいの割合を占めているかは、薬物全体としては算出できたが、個々の薬物についてはできなかった)。

図15－3にX60からX64の薬物中毒による自殺の総数、及び「X61 抗てんかん薬などの中毒」による自殺数の推移を示す。いずれも1998年から増加したが、2010年以降は減少していた。

図15－4にX60からX64の薬物中毒による自殺の総数の男女別の推移を示す。2002年以降は、女性が男性を上回っていた。

図15－3　薬物による自殺死亡数の推移

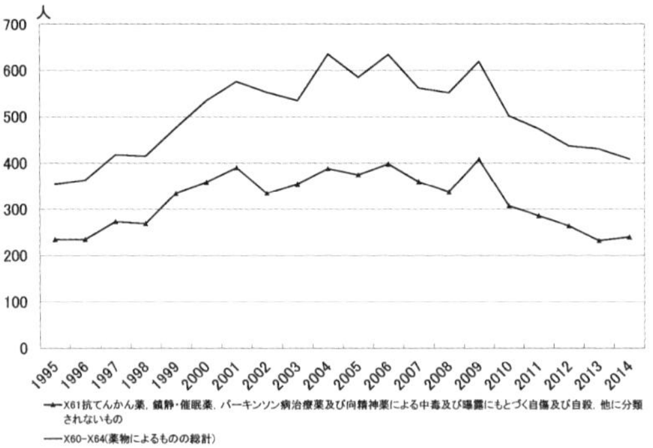

図15－4　薬物中毒（X60－X64）による男女別自殺死亡数の推移

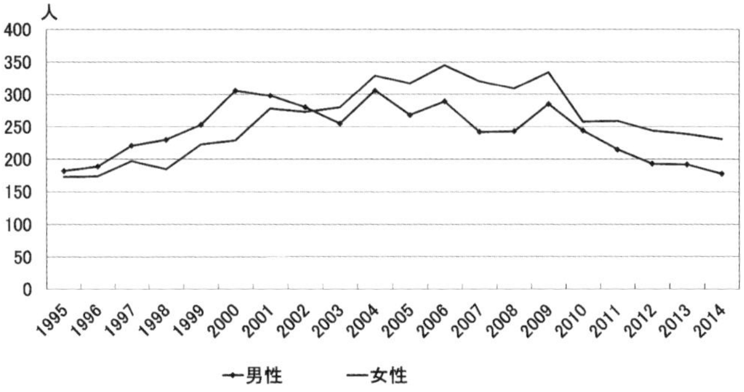

Ⅳ 考　察

秋田県内で救急搬送された自殺企図患者の資料から、医用薬物の致死率は1.6%であったと報告されている[2)]。今回対象とした1995年から2014年の20年間の薬物による自殺は男女計で１万66件、１年平均で約500件であったから、この致死率を当てはめると年間３万1,250件、１日当たり約86件、自殺目的で薬物服用がなされている計算となる。服用直後に自身で救急車を呼んで救急搬送される場合も少なくないことから、救急車の運用のみならず救急医療現場への負担はかなり大きいことになる。

大手金融機関の破綻が相次いだ1998年以降、わが国の自殺数は高い水準で推移し、年間３万人を超える年が続いたが、経済状態の好転に伴って2010年からは減少傾向となっている。薬物中毒による死亡率も、自殺数の傾向とほぼ軌を一にしているが、これは薬物中毒による死亡の半分以上が自殺によるものであることから説明されうる。

抗てんかん薬、鎮静・催眠薬、向精神薬の次に多いものが「T49 主として皮膚及び粘膜に作用する局所用薬物、眼科用薬、耳鼻咽喉科用薬及び歯科用薬による中毒」であるが、向精神薬との差は大きく、かつ塗布剤や点眼・点鼻薬の中毒で死に至るとは考えにくいことから、これらはほとんどがアナフィラキシーショックなどの副作用によるものと考えられる。心疾患の治療薬などの中毒による死亡は、1995年から2014年までの20年間で227人に過ぎなかった。これらによる死亡も、自殺ではなく、副作用や事故によるものが大部分を占めていると思われる。

これに対し、精神疾患を持つ患者が、治療用に処方された薬物を、自殺のために使用することは少なくない[3、4)]。また、薬物中毒の原因薬品として、ベンゾジアゼピンが最多であったとの報告があるが[5)]、今回も向精神薬が多かったのである。単位人口当たりの医師数とは有意な関係はみられなかったが、人口密度とは、向精神薬などと、有意な関係があった。自殺の目的で、処方された薬物を大量に服用するケースはしばしばみられるが、今回の検討では医師が多いこととは無関係であったことから、都市では互いの生活に無関心な住民が多いため、薬物が入手しやすくなる可能性も考えられた。

図15−5 気分（感情）障害の男女別総患者数

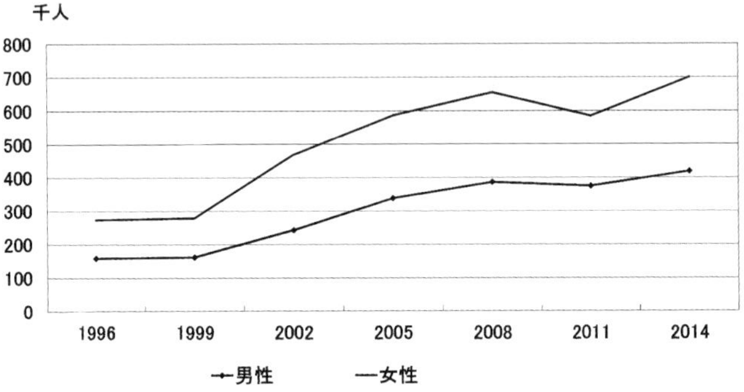

薬物中毒による自殺の絶対数は、2002年以降、女性が男性を上回っていたが、このことは、男性の全体としての自殺死亡数が女性の約３倍に達することからみて、特異な現象である。女性は、自殺の手段として、非暴力的なものを選択する傾向があるのかも知れない。また、新規の抗うつ薬（SSRI）が2000年に発売された直後の患者調査の年である2002年以降、気分（感情）障害の総患者が急増したことが、何らかの影響を及ぼしたのかも知れない（**図15−５**）。

文献

1）工藤俊，森野一真，渋間久，他．当救命救急センターにおける過去５年間の急性薬物中毒症例の検討．山形県立病院医学雑誌　2002；36：133−136.

2）中永士師明．秋田県内で救急搬送された自殺企図患者の検討．日職災医誌　2011；59(5)：220−224.

3）柳谷伸之，山川耕司，古沢武彦，他．急性薬物中毒症例の検討．長野赤十字病院医誌　2012；25：11−15.

4）杉田学、野村智久、関井肇．急性薬物中毒611例の分析と入院の必要性に関する患者背景因子の検討．順天堂医学　2011；57(6)：617〜623.

5）浅野裕紀，森博美，安田親由．自殺企図中毒症例の解析 - 医薬品を中心に．日病薬誌　2009；45(2)：201−204.

わが国における 溺死及び溺水による死亡の疫学

要 旨

目的：最近のわが国における溺死及び溺水による死亡を疫学的に分析する。

方法：厚生労働省のホームページに掲載されている人口動態統計の死亡のうち、死因コードW65—W74で示される不慮の溺死及び溺水による死亡数について、男女別に1995年から2015年までを使用した。都道府県別には、1999年から2015年まで、同様のデータを使用した。全国の男女別５歳年齢階級別人口は、2000、2005、2010、2015年の国勢調査の平均値を採用した。各都道府県の男女別総人口は、2000、2005、2010、2015年の国勢調査の平均値を採用した。年齢別人口割合もここから求めた。

結果：全国における「不慮の溺死及び溺水」及び「浴槽内での溺死及び溺水」による死亡数は増加する傾向にあった。「浴槽内での溺死及び溺水」は、最近は全体の約70%を占めるまでになっていた。「不慮の溺死及び溺水」に占める65歳以上の死亡数の割合は、ほぼ単調に上昇し、2015年には85%を超えた。全国における65歳以上の「不慮の溺死及び溺水」及び「浴槽内での溺死及び溺水」はいずれもほぼ単調に増加していた。全国における65歳以上の「不慮の溺死及び溺水」及び「浴槽内での溺死及び溺水」による死亡率はいずれもほぼ横ばいだった。全国における０～４歳の「不慮の溺死及び溺水」及び「浴槽内での溺死及び溺水」による死亡率はいずれも減少傾向が見られた。都道府県に見た「不慮の溺死及び溺水」及び「浴槽内での溺死及び溺水」の死亡率は、富山・新潟・福井・秋田・山形県など北の日本海側県で高く、相関係数で見たところ、女性で高齢者人口割合が多い県では女性の「浴槽内での溺死及び溺水」による死亡率が高い傾向が見られた。

考察：わが国の「不慮の溺死及び溺水」の死亡数は増加しつつあり、かつその中に占める高齢者の割合は高いことから、全体の死亡数が増加したことには高齢者の死亡数の増加の寄与が大きい。ところが65歳以上死亡率はほぼ横ばいだったことから、根本原因は高齢者の絶対数の増加であると考えられた。「浴槽内での溺死及び溺水」の死亡率は北の日本海側に位置する県で高かったが、これらの県では女性65歳以上人口割合がいずれも約30%であり、死亡率と高齢者人口割合との相関係数で判明した結果と矛盾しない。0～4歳の「不慮の溺死及び溺水」による死亡率が減少していることから乳幼児では、溺死事故の発生そのものが減っていると考えられる。高齢者の浴室での死亡は、溺死だけでなく、脳卒中や心筋梗塞などもかなりの数があることから、今後力を入れて取り組むべき課題であろうと考えられた。

キーワード：高齢者、小児、人口動態統計、溺死、溺水、浴槽。

I 緒　言

2015年の人口動態統計によってわが国における死亡を死因別に見ると、悪性新生物、心疾患、肺炎、脳血管疾患、老衰、不慮の事故の順となっている。このうち不慮の事故による死亡数は、1980年代には３万人前後で推移していたが、1990年代以降は次第に増加して３万人台の後半となる年が多くなってきた。これを年齢別に見ると、75歳以上では1990年には8,213人だったのが2015年には２万4,923人と、約３倍となっている。０～４歳では、これとは逆に、1990年には1,071人だったのが2015年には190人と、５分の１以下となっている。また、不慮の事故による死亡の細かい分類を見ると、交通事故による死亡は、1990年には15,828人であったのに、2015年には5,646人と約３分の１に減少している一方、溺死及び溺水は3,146人から7,484人へと２倍以上増加した。

溺死及び溺水は幼児（４歳以下）と高齢者（65歳以上）においては無視できない死因であって、2015年には前者では不慮の事故による死亡の約16％（31/190）、後者では約20％（4,882/24,923）を占めている。また、両者とも、家庭浴槽での死亡が多数に上るとされている。

今回の報告では、人口動態統計や国勢調査の資料を用いて、わが国における溺死及び溺水の死亡につき疫学的な検討を試みた。

Ⅱ　資料と方法

1．溺死及び溺水による死亡に関する資料

厚生労働省のホームページに掲載されている人口動態統計の死亡のうち、死因コードW65からW74まで（**表16－1**）として示される「不慮の溺死及び溺水」による男女別５歳年齢階級別死亡数について、1995年から2015年までを使用した。

都道府県別には、1999年から2015年まで、同様のデータを使用した（ただし年齢別ではなく総数のみ）。

http://www.e-stat.go.jp/SG1/estat/OtherList.do?bid=000001041668&cycod=7

2．人口に関する資料

全国の男女別５歳年齢階級別人口は、2000、2005、2010、2015年の国勢調査の平均値を採用した。

各都道府県の男女別総人口は、2000、2005、2010、2015年の国勢調査の平均値を採用した。

Ⅲ　結　果

1．全国における「不慮の溺死及び溺水」（W65－W74）及び「浴槽内での溺死及び溺水」（ W65 ）による死亡数の推移

表16－２に1995年から2015年までの全国における「不慮の溺死及び溺水」（W65－W74）による死亡数の推移を示す。2005年には6,000人台に、2011年には7,000人台に達し、増加する傾向にある。

このうち、「浴槽内での溺死及び溺水」（W65）は2005年までは60％未満であったが、2006年以降は60％を超え、2011年からは約70％を占めるまでになっている。

また、「不慮の溺死及び溺水」（W65－W74）に占める65歳以上の死亡数の割合は、1995年以降多少の増減を繰り返しながらほぼ単調に上昇し、2015年には85％を超えた。

表16－1　人口動態統計の溺死及び溺水に関係する項目

月	相関係数
(W65-W74)	不慮の溺死及び溺水
W65	浴槽内での溺死及び溺水
W66	浴槽への転落による溺死及び溺水
W67	水泳プール内での溺死及び溺水
W68	水泳プールへの転落による溺死及び溺水
W69	自然の水域内での溺死及び溺水
W73	その他の明示された溺死及び溺水
W74	詳細不明の溺死及び溺水

表16－2　全国における「不慮の溺死及び溺水」(W65－W74)、その中に占める「浴槽内での溺死及び溺水」(W65)による死亡数とその割合及び65歳以上死亡数とその割合の推移

年	W65- W74	W65	W65の割合(%)	65歳以上死亡数	65歳以上の割合(%)
1995	5,588	3,078	55.1	3,540	63.4
1996	5,648	3,077	54.5	3,604	63.8
1997	5,659	3,008	53.2	3,610	63.8
1998	5,607	3,078	54.9	3,656	65.2
1999	5,943	3,345	56.3	3,961	66.6
2000	5,978	3,429	57.4	4,111	68.8
2001	5,802	3,362	57.9	4,035	69.5
2002	5,736	3,360	58.6	3,933	68.6
2003	5,716	3,361	58.8	4,100	71.7
2004	5,584	3,157	56.5	3,955	70.8
2005	6,222	3,697	59.4	4,553	73.2
2006	6,038	3,700	61.3	4,552	75.4
2007	5,966	3,641	61.0	4,502	75.5
2008	6,464	4,116	63.7	5,077	78.5
2009	6,435	4,059	63.1	4,963	77.1
2010	6,948	4,433	63.8	5,514	79.4
2011	7,356	5,033	68.4	6,020	81.8
2012	7,963	5,606	70.4	6,642	83.4
2013	7,523	5,245	69.7	6,294	83.7
2014	7,508	5,322	70.9	6,377	84.9
2015	7,484	5,263	70.3	6,399	85.5
計	133,168	82,370	61.9	99,398	74.6

2．全国における65歳以上の「不慮の溺死及び溺水」（W65－W74）及び「浴槽内での溺死及び溺水」（W65）による死亡数の推移

図16－1に全国における65歳以上の「不慮の溺死及び溺水」（W65－W74）による死亡数の推移を、**図16－2**に「浴槽内での溺死及び溺水」（W65）による死亡数の推移を、男女別にそれぞれ示す。いずれも1995年からほぼ単調に増えており、かつ女性の死亡数は男性よりほぼ常に多い。

図16－1　全国における65歳以上の「不慮の溺死及び溺水」（W65－W75）による死亡数の推移

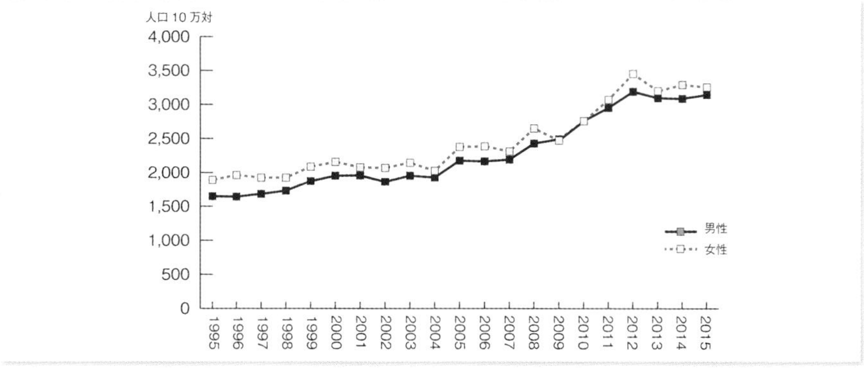

図16－2　全国における65歳以上の「浴槽内での溺死及び溺水」（W65－W75）による死亡数の推移

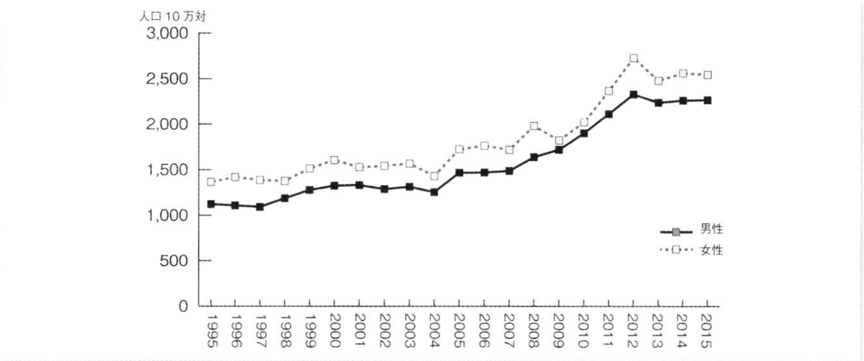

３．全国における65歳以上の「不慮の溺死及び溺水」（W65－W74）及び「浴槽内での溺死及び溺水」（W65）による死亡率の推移

図16－３に65歳以上の「不慮の溺死及び溺水」（W65－W74）による死亡率（65歳以上人口10万対）の推移を、**図16－４**に「浴槽内での溺死及び溺水」（W65）による死亡率の推移を、男女別にそれぞれ示す。いずれも2012年に増加したことを除くと、ほぼ横ばいで、死亡数とは逆に、男性が常に女性より高かった。

図16－３　全国における65歳以上の「不慮の溺死及び溺水」（W65－W74）死亡率の推移

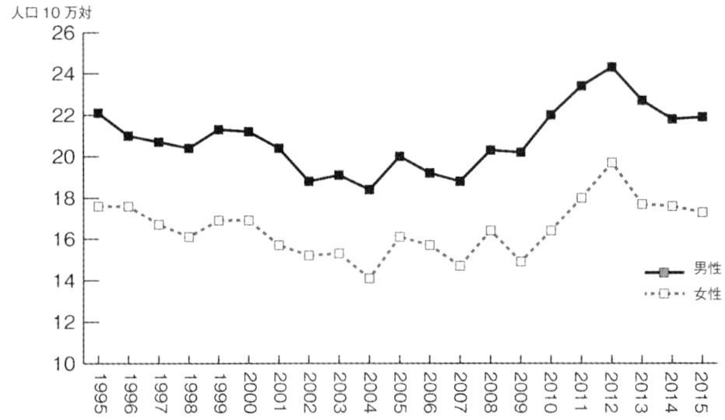

図16－４　全国における65歳以上の「浴槽内での溺死及び溺水」（W65）による死亡率の推移

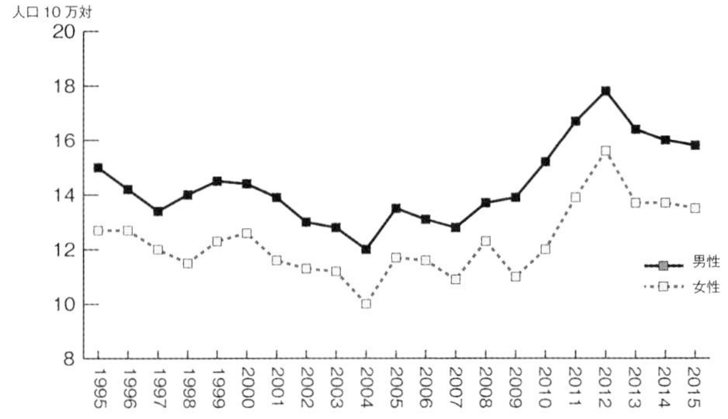

４．全国における０～４歳の「不慮の溺死及び溺水」（W65－W74）及び「浴槽内での溺死及び溺水」（W65）による死亡率の推移

図16－５に０～４歳の「不慮の溺死及び溺水」（W65－W74）による死亡率（０～４歳人口10万対）の推移を、**図16－６**に「浴槽内での溺死及び溺水」（W65）による死亡率の推移を、男女別にそれぞれ示す。

両者とも減少傾向が見られた。「不慮の溺死及び溺水」（W65－W74）ではほぼ毎年男児の方が高かったが、「浴槽内での溺死及び溺水」（W65）では、女児が男児を上回る年も見られた。

図16－５　全国における０～４歳の「不慮の溺死及び溺水」（W65－W74）による死亡率の推移

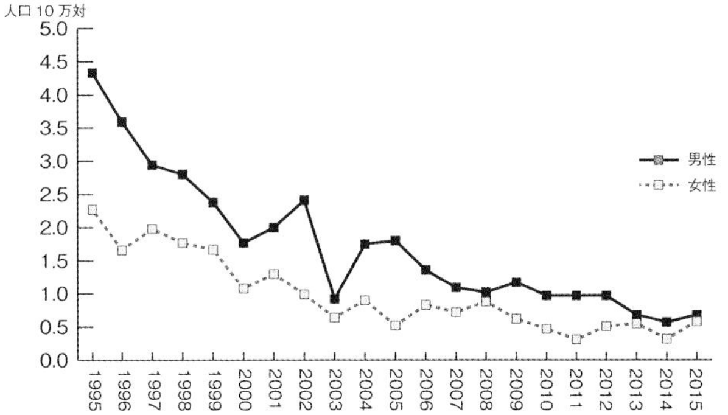

図16－６　全国における０～４歳の「浴槽内での溺死及び溺水」（W65）による死亡率の推移

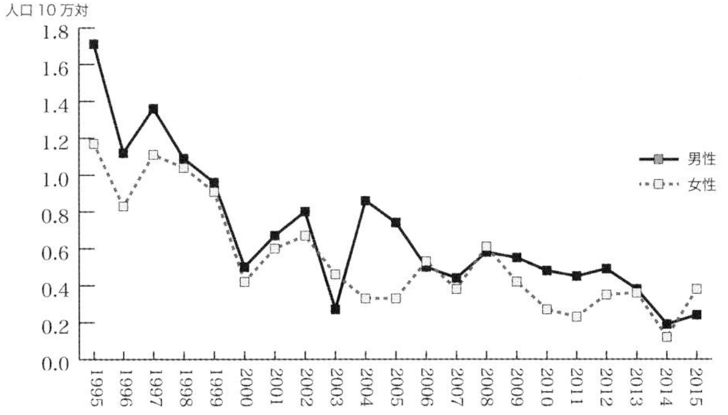

5．都道府県別の「不慮の溺死及び溺水」（W65－W74）、「浴槽内での溺死及び溺水」（W65）、及び「自然の水域内での溺死及び溺水」（W66）による死亡率（1999 ～ 2015年通算）

表16－３、16－４及び16－５に、1999年から2015年までを通算した、都道府県別の「不慮の溺死及び溺水」（W65－W74）、「浴槽内での溺死及び溺水」（W65）、及び「自然の水域内での溺死及び溺水」（W69）による人口10万対の死亡率を、それぞれ男女別に、降順に示す。

「不慮の溺死及び溺水」（W65－W74）の死亡率は、男女とも富山県・新潟県・福井県・秋田県・山形県などの北の日本海側の県で高かった。「浴槽内での溺死及び溺水」（W65）も、２位に神奈川県が来ているのを除けば、同様に、富山県・新潟県・福井県・秋田県・山形県などの北の日本海側の県で高かった。「自然の水域内での溺死及び溺水」（W69）は、青森県が男性で３位、女性で１位であるのを除けば、高知県・長崎県・鹿児島県・愛媛県・徳島県など、四国・九州の県が多かった。

表16－３　都道府県別順位；「不慮の溺死及び溺水」（W65－W74）による1999～2015年通算の１年当たり人口10万対死亡率

男性		女性		男性		女性	
富山県	13.63	富山県	10.78	宮崎県	6.64	愛媛県	4.86
新潟県	10.97	新潟県	9.23	広島県	6.30	広島県	4.78
福井県	10.56	秋田県	8.94	兵庫県	5.98	岩手県	4.68
秋田県	9.93	福岡県	8.53	群馬県	5.97	静岡県	4.65
山形県	9.62	福井県	8.36	岐阜県	5.84	宮城県	4.64
高知県	9.48	山形県	7.58	宮城県	5.83	宮崎県	4.63
福岡県	9.45	神奈川県	7.16	福島県	5.54	大分県	4.62
長崎県	8.62	長野県	6.59	滋賀県	5.48	福島県	4.60
神奈川県	8.34	三重県	6.20	熊本県	5.31	鹿児島県	4.43
石川県	8.23	和歌山県	6.13	香川県	5.20	愛知県	4.29
徳島県	7.81	群馬県	6.07	静岡県	5.10	青森県	4.09
長野県	7.77	岡山県	6.04	北海道	4.93	茨城県	4.06
鳥取県	7.64	鳥取県	5.95	茨城県	4.87	大阪府	3.94
鹿児島県	7.62	佐賀県	5.86	愛知県	4.80	熊本県	3.63
佐賀県	7.18	長崎県	5.71	山口県	4.62	東京都	3.08
和歌山県	7.11	徳島県	5.67	大阪府	4.39	奈良県	3.07
青森県	7.04	石川県	5.60	奈良県	3.82	北海道	3.00
岡山県	7.03	高知県	5.54	東京都	3.77	山口県	2.81
島根県	6.98	島根県	5.49	沖縄県	3.31	栃木県	2.56
山梨県	6.92	山梨県	5.45	栃木県	3.26	千葉県	2.19
三重県	6.84	兵庫県	5.43	千葉県	3.10	埼玉県	1.51
大分県	6.83	岐阜県	5.35	京都府	2.20	京都府	1.19
愛媛県	6.75	滋賀県	5.30	埼玉県	2.18	沖縄県	0.91
岩手県	6.71	香川県	4.89				

表16－4　都道府県別順位；「浴槽内での溺死及び溺水」（W65）による1999～2015年通算の1年当たり人口10万対死亡率

男性		女性		男性		女性	
富山県	8.81	富山県	7.26	岡山県	2.92	島根県	3.11
神奈川県	7.26	神奈川県	6.82	徳島県	2.86	宮崎県	3.09
新潟県	7.10	福岡県	6.80	広島県	2.80	宮城県	3.06
福井県	6.79	新潟県	6.72	愛知県	2.79	徳島県	3.06
福岡県	6.44	秋田県	6.23	福島県	2.78	広島県	3.00
山形県	5.88	福井県	5.80	岐阜県	2.71	茨城県	2.85
秋田県	5.31	山形県	5.29	高知県	2.68	岩手県	2.78
長野県	4.90	群馬県	5.06	宮崎県	2.56	福島県	2.75
山梨県	4.80	長野県	4.77	愛媛県	2.48	香川県	2.71
群馬県	4.48	和歌山県	4.49	茨城県	2.40	大分県	2.70
兵庫県	4.08	兵庫県	4.41	島根県	2.38	愛媛県	2.54
石川県	4.04	山梨県	4.21	熊本県	2.26	鹿児島県	2.43
和歌山県	3.69	三重県	4.16	青森県	2.22	奈良県	2.35
鳥取県	3.56	滋賀県	3.75	奈良県	2.15	熊本県	2.17
長崎県	3.47	佐賀県	3.65	北海道	2.13	東京都	1.90
佐賀県	3.46	長崎県	3.64	香川県	2.12	青森県	1.85
三重県	3.46	鳥取県	3.58	東京都	2.10	北海道	1.73
滋賀県	3.20	岡山県	3.48	栃木県	1.53	栃木県	1.54
静岡県	3.17	静岡県	3.41	山口県	1.51	山口県	1.53
大阪府	3.13	大阪府	3.40	千葉県	1.31	千葉県	1.35
岩手県	3.08	石川県	3.40	埼玉県	1.07	埼玉県	0.99
鹿児島県	3.00	岐阜県	3.40	京都府	0.82	京都府	0.73
宮城県	3.00	高知県	3.21	沖縄県	0.33	沖縄県	0.20
大分県	2.94	愛知県	3.20				

表16－5　都道府県別順位；「自然の水域内での溺死及び溺水」（W69）による1999～2015年通算の1年当たり人口10万対死亡率

男性		女性		男性		女性	
高知県	3.39	青森県	1.26	山口県	1.19	香川県	0.49
長崎県	2.74	鹿児島県	1.04	熊本県	1.18	熊本県	0.45
青森県	2.68	長崎県	0.97	茨城県	1.15	岡山県	0.45
徳島県	2.28	高知県	0.96	岡山県	1.13	山形県	0.44
鹿児島県	2.23	愛媛県	0.95	愛知県	1.12	福岡県	0.43
沖縄県	2.08	徳島県	0.91	福岡県	1.10	愛知県	0.43
島根県	1.91	島根県	0.86	山形県	1.01	福島県	0.41
宮崎県	1.87	富山県	0.85	香川県	0.99	茨城県	0.39
愛媛県	1.86	石川県	0.80	千葉県	0.97	静岡県	0.39
秋田県	1.81	福井県	0.77	福島県	0.86	千葉県	0.37
石川県	1.77	北海道	0.74	静岡県	0.83	山口県	0.31
和歌山県	1.73	三重県	0.74	兵庫県	0.74	長野県	0.29
北海道	1.61	秋田県	0.67	滋賀県	0.71	兵庫県	0.26
大分県	1.56	鳥取県	0.67	奈良県	0.71	滋賀県	0.25
三重県	1.53	宮崎県	0.66	京都府	0.71	山梨県	0.23
鳥取県	1.50	新潟県	0.62	長野県	0.66	栃木県	0.19
福井県	1.44	岩手県	0.62	栃木県	0.65	京都府	0.15
新潟県	1.40	和歌山県	0.62	山梨県	0.63	埼玉県	0.14
広島県	1.34	宮城県	0.55	大阪府	0.62	群馬県	0.13
岐阜県	1.30	佐賀県	0.55	神奈川県	0.61	奈良県	0.13
佐賀県	1.27	岐阜県	0.54	埼玉県	0.50	大阪府	0.13
岩手県	1.27	大分県	0.52	東京都	0.48	東京都	0.12
富山県	1.25	沖縄県	0.52	群馬県	0.47	神奈川県	0.11
宮城県	1.25	広島県	0.51				

表16－6　都道府県別の「浴槽内での溺死及び溺水」（W65）による死亡率と年齢別人口割合との相関係数

	年齢				
	0～14歳	15～64歳	65歳以上	75歳以上	85歳以上
男性	−0.151	−0.126	0.202	0.219	0.223
女性	−0.159	−0.234	0.256#	0.247#	0.228

#0.05＜P＜0.10

6．都道府県別の年齢別人口割合と「浴槽内での溺死及び溺水」（W65）による死亡率との男女それぞれの相関係数

表16－6に都道府県別の年齢別人口割合と「浴槽内での溺死及び溺水」（W65）による死亡率（人口10万対）との相関係数を示す。女性では65歳以上人口割合及び75歳以上人口割合と死亡率とは比例する傾向が認められた（0.05＜P＜0.10）。つまり、女性では65歳以上人口割合または75歳以上人口割合が多い県では、女性の「浴槽内での溺死及び溺水」（W65）による死亡率が高い傾向が見られた。男性では相関係数は有意には至らなかったが、65歳以上についての相関係数は女性とかなり近く、傾向そのものは近似したものと思われた。

Ⅳ 考　察

わが国の「不慮の溺死及び溺水」の年間死亡数は増加しつつある。同時に65歳以上の高齢者の不慮の溺死及び溺水の死亡数は増えており、最近では全体の85％以上となっていることから、「不慮の溺死及び溺水」の死亡数増加に対しては高齢者の死亡数の増加の寄与が大きい。ところが、このように65歳以上の死亡数は増加していたのに対し、人口10万対死亡率はほぼ横ばいであったことから、65歳以上の死亡数が増加して全体の死亡数が増えたのは、わが国の高齢者の絶対数が増加したためと考えられる。

溺死及び溺水の中に占める「浴槽内での溺死及び溺水」の割合は1995～2015年通算で約６割であったが、最近は増加して７割に達していた。これは、浴槽で溺死する高齢者が増えたためと思われる。しかし、これについても、65歳以上の

浴槽での死亡率には大きな変化はなかったことから、高齢者の絶対数が増加したためと考えられた。65歳以上での死亡率は男性が高かったが、この理由は今回の調査では明らかにし得なかった。ただ、入浴直前のアルコール摂取は危険因子であるとされ[1)]、男性には女性より飲酒者が明らかに多いことが、この差異をもたらしている可能性はある。

「浴槽内での溺死及び溺水」の人口10万対の死亡率は特に富山県、新潟県、秋田県、福井県、山形県など、北の日本海側に位置する県で高かった。女性の場合、これらの県では65歳以上人口割合がそれぞれ28.5、28.6、31.9、27.3、30.1％であり、今回示された死亡率と高齢者人口割合との相関係数で判明した結果と矛盾しない。ただ、これらの県よりも65歳以上人口割合が高い県、例えば島根県（32.2％）や高知県（31.1％）などが死亡率では中位に位置すること、また65歳以上人口割合が低い県、例えば神奈川県（21.0％）や福岡県（24.1％）が死亡率の上位に来ていることから、高齢者の人口割合のみですべてが説明できるわけではなく、例えばその地方特有の生活習慣・入浴習慣なども関与しているものと推測される。

寒冷環境下で熱い湯温で入浴し、再び冷却されるなどの温度変化が大きなリスクとなるとされている[2)]。つまり高齢者の浴槽での溺死には、特に冬場に、脱衣して寒い浴室に行くことで血圧が上昇し、その直後に湯船に入ると、今度は急に体温が上昇して、血管が拡張し、その結果血圧が急激に低下することで、意識喪失を招くのが１つの大きな原因、ということになる。65歳以上の高齢者の「不慮の溺死及び溺水」の死亡数も死亡率も2012年に最高を記録した。東京の月別平均気温を見ると、2012年は2011年、2013年と比較すると、１、２、11、12月すべてで平均気温が約２℃低かった（**表16－７**；気象庁のホームページ：http://www.

表16－７　東京における月毎の平均気温（℃）

月	2011年	2012年	2013年
1	5.1	4.8	5.5
2	7.0	5.4	6.2
11	14.9	12.7	13.5
12	7.5	7.3	8.3

data.jma.go.jp/obd/stats/etrn/view/monthly_s1.php?prec_no=44&block_no=47662&year=2012&month=&day=&view=)。2012年は、年頭・年末とも、全国的に寒かったと考えられ、この結果、浴槽内での溺死及び溺水が増えたと考えられる。

2016年に消費者庁から入浴前に脱衣所や浴室を温めることや、かけ湯を41℃にし、入浴時間は10分以内にすること、浴槽から急に立ち上がらないこと、飲酒後には入浴を避けることなど、高齢者の入浴中の事故についての注意喚起[3)]がなされており、今後、浴槽内での溺死及び溺水が減っていくことが期待される。

０～４歳の「不慮の溺死及び溺水」による死亡数は減少しており、これにはわが国における少子化の影響が考えられる。ところが、死亡率も減少していることから、少子化だけが影響しているのではなく、溺死事故の発生そのものが減っていると考えられる。厚生労働省が推進した「健やか親子21」では、乳幼児のいる家庭で浴槽に水を貯めないようにすることなどの対策が出された。この対策を実行している家庭は、「健やか親子21」の開始の前と後を比較すると、１歳６か月で64.3％から73.5％へ、３歳で59.9％から69.7％へそれぞれ改善されたが、10ポイントに満たない改善であって、これがこのような死亡率の減少をもたらしたとは考えにくい。１歳６か月健診、３歳児健診などの乳幼児健診における啓発、さらにマスコミやネットなどを通じて種々の注意喚起がなされているため、浴室に鍵を付ける、浴槽の蓋を厚くて固いものを使用することや、子どもと親が一緒に入り、目を離さないようにする、浴槽用の浮き輪をしないなどの対策[4)]を取る保護者が増えたためなのかも知れない。

自然の水域内での溺死及び溺水の人口10万対の死亡率は、高知県、長崎県、鹿児島県など比較的気温が高い地域が多く、川や海などの遊びが盛んであることや行楽シーズンが長いことなどがその誘因として考えられる。

以上、わが国における溺死及び溺水による死亡の疫学について報告した。高齢者の浴室での死亡は、溺死だけにとどまらず、循環器疾患の既往は入浴中死亡の危険因子であるとされ[5)]、脳卒中・心筋梗塞[6)]、さらには熱中症・不整脈[7)]などによる例も見られる。これらは統計には反映されていないことから、実際には今回の数倍の死亡があると思われ、高齢化するわが国において、今後力を入れて取り組むべき課題であろう。

文献

1）畔柳三省．熊谷哲雄．松尾義裕．他．東京都23区内における入浴中の死亡。心臓2001；３（supple ３）：３－12

2）白倉卓夫．脳卒中と温泉．保健の科学1990；32(5)：276－281。

3）消費者庁フェイスブック：https://ja-jp.facebook.com/caa.shohishacho/photos/a.943030519137741.1073741828.940720439368749/1181517795289011/?type=３&hc_ref=PAGES_TIMELINE

4）山中龍宏．子どもの溺水－浴槽とプールでの溺死を予防するために－．小児科臨床2008；61(8)：1579－1586。

5）Suzuki H, Hikizi W, Tanifuji T, Abe N, Fukunaga T. Characteristics of sudden bath-related death investigated by medical examiners in Tokyo. J Epidemiol 2015;25:126－132

6）近藤廉平．高齢者の入浴死の原因と予防に関する文献的検討．日本臨床内科医会会誌2004；19(3)：321.

7）西田尚樹，畑由紀子．富山県の入浴関連死．日温気物医誌2008；72(1)：42－45.

わが国における自殺手段の疫学

要 旨

目的：自殺手段とその男女別・都道府県別の割合などを検討する。

方法：人口動態統計から自殺手段別の資料を得た。各都道府県の人口及び人口密度は2000年・2005年・2010年の国勢調査の数字の平均とした。

結果：全体として男女とも最多の手段は縊死であった。割合について男女比を算出すると、男性に多いのは銃、女性に多いのは薬物や溺死であった。女性の自殺数は少なく、県によっては０件の手段があったため、男性のみについて都道府県別に人口密度との相関係数を算出したところ、人口密度が高いほど多かったのは飛び降りなどで、人口密度が低いほど多かったのは縊死などであった。

考察：女性では、薬物・入水など体を傷つけない自殺手段をとる傾向が窺えた。飛び降りによる自殺は人口密度が高い県に多かったが、これは高層ビルなどが多いためかも知れない。縊死は人口密度の低い県に多かったが、高い建物が少ない地域では、飛び降りが少なくなるため、相対的に縊死を選択する場合が多くなった可能性が考えられた。また、自殺目的の薬物服用は、１年平均では２万5,000件から５万件は発生していると推定された。そのうち多くが救急搬送の対象となり、救急医療の現場にかなりな影響を及ぼすであろうことから、医薬品の管理や服薬の指示に際しては、特に精神的な疾患や問題を有する患者に対し、適切な対応が必要と思われた。

キーワード：疫学、救急搬送、自殺、手段、人口動態統計。

Ⅰ 緒 言

自殺の多寡は、社会情勢・経済情勢によりかなりの影響を受ける。太平洋戦争中のわが国では、自殺が著しく減少したことが知られている[1)]。また、1990年代初めには、バブル経済の崩壊により経済情勢が悪化し、特に1998年において発生した大手金融機関の破綻をきっかけに自殺数が急増し、年間３万人を上回る年が続いた。国も、自殺対策基本法の制定や、自殺対策総合大綱の策定など、様々な対策を取ってきたところであって、ここ数年は、経済情勢の好転もあり、自殺数は25,000人を下回っている。一方、自殺については、以前より、死亡率はもとより、年齢や職業など、様々な地域差が存在することも知られており[2]、また、例えば、札幌市においては、失業率と中高年男性の自殺死亡率との間に明らかな相関関係があるなどの特徴がある[3]など、地域により自殺には特徴がみられることから、各地域における自殺の予防対策は、一律に行われるべきものではなく、それぞれの特徴を把握した上で行う必要があろう。このため、本稿では政府によって公開されている自殺手段や、その男女別・都道府県別の割合を検討し、わが国の自殺手段の特徴について分析した。また、文献的資料も使用して、救急搬送の対象となる、自殺目的の薬物服用の発生数を推定した。

Ⅱ　資料と方法

自殺死亡数は厚生労働省のホームページに掲載されている人口動態統計によった。

（http://www.e-stat.go.jp/SG1/estat/List.do?lid=000001137965）。

わが国全体としての資料は1995年から2014年までのものが得られた。各都道府県の資料は、1999年から2014年までのものが得られた。

各都道府県の人口及び人口密度は、総務省統計局のホームページの国勢調査に基づく人口推計の資料により（https://www.e-stat.go.jp/statistics/00200524）、どちらも2000年・2005年・2010年の平均とした。

Ⅲ　結　果

１．全国における手段別の自殺死亡率

表17－１に今回の項目及び1995年から2014年までを通算した全国における自殺手段別の、死亡数と割合を男女別に示す。男性での最多の手段は、「X70　縊死、絞首及び窒息」であり、続いて「X67　その他のガス及び蒸気」、「X80　飛び降

り」、「X78 鋭利な物体」、「X71 溺死及び溺水」となっていた。女性での最多の手段も「X70 縊死、絞首及び窒息」であったが、続いて「X80 飛び降り」、「X71 溺死及び溺水」、「X67 その他ガス及び蒸気」となっていた。「薬物合計」をX60－X64とすると、女性は3.12％となり、これは女性では5位となるものの、男性では1.21％で9位に過ぎず、順位に着目した場合の男女の差は大きかった。このように、最多の手段は男女とも「X70 縊死、絞首及び窒息」であったが、順位に着目した場合、2位以降は男女間でかなり相違しており、例えば

表17－1 わが国における自殺手段の割合の男女比（1995年－2014年通算）

	男性		女性	
	実数	割合(%)	実数	割合(%)
X60-X84 総 数	403,352	100	166,399	100
X60 非オピオイド系鎮痛薬等	74	0.02	78	0.05
X61 抗てんかん薬等	3,002	0.74	3,379	2.03
X62 麻薬及び精神変容薬	7	0.00	14	0.01
X63 自律神経系に作用する薬物	14	0.00	7	0.00
X64 その他及び詳細不明の薬物	1,772	0.44	1,719	1.03
X65 アルコール	45	0.01	33	0.02
X66 有機溶剤等	160	0.04	60	0.04
X67 その他のガス及び蒸気	44,129	10.94	7,467	4.49
X68 農薬	6718	1.67	4,913	2.95
X69 その他及び詳細不明の化学物質	539	0.13	385	0.23
X70 縊死，絞首及び窒息	277,676	68.84	102,687	61.71
X71 溺死及び溺水	8,863	2.20	11,046	6.64
X72 拳銃の発射	242	0.06	2	0.00
X73 ライフル等の発射	380	0.09	8	0.00
X74 その他及び詳細不明の銃器	131	0.03	2	0.00
X75 爆発物	13	0.00	1	0.00
X76 煙，火及び火炎	7,771	1.93	4,215	2.53
X77 スチーム等	1	0.00	9	0.01
X78 鋭利な物体	10,379	2.57	3,709	2.23
X79 鈍器	16	0.00	10	0.01
X80 飛び降り	29,415	7.29	19,794	11.90
X81 飛び込み	8,458	2.10	5,275	3.17
X82 モーター車両の衝突	96	0.02	24	0.01
X83 その他の明示された手段	2,373	0.59	894	0.54
X84 詳細不明の手段	1,078	0.27	668	0.40
薬物合計（X60-X64）	4,869	1.21	5,197	3.12
銃合計（X72-X74）	753	0.19	12	0.01

「X78 鋭利な物体」は男性で４位、女性で８位、これに対し「X70 溺死及び溺水」は女性で３位、男性で５位となっていた。

表17－２に1995年から2014年までを通算した、全国における自殺手段別死亡割合の男／女比及びその逆数である女／男比を示す。男性が女性に比べて多いものは、X72からX74の「銃合計」、「X75 爆発物」となっていたが、「X75 爆発物」の死亡数は男性13、女性１と極めて少ないことから（**表17－２**）、実質的には銃が最も男／女比の大きな手段であった。女性の方が多いものは、「X71 溺死及び溺水」、「X60－X64　薬物合計」などであった。

表17－２　わが国における自殺手段の割合の男女比（1995年－2014年通算）

		男／女比	女／男比
X60	非オピオイド系鎮痛薬等	0.39	2.56
X61	抗てんかん薬等	0.37	2.73
X62	麻薬及び精神変容薬	0.21	4.85
X63	自律神経系に作用する薬物	0.83	1.21
X64	その他及び詳細不明の薬物	0.43	2.35
X65	アルコール	0.56	1.78
X66	有機溶剤等	1.1	0.91
X67	その他のガス及び蒸気	2.44	0.41
X68	農薬	0.56	1.77
X69	その他及び詳細不明の化学物質	0.58	1.73
X70	縊死，絞首及び窒息	1.12	0.9
X71	溺死及び溺水	0.33	3.02
X72	拳銃の発射	49.92	0.02
X73	ライフル等の発射	19.60	0.05
X74	その他及び詳細不明の銃器	27.02	0.04
X75	爆発物	5.36	0.19
X76	煙，火及び火炎	0.76	1.31
X77	スチーム等	0.05	21.82
X78	鋭利な物体	1.15	0.87
X79	鈍器	0.66	1.52
X80	飛び降り	0.61	1.63
X81	飛び込み	0.66	1.51
X82	モーター車両の衝突	1.65	0.61
X83	その他の明示された手段	1.10	0.91
X84	詳細不明の手段	0.67	1.50
薬物合計（X60-X64）		0.39	2.59
銃 合 計（X72-X74）		25.89	0.04

2．都道府県別にみた男性の自殺手段

女性は自殺絶対数が少なく、手段別にみた場合、人口の少ない県では1999年から2014年の16年間でゼロまたは１桁の死亡数に留まった手段も少なくなかったため、男性のみについて解析した。

「X70 縊死、絞首及び窒息」による死亡率を都道府県別にみると、最高は秋田県、続いて青森県、新潟県、島根県、宮崎県の順であった。一方、埼玉県、奈良県、神奈川県、東京都はこの手段による死亡率は低かった（**表17－３**）。

「X80 飛び降り」による死亡率は、最高は東京都、続いて大阪府、兵庫県、沖縄県、神奈川県となっていた。岡山県、三重県、秋田県、青森県はこの手段による死亡率は低く（**表17－４**）、「X70 縊死、絞首及び窒息」と逆の傾向が窺えた。

表17－３　男性における「X70 縊死、絞首及び窒息」の都道府県別の人口10万対死亡率（1999年－2014年通算；降順に表示）

	都道府県	死亡率		都道府県	死亡率
1	秋田県	39.91	25	広島県	23.30
2	青森県	36.54	26	岐阜県	23.21
3	新潟県	34.71	27	山梨県	23.17
4	島根県	34.68	28	石川県	22.92
5	宮崎県	33.36	29	茨城県	22.79
6	岩手県	32.83	30	大阪府	22.72
7	高知県	30.98	31	長野県	22.55
8	鹿児島県	30.36	32	栃木県	22.38
9	山形県	30.24	33	群馬県	22.25
10	長崎県	29.89	34	兵庫県	22.16
11	沖縄県	29.71	35	三重県	21.87
12	和歌山県	28.70	36	香川県	21.83
13	富山県	27.71	37	徳島県	21.39
14	山口県	27.34	38	静岡県	21.39
15	佐賀県	27.27	39	滋賀県	21.11
16	北海道	27.26	40	京都府	20.81
17	鳥取県	27.17	41	千葉県	20.63
18	福岡県	26.57	42	岡山県	20.63
19	愛媛県	26.11	43	愛知県	19.66
20	熊本県	25.98	44	埼玉県	19.08
21	福島県	25.20	45	奈良県	19.08
22	福井県	24.96	46	神奈川県	18.93
23	大分県	24.91	47	東京都	18.90
24	宮城県	23.86			

「X60－X64 薬物合計」による死亡率は、最高は沖縄県、続いて東京都、埼玉県、大阪府、長野県であった。一方、石川県、鳥取県、島根県、和歌山県、岐阜県は低かった（表17－5）。

3．都道府県別にみた人口密度と男性の自殺手段別死亡率との相関

都道府県別の人口密度と、男性の自殺手段別死亡率の相関係数を算出したところ、「X80 飛び降り」、「X81 飛び込み」、「X61 抗てんかん薬」、「X60－X64 薬物合計」「X78 鋭利な物体」は人口密度と有意な正の相関がみられた。一方、人口密度と有意な負の相関を示したのは「X68 農薬」「X67 その他のガス及び蒸気」「X70 縊死、絞首及び窒息」であった（表17－6）。

表17－4　男性における「X80 飛び降り」の都道府県別の人口10万対死亡率（1999年－2014年通算；降順に表示）

	都道府県	死亡率		都道府県	死亡率
1	東京都	4.41	25	愛媛県	1.54
2	大阪府	4.40	26	石川県	1.52
3	兵庫県	3.15	27	福島県	1.50
4	沖縄県	2.89	28	長崎県	1.49
5	神奈川県	2.85	29	富山県	1.43
6	京都府	2.70	30	岐阜県	1.38
7	埼玉県	2.58	31	北海道	1.38
8	福岡県	2.22	32	静岡県	1.36
9	群馬県	2.21	33	滋賀県	1.32
10	栃木県	2.21	34	島根県	1.31
11	山梨県	2.20	35	佐賀県	1.26
12	千葉県	1.94	36	徳島県	1.24
13	奈良県	1.84	37	宮崎県	1.22
14	高知県	1.82	38	鳥取県	1.20
15	熊本県	1.81	39	和歌山県	1.19
16	新潟県	1.81	40	茨城県	1.18
17	愛知県	1.81	41	福井県	1.17
18	広島県	1.78	42	山形県	1.16
19	大分県	1.75	43	鹿児島県	1.12
20	宮城県	1.71	44	岡山県	1.11
21	岩手県	1.68	45	三重県	1.10
22	長野県	1.68	46	秋田県	1.03
23	山口県	1.66	47	青森県	0.91
24	香川県	1.57			

表17－5 男性における「X60－X64 薬物合計」の都道府県別の人口10万対死亡率（1999年－2014年通算；降順に表示）

	都道府県	死亡率		都道府県	死亡率
1	沖縄県	0.77	25	滋賀県	0.33
2	東京都	0.62	26	広島県	0.33
3	埼玉県	0.56	27	奈良県	0.32
4	大阪府	0.54	28	静岡県	0.32
5	長野県	0.53	29	富山県	0.32
6	群馬県	0.47	30	北海道	0.32
7	岩手県	0.47	31	香川県	0.31
8	福岡県	0.46	32	福島県	0.30
9	京都府	0.45	33	秋田県	0.29
10	栃木県	0.43	34	岡山県	0.29
11	熊本県	0.43	35	佐賀県	0.28
12	山梨県	0.42	36	山口県	0.28
13	高知県	0.42	37	愛知県	0.27
14	新潟県	0.41	38	三重県	0.26
15	鹿児島県	0.41	39	愛媛県	0.26
16	神奈川県	0.41	40	大分県	0.25
17	宮崎県	0.40	41	青森県	0.25
18	千葉県	0.40	42	徳島県	0.25
19	兵庫県	0.38	43	石川県	0.20
20	山形県	0.38	44	鳥取県	0.20
21	長崎県	0.37	45	島根県	0.20
22	福井県	0.36	46	和歌山県	0.19
23	茨城県	0.35	47	岐阜県	0.18
24	宮城県	0.33			

表17－6 都道府県別にみた場合の人口密度と男性の自殺手段別死亡率（1999年－2014年通算）との相関係数（降順に表示）

自殺手段	相関係数
X80　飛び降り	0.816＊
X81　飛び込み	0.690＊
X61　抗てんかん薬等	0.573＊
薬物合計（X60-X64）	0.458＊
X78　鋭利な物体	0.394＊
X71　溺死及び溺水	−0.123
銃合計（X72-X74）	−0.229
X70　縊死，絞首及び窒息	−0.397＊
X68　農薬	−0.405＊
X67　その他のガス及び蒸気	−0.471＊

＊P＜0.05

Ⅳ 考　察

自殺は、様々な疫学的側面を有しており、それらについての資料の一部は公開されており、例えば、警察庁は動機についての資料を発表している。ところが、これらの資料で、例えば、都道府県別、年齢別かつ性別のクロス集計表として掲げられているものはほとんどない。このため、今回の検討では、各都道府県において、手段と動機との関連性、あるいは手段と年齢との関連性を見ることは不可能であった。

人口密度が高い県に飛び降りによる自殺が多かったが、人口密度が高いことは都会が多く、高層ビルや高層マンションなどが多いことを意味するため、飛び降りによる自殺の多さに結びついたのかも知れない。沖縄県が4位に来ているのは、同県は主として島嶼からなるため、海岸部での高所からの飛び降りによる自殺が比較的容易であることが関係しているのかも知れない。また2010年の警察庁のデータによれば、東京都特別区での飛び降りは人口10万対で4.28大阪市は6.86であったのに、札幌市は1.94と比較的低かったこと[3)]などから、このことですべてを説明するのは難しいが、今回の結果から各都道府県の特性は明らかであり、少なくとも、このことを踏まえた自殺予防対策を取ることは可能であろう。逆に、縊死は人口密度の低い地域に多かった。高層ビルなどが少ない地域では、飛び降りが少なくなることから、相対的に縊死などが選択されることが多かった可能性が考えられる。

米国では、銃の保有は合法的であることから、銃による自殺はわが国よりはるかに多い[4)]。スイスでも、国民皆兵制度を取っていて銃を自宅で保管するため、男性では縊死よりも銃による自殺が多い[5)]。わが国の銃による自殺者数が少ないのは、わが国における厳しい銃規制が、銃器へのアクセスを困難にしていることが、最大の原因と考えられた。銃は、女性に比べ、男性において圧倒的に多く選択された手段であった。一方、女性の方が多いものは、「X71 溺死及び溺水」、「X60－X64 薬物合計」などで、自殺の総数としては、女性は男性の半分に満たないのに、これらの手段による女性の自殺数は男性より多かった。「X77 スチーム等」の女／男比は高かったが、これも死亡数が極めて小さいことから（**表17－1**）、実質的には薬物や溺死が、男性に比べて女性が選択しやすい手段と考えられた。このように、女性は身体に傷が付く方法を避けようとする傾向があるのかも知れない。

人口動態統計では、T36からT50に「薬物、薬剤及び生物学的製剤による中毒」として、薬物の種類毎の死亡数が掲げられている。一方、X60からX64にも薬物の種類毎の自殺数が掲げられている。ところが、それぞれにおける薬物の分類法が微妙に異なるため、各薬剤のうち、どれほどの割合が自殺に使用されたかは明らかにすることができない。

しかし、X60からX64までの５つの項目のうち、1995年から2014年までを合計した全国における薬物中毒による自殺数が最も多かったのは、「X61 抗てんかん薬、鎮静・催眠薬、パーキンソン病治療薬及び向精神薬による中毒及び曝露にもとづく自傷及び自殺、他に分類されないもの」の6,381人であって、これは、特に精神科などにおいて、治療用に処方された薬剤を自殺目的で服用することが多いためと考えられたのである[6)]。中永[7)]は、秋田県内で救急搬送された自殺企図患者の資料から、手段別の致死率を推定しているが、医用薬物の致死率は1.6％であったという。本稿の数字（薬物合計4,869+5,197=10,066）は死亡数であるから、致死率を１％とすれば、今回対象とした1995年から2014年の20年間の自殺目的の薬物服用は男女計で1,006,600件、２％とすれば50万3,300件あったことになる。１年平均では２万5,000から５万件は発生していることになり、そのうち多くが救急搬送の対象となり、救急医療の現場にかなりな影響を及ぼすであろうことから、医薬品の管理や服薬の指示に際しては、特に精神的な疾患や問題を有する患者に対し、適切な対応が求められよう。

文献

1）池田一夫．日本における自殺の精密分析．東京都立衛生研究所年報 2000；50：337－343.

2）本橋 豊．自殺の疫学　自殺対策を支える自殺統計と介入疫学．臨床精神医学 2010；39(11)：1371－1375.

3）西　基．札幌市における自殺の疫学．北医療大看福誌2013；9(1)：11－16.

4）織田進，東敏昭．自殺に関する研究の現状．J Natl Inst Public Health 2003；52(4)：272－294.

5）人見佳枝．スイスにおける自殺問題．日社精医誌2015；24(3)：253－260.

6）西　基．わが国における薬物中毒による死亡の疫学．近代消防2017；55(1)：132－136.

7）中永士師明．秋田県内で救急搬送された自殺企図患者の検討．日職災医誌2011；59(5)：220－224.

自損行為及び加害による救急搬送

要旨

目的：救急搬送のうち、自損行為と加害によるものについて検討し、いくつかの要因との関連性について考察する。

方法：各都道府県の事故種別救急搬送人員数は総務省消防庁の「消防白書」の1999年から2014年までの付属資料「救急自動車による事故種別救急搬送人員」によった。各都道府県の人口は、2000年、2005年及び2010年の国勢調査の総人口の平均を用いた。各都道府県の人口密度はこれらの年の国勢調査の総面積当たり人口密度の平均を用いた。各都道府県の自殺数は、人口動態統計の1999年から2014年までの基本分類X60からX84までの合計とした。薬物による自殺数は、同様に基本分類X60からX64までの合計とした。他殺数は簡単分類20300を使用した。

結果：自損行為による救急搬送人員は2006年をピークとして、それ以後は次第に減少し、2014年には４万人余りとなっていた。各都道府県の自損行為による救急搬送人員と薬物による自殺数との相関係数（0.922）は有意であった。加害による救急搬送人員は1999年以降はほぼ単調に減少しており、2014年には３万人弱となっていた。他殺との相関係数（0.972）は有意であった。都道府県ごとに人口10万対の加害による救急搬送人員数をみたところ、大阪府・東京都・神奈川県などが多く、秋田県・山形県・福井県などは少なく、人口密度と加害救急搬送発生率の相関係数（0.875）は有意であった。

考察：自損行為による救急搬送人員は薬物による自殺との関連が強かった。薬物を服用した場合は、まもなく我に返って救助を求める、あるいは気付いた周囲の者が救急車を呼ぶという事態が想定された。加害による救急搬送人員と人口密度との相関関係は強かった。人口密度が高いと、上下関係、親子関係や男女関係などの人間関係に起因するトラブルは飛躍的に増加するし、金銭のやり取りの場も増えるため、それに基づくトラブルも多いためと考えられた。

キーワード：救急搬送、加害、自損行為。

Ⅰ　緒　言

救急搬送は自治体消防の主要な業務の一つであるとともに、救急医学においても重要な位置を占めている。ただし、最近、救急車が適正に利用されていないという指摘が目立つようになり、救急搬送のあり方について議論が始まっている。

今回の報告では、総務省消防庁の資料などに基づいて、救急搬送のうち、自損行為と加害によるものについて検討し、いくつかの要因との関連性について考察したので報告する。

Ⅱ　資料と方法

各都道府県の事故種別救急搬送人員数は総務省消防庁の「消防白書」の1999年から2014年までの付属資料「救急自動車による事故種別救急搬送人員」によった。各都道府県の人口は、2000年、2005年及び2010年の国勢調査の総人口の平均を用いた。

各都道府県の人口密度は、2000年、2005年及び2010年の国勢調査の総面積１㎢当たり人口密度の平均を用いた。

各都道府県の自殺数は、人口動態統計の1999年から2014年までの基本分類Ｘ60からＸ84までの合計とした。薬物による自殺数は、同様に基本分類Ｘ60からＸ64までの合計とした。他殺数は簡単分類20300を使用した。

Ⅲ　結　果

１．自損行為による救急搬送人員

１）全国における自損行為による救急搬送人員と自殺との関連

図18－１に1999年から2014年までの全国における自損行為による救急搬送人員と自殺数の推移を示す。自損行為による救急搬送人員は2006年をピークとして、

それ以後は次第に減少し、2014年には４万人余りとなっていたが、自殺数は今回対象とした期間内においては、ほぼ単調に減少していた。両者の相関係数は0.264（Ｐ＞0.10）で、有意な関係ではなかった。

２）全国における自損行為による救急搬送人員と薬物による自殺との関連

図18－２に1999年から2014年までの全国における自損行為による救急搬送人員と薬物による自殺数の推移を示す。両者の推移は比較的よく一致し、相関係数は0.491（0.05＜Ｐ＜0.10）で中程度の相関関係であった。

図18－１　全国における自損行為搬送人数と自殺者総数の推移

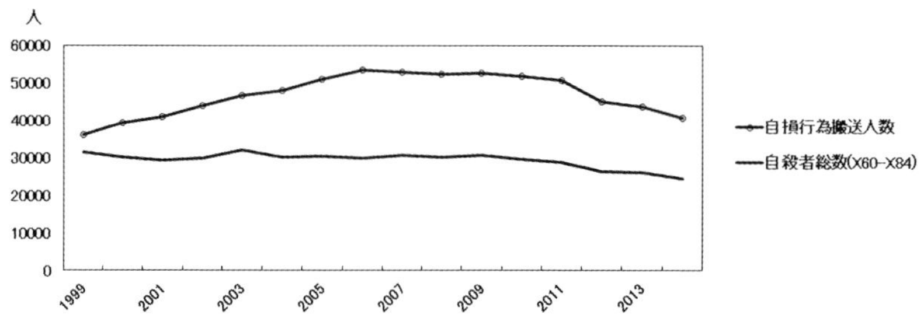

図18－２　全国における自損行為搬送人数と薬物自殺者数の推移

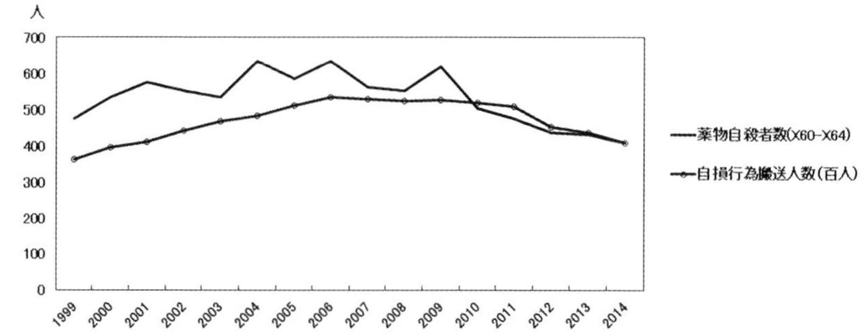

3）各都道府県における１年当たり人口10万対の自損行為による救急搬送人員数の平均の比較（1999年－2014年）

都道府県ごとに1999年から2014年まで自損行為による救急搬送人員数の合計を求めて１年間の平均を出し、さらにこれを人口で除した数字を**表18－１**に示す。大阪府・北海道・沖縄県などが多く、福井県・徳島県・石川県などは少なかった。

4）各都道府県における自損行為による救急搬送人員と薬物による自殺の関連

1999年から2014年までの各都道府県の自損行為による救急搬送人員と薬物による自殺数の関連を**図18－３**に示す。相関係数は0.922（Ｐ＜0.05）で強い相関関係であった。

5）各都道府県における１年当たり人口10万対の自損行為による救急搬送人員と人口密度の関連

図18－４に各都道府県における１年当たり人口10万対の自損行為による救急搬送人員と人口密度の関連を示す。相関係数は0.463（0.05＜Ｐ＜0.10）で、中程度の相関関係であった。

表18－１　自損行為搬送の発生率（人口10万対）

都道府県	発生率	都道府県	発生率	都道府県	発生率
大阪府	48.76	東京都	35.89	岡山県	30.55
北海道	48.01	栃木県	35.24	島根県	30.09
沖縄県	46.17	宮崎県	35.01	三重県	29.52
福岡県	43.84	鹿児島県	34.76	鳥取県	29.31
和歌山県	42.28	岩手県	34.62	佐賀県	29.09
神奈川県	40.61	愛知県	34.51	岐阜県	29.01
埼玉県	39.88	新潟県	34.31	長野県	28.57
高知県	39.36	群馬県	33.22	長崎県	28.44
兵庫県	38.54	茨城県	32.88	富山県	28.18
京都府	38.50	山口県	32.39	大分県	27.91
山梨県	37.94	広島県	32.28	青森県	27.28
奈良県	37.29	滋賀県	32.10	山形県	27.25
千葉県	37.08	香川県	31.40	石川県	27.04
宮城県	36.70	静岡県	30.85	徳島県	26.27
熊本県	36.47	福島県	30.76	福井県	24.11
愛媛県	36.43	秋田県	30.58		

図18－３　都道府県別における自損行為搬送人数と薬物自殺者数の関係

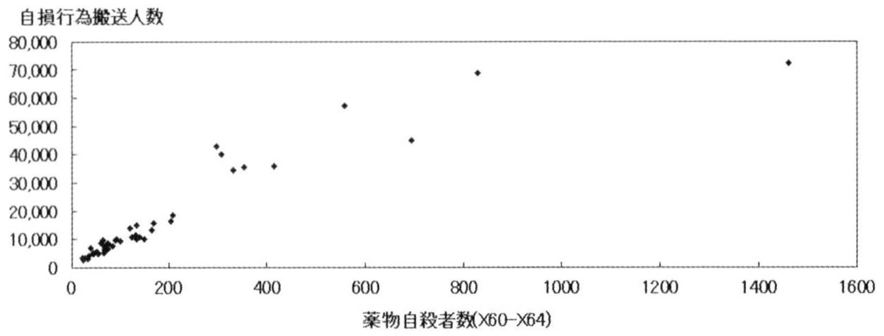

図18－４　都道府県における自損行為搬送率（対10万人）と人口密度（人／㎢）との関係

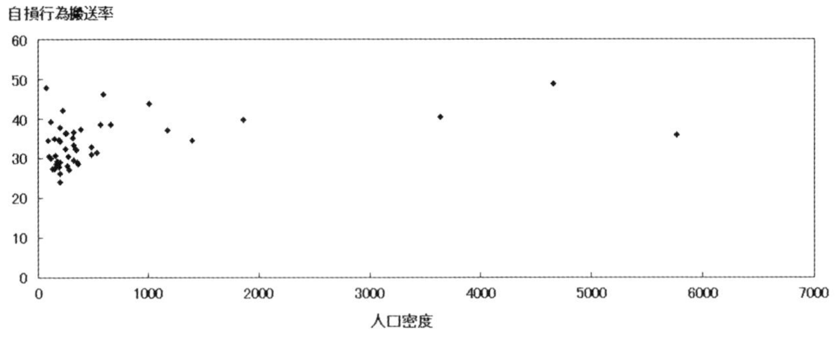

２．加害による救急搬送人員

１）全国における加害による救急搬送人員と他殺との関連

図18－５に1999年から2014年までの全国における加害による救急搬送人員と他殺数の推移を示す。両者は1999年以降ほぼ単調に減少しており、加害による救急搬送人員は2014年には３万人弱となっていた。両者の相関係数は0.972（Ｐ＜0.05）で有意かつ強い相関関係であった。

2）各都道府県における１年当たり人口10万対の加害による救急搬送人員数の平均の比較（1999～2014年）

表18－２に都道府県ごとに1999年から2014年まで加害による救急搬送人員数の合計を求めて１年間の平均を出し、さらにこれを人口で除した数字を示す。大阪

図18－５　全国における加害者搬送人数と他殺者数の推移

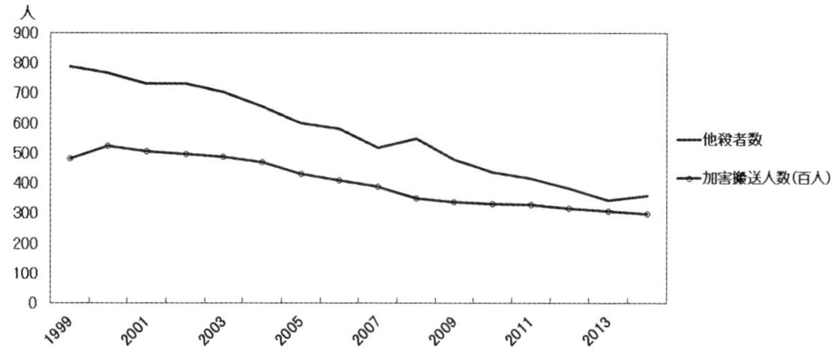

表18－２　加害搬送の発生率（人口10万対）

都道府県	発生率	都道府県	発生率	都道府県	発生率
大阪府	67.64	奈良県	21.24	福島県	15.80
東京都	62.79	広島県	21.00	佐賀県	15.58
神奈川県	41.44	山梨県	20.85	新潟県	15.41
千葉県	39.47	宮城県	20.37	大分県	15.29
沖縄県	37.51	群馬県	19.40	長野県	15.09
埼玉県	36.35	滋賀県	19.38	青森県	15.03
京都府	35.01	鹿児島県	19.35	石川県	14.31
兵庫県	32.67	岡山県	18.86	富山県	13.60
高知県	28.20	北海道	18.80	長崎県	13.26
福岡県	27.85	山口県	18.61	鳥取県	12.10
和歌山県	27.20	栃木県	18.61	岩手県	10.86
愛知県	26.94	静岡県	18.04	島根県	10.61
茨城県	24.54	熊本県	17.85	福井県	10.58
愛媛県	22.75	徳島県	16.37	山形県	9.77
香川県	22.05	岐阜県	16.27	秋田県	9.64
三重県	21.57	宮崎県	16.26		

図18－6　都道府県における加害搬送率（対10万人）と人口密度（人／㎢）との関係

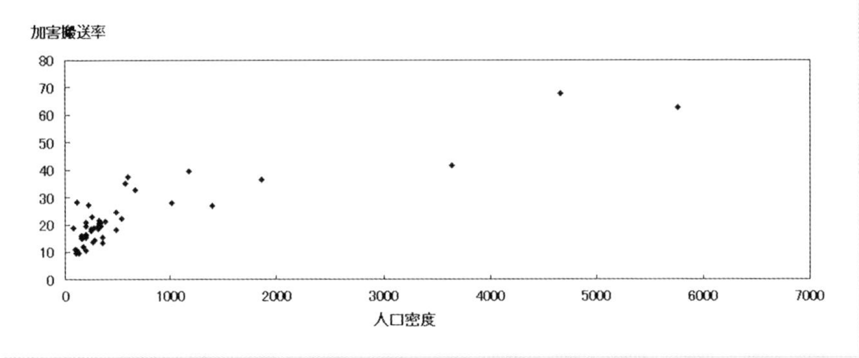

府・東京都・神奈川県などが多く、秋田県・山形県・福井県などは少なかった。

3）各都道府県における１年当たり人口10万対の加害による救急搬送人員と人口密度の関連

図18－６に各都道府県における１年当たり人口10万対の加害による救急搬送人員と人口密度の関連を示す。相関係数は0.875（P＜0.05）で、有意かつ強い相関関係であった。

Ⅳ 考　察

消防白書には、救急搬送件数の資料もあるが、実際に搬送された人数を検討するため、今回は救急搬送人員の資料を使用した。

全国において、自損行為による救急搬送人員とすべての自殺者との相関はそれほど強くなく、薬物による自殺との関連が強かった。都道府県別の薬物による自殺との関連の検討においても、同様に高い相関係数が示された。自殺の手段には種々のものがあるが、薬物を服用した場合は、縊首や飛び降りなどと異なり、直ちに死に至ることは必ずしも多くはないことから、服用からまもなく我に返って救助を求める、あるいは気付いた周囲の者が救急車を呼ぶという事態が想定され、この結果として薬物による自殺との関連が強くなったと考えられた。大分県において自損行為で救急車が出動した事例についての報告を見ると、自殺未遂群

（260例）での手段は薬物が43％と最多であった[1)]。また、秋田大病院における自殺企図患者103例中、薬物は54例と最多であったという[2)]。

全国において加害による救急搬送人員が他殺数と強い関係にあったのは当然と考えられる。人口密度との関係を見ると、「自損行為」との相関係数は0.463だったのに対し、「加害」とのそれは0.875であって、「加害」と人口密度との関連は強い。人口密度が高ければ、上下関係、親子関係や男女関係などの人間関係に起因するトラブルは飛躍的に増加するし、金銭のやり取りの場も増えるため、それに基づくトラブルも多くなるであろう。今回、大阪府が47都道府県中で最も高い「加害」搬送率を示したが、大阪府内の救命救急センターに搬入された症例の中でDomestic Violence被害者の数はその約0.2％に相当したとされる[3)]。

以上、自損行為と加害による救急搬送人員の分析を報告した。最近は両者とも減少傾向にはあるが、2014年にはそれぞれ約４万人、３万人が搬送されている。これらは不慮のものではなく、原理的には未然防止が可能なものであり、かつ最近の救急搬送と救急病院など受け入れ施設の負荷を考えると、これらを根本からなくするような対策が望まれる。

文献

1）影山隆之．大分県において「自損行為」で救急車が出動した事例の発生率と性・年齢分布．自殺予防と危機介入2012；32(1)：53－59.

2）中永士師明．秋田大学医学部附属病院における自殺企図患者の検討．日職災医誌2003；51(2)：138－142.

3）西浦ちひろ，山田一郎，中谷茂子．大阪府Ｔ市内某救命救急センターに搬入されたDomestic Violenceの被害者に関する記述的研究．日本看護研究会雑誌2006；29(5)：93－101.

わが国における最近の労働災害と救急搬送

要　旨

目的：最近のわが国における労働災害及びその救急搬送について疫学的分析を行う。

方法：全国及び都道府県別の、1999年から2018年の労働災害による死傷者数（休業４日以上の者）及び死亡者数は、インターネット上の厚生労働省の「職場の安全サイト」の「労働災害統計」に挙げられている資料によった。全国及び都道府県別の1999年から2017年の労働災害に対する救急搬送人員は、インターネット上の総務省消防庁の「刊行物」の「消防白書」の資料によった。労働災害による死傷者数及び死亡者数と救急搬送人員数との関係などは、1999年から2017年のものについて、相関係数を算出することなどにより検討した。

結果：1999年から2018年の全国の労働災害による死傷者数（休業４日以上）は、2009年までは減少傾向にあったものの、それ以降は増加傾向となっていた一方、死亡者数はほぼ単調な減少傾向にあった。全国の労働災害による救急搬送人員（1999年から2017年）は、2006年から2009年にかけては減少したが、2009年以降はほぼ単純な増加傾向となった。全国における1999年から2017年の搬送率（労働災害に対する救急搬送人員数を死傷者数で除した数）と死亡者率（死亡者数を死傷者数で除した数）との間には有意な負の相関を認めた（相関係数－0.883，Ｐ＜0.0001）。1999年から2017年の19年間で搬送率が40%以上だった都府県も死亡者率が１%未満だった都府県も首都圏や大都市を擁するところに多かった。都道府県別の搬送率と死亡者率とはボーダーラインの有意性を示す負の相関を認めた（相関係数－0.280，P=0.0566）。

考察：今回の結果から「搬送数が増えたため、死亡を免れる例が増えた」と考えて矛盾はない。特に重症例が速やかに搬送されたことにより、そのうちの一定数は救命されたと考えるのが自然である。労働の現場にあっても、救急搬送の重要性は今後より明確に認識されるべきである。

キーワード：疫学、救急搬送、労働災害。

Ⅰ　緒　言

労働災害とは、労働安全衛生法によれば「労働者の就業に係る建設物、設備、原材料、ガス、蒸気、粉塵等により、又は作業行動その他業務に起因して、労働者が負傷し、疾病にかかり、又は死亡することをいう」（第２条）とされている。しかし、一般には、労働災害とは、事故による負傷や死亡のことであって、発症までに一定の時間を要するいわゆる「職業病」とは区別されている。本稿でも「労働災害」としてはこの一般的なものを扱う。

労働災害に対しても、当然のことながら救急搬送はなされており、総務省消防庁より毎年の都道府県別の数字が公表されている。本稿では、最近のわが国における労働災害及びその救急搬送について行った疫学的分析について報告する。

Ⅱ　資料と方法

１．全国及び都道府県別の労働災害による死傷者数及び死亡者数

全国及び都道府県別の、1999年から2018年までの労働災害による死傷者数（休業４日以上の者）及び死亡者数は、インターネット上の厚生労働省の「職場のあんぜんサイト」の「労働災害統計」に挙げられている資料によった。

https://anzeninfo.mhlw.go.jp/user/anzen/tok/anst00.html

２．全国及び都道府県別の労働災害に対する救急搬送人員数

全国及び都道府県別の1999年から2017年までの労働災害に対する救急搬送人員は、インターネット上の総務省消防庁の「刊行物」の「消防白書」の資料によった。

https://www.fdma.go.jp/publication/#whitepaper

労働災害による死傷者数及び死亡者数と救急搬送人員数との関係などは、1999年から2017年までのものについて、相関係数を算出することなどにより検討し

た。

今回の資料としては、2011年の東日本大震災に関係するものを除いたものを使用した。

Ⅲ 結　果

1．全国の労働災害による死傷者数（休業４日以上）の推移

図19－１に全国の労働災害による死傷者数の推移を示す（1999年から2018年）。2009年までは、死傷者数は減少傾向にあったものの、それ以降は増加傾向となっている。

2．全国の労働災害による死亡者数の推移

図19－２に全国の労働災害による死亡者数の推移を示す（1999年から2018年）。死亡者数はほぼ単調な減少傾向にあった。

3．全国の労働災害による救急搬送人員の推移

図19－３に全国の労働災害による救急搬送人員数の推移を示す（1999年から2017年）。2006年から2009年にかけては減少したが、2009年以降はほぼ単純な増加傾向となった。

図19－１　全国における労働災害死傷者数（1999年～2018年）

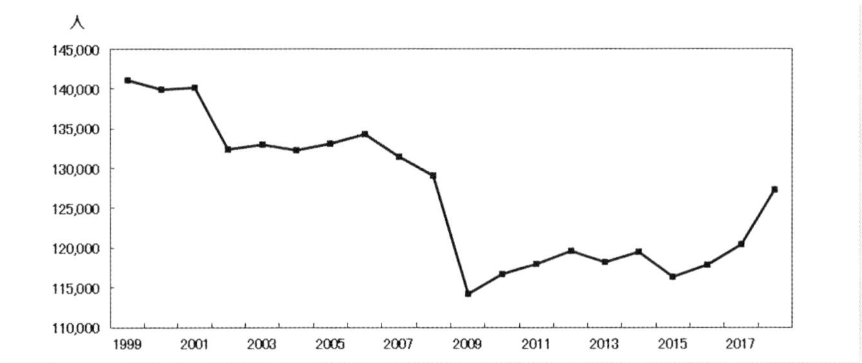

図19－2　全国における労働災害死亡者数（1999年～2018年）

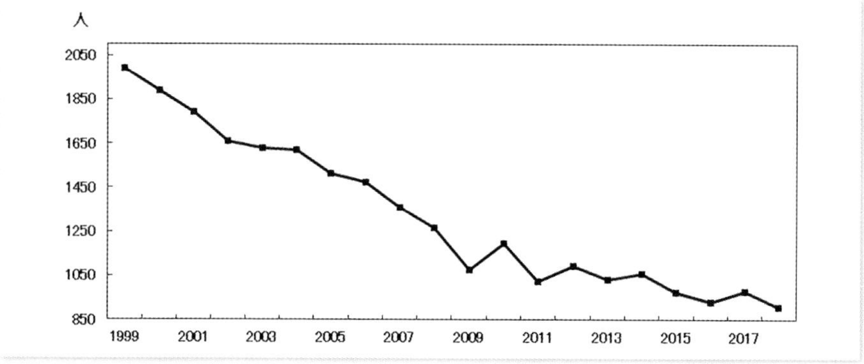

図19－3　全国における労働災害救急搬送人員数（1999年～2017年）

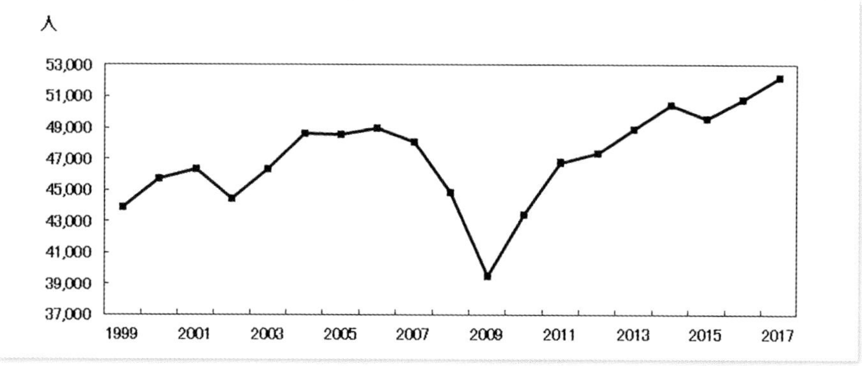

4．全国における、労働災害に対する救急搬送人員数を死傷者数で除した数（搬送率）と死亡者数を死傷者数で除した数（死亡者率）との関係

以下、労働災害に対する救急搬送人員数を死傷者数で除した数を「搬送率」、死亡者数を死傷者数で除した数を「死亡者率」と呼称する。

図19－4に全国における1999年から2017年の各年毎の両者の関係を示す。相関係数は－0.883で、有意な負の相関を認めた（P ＜0.0001）。

図19－4　全国における搬送率と死亡者率の関係（1999年～2017年）

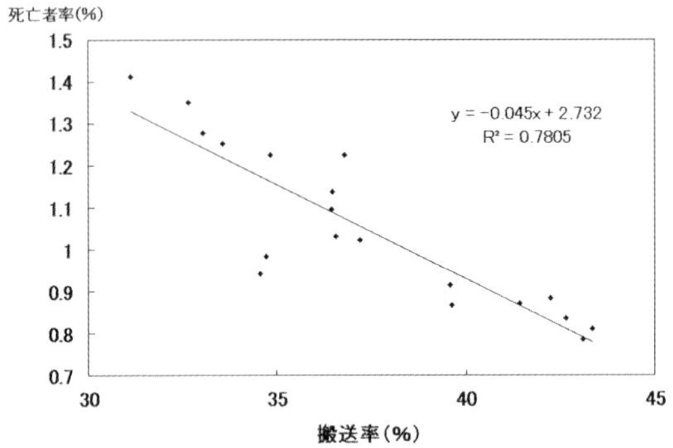

５．都道府県別の死傷者数、死亡者数、救急搬送人員数、死亡者率及び搬送率

表19－１に死傷者数、死亡者数及び救急搬送人員数につき、1999年から2017年の19年間をそれぞれ合計したもの、またこれらから計算した死亡者率及び搬送率を示す。

都道府県の総計でみると、死亡者率は1.06%、搬送率は37.2%であった。

搬送率が40%以上だったのは、茨城県、埼玉県、千葉県、東京都、神奈川県、山梨県、愛知県、滋賀県、大阪府、奈良県で、３大都市圏で高かった。

死亡者率が１%未満だったのは群馬県、埼玉県、東京都、神奈川県、静岡県、京都府、大阪府、福岡県、佐賀県で、これも首都圏や大都市を擁する府県に多く、搬送率が40%以上だった都府県と重なっていた。

６．都道府県別の搬送率と死亡者率との関係

表19－１に示した都道府県別の搬送率と死亡者率との関係を**図19－５**にグラフとして示す。

相関係数は−0.280で、ボーダーラインの有意性を示す負の相関を認めた（P=0.0566）。

表19－1　都道府県別の労働災害による死傷者数、死亡者数、救急搬送人員数、死亡者率及び搬送率（1999年～2017年の合計）

都道府県	死傷者数	死亡者数	救急搬送人員数	死亡者率（%）	搬送率（%）
北海道	136,455	1,771	40,782	1.3	29.9
青森県	24,407	306	6,555	1.25	26.9
岩手県	26,832	411	7,790	1.53	29.0
宮城県	45,272	466	12,585	1.03	27.8
秋田県	20,645	285	6,441	1.38	31.2
山形県	23,461	244	6,467	1.04	27.6
福島県	38,226	557	12,635	1.46	33.1
茨城県	55,789	701	22,646	1.26	40.6
栃木県	36,255	489	13,141	1.35	36.3
群馬県	46,942	441	15,209	0.94	32.4
埼玉県	109,330	938	60,226	0.86	55.1
千葉県	96,324	1,020	43,962	1.06	45.6
東京都	182,982	1,585	88,879	0.87	48.6
神奈川県	129,307	1,055	59,143	0.82	45.7
新潟県	51,801	527	19,727	1.02	38.1
富山県	24,535	300	7,291	1.22	29.7
石川県	21,915	272	7,384	1.24	33.7
福井県	17,153	249	4,982	1.45	29.0
山梨県	14,991	232	6,852	1.55	45.7
長野県	39,549	466	15,070	1.18	38.1
岐阜県	44,357	505	17,496	1.14	39.4
静岡県	87,183	863	29,515	0.99	33.9
愛知県	134,157	1,349	54,268	1.01	40.5
三重県	46,744	499	16,872	1.07	36.1
滋賀県	27,689	308	13,323	1.11	48.1
京都府	49,393	417	16,706	0.84	33.8
大阪府	177,159	1,465	74,397	0.83	42.0
兵庫県	98,781	1,079	36,526	1.09	37.0
奈良県	26,260	264	11,709	1.01	44.6
和歌山県	25,243	269	7,705	1.07	30.5
鳥取県	10,347	151	3,335	1.46	32.2
島根県	15,689	195	4,931	1.24	31.4
岡山県	40,430	502	12,944	1.24	32.0
広島県	63,944	700	18,276	1.09	28.6
山口県	28,290	380	10,005	1.34	35.4
徳島県	17,770	219	5,595	1.23	31.5
香川県	24,605	261	7,150	1.06	29.1
愛媛県	33,025	414	10,264	1.25	31.1
高知県	22,268	244	6,482	1.1	29.1
福岡県	101,238	952	28,537	0.94	28.2
佐賀県	20,394	188	4,979	0.92	24.4
長崎県	28,465	322	5,956	1.13	20.9
熊本県	36,311	412	11,383	1.13	31.4
大分県	26,358	345	6,219	1.31	23.6
宮崎県	27,216	308	5,420	1.13	19.9
鹿児島県	34,943	427	10,351	1.22	29.6
沖縄県	16,915	187	6,499	1.11	38.4
計	2,407,345	25,540	894,610	1.06	37.2

図19－5　都道府県別の搬送率と死亡者率の関係（1999年～2017年）

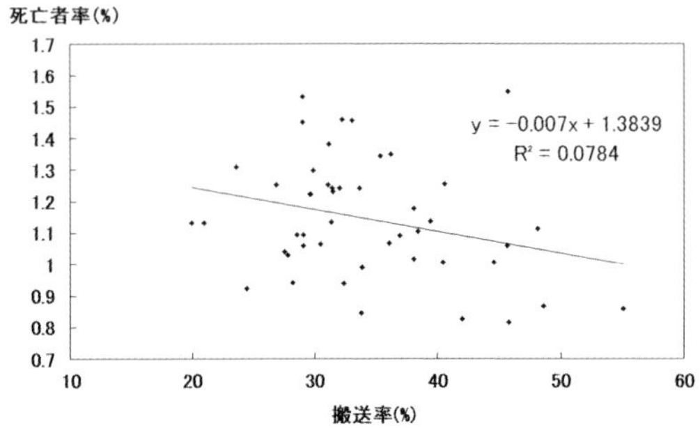

Ⅳ 考　察

検索し得た範囲では、これまでに労働災害と救急搬送の関係を疫学的に検討した論文は見出せなかった。

今回の検討では、救急搬送人員を死傷者数で除した数を「搬送率」として使用したが、これは、労働災害で負傷した者のうち、救急搬送された者の割合と見なしてよいであろう。

労働災害の指標の一つである強度率、つまり延べ労働時間千時間当たりの労働損失日数は漸減して、ここ数年は0.1程度に、また度数率、つまり延べ労働時間100万時間当たり平均災害件数も漸減して、ここ数年は1.6程度に、それぞれなっている。長期的に見た場合、わが国における労働災害の頻度と程度は、それぞれ以前よりは減り、軽くなっているようである。

わが国における労働災害による死傷者数も死亡者数も、長期のスパンでみると、1960年前後から減少してきた。しかし、ここ数年は、死亡者数は減っているが、死傷者数は減っていないか、むしろ増えている。つまり、労働災害に遭遇して、死亡を免れる者の割合が増えていることになる。疾患に例えると、罹患率は増加しているが、死亡率は減少している、つまり致命率が低下しているということである。

この理由は単純ではないであろう。統計に表れる死傷者数は休業４日以上の者のことであるから、必ずしも軽症だけとは限らないわけであるが、それでも以前と比べて軽症の者が増えたため計算上の致命率が低下した、ということも考えられる。例えば、目下、第３次産業の死傷者数は増加しつつあり、特に社会福祉施設における死傷者数は、最近は単調に増加しつつある。

厚生労働省の「労働災害発生状況」

https://www.mhlw.go.jp/bunya/roudoukijun/anzeneisei11/rousai-hassei/

に挙げられている資料から作成した2012年から2018年までの社会福祉施設における死傷者数の推移を**図19－６**に示す。この７年間の死傷者数の合計は５万4,696人であったが、その事故型の内訳をみると、「動作の反動・無理な動作」が34.0％（18,568人）と「転倒」が32.2％（17,609人）をそれぞれ占めており、これらは介護関連の負傷が主とみられ、比較的軽症で死亡には繋がらない程度のものが増加しているようである。死傷者全体としても、このような、致命的ではない負傷が増えたことは否定できない。

今回の全国における救急搬送率と死亡者率との間には、有意な強い負の相関関係が認められたが、このことは、「搬送数が増えたため、死亡を免れる例が増えた」と考えて矛盾はない。しかし、上記のように、単に軽症例の増加によって死亡者率が低下し、同時に他の何らかの要因によって搬送数が増えた可能性も完全には否定できない。入手できる資料には限度があって、今回のデータだけでは、救急搬送されることによって死亡を免れた重度の負傷者が、どれほど存在したの

図19－６　社会福祉施設における労働災害死傷者数（2012年～2018年）

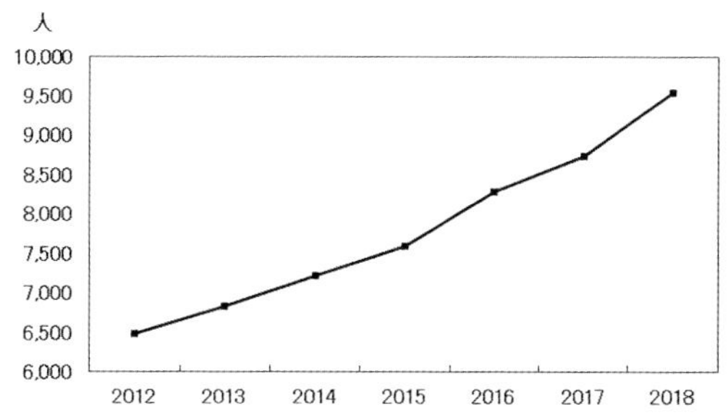

かは明らかにすることはできないが、19年間の合計をとったことから経年変化の影響はない都道府県のレベルでの結果においても、救急率と死亡者率との間に、ボーダーラインの有意性を示す負の相関関係が存在したこと、また都道府県別に見て、首都圏などにおいて、搬送率が40％以上だと死亡者率が１％未満であった都府県が少なくなかったことなどから、特に重症例が速やかに搬送されたことにより、そのうちの一定数は救命されたと考えるのが自然であろう。

かなり以前の報告ではあるが、岡村[1)]は、労働災害による創傷事故は、交通事故など他の災害に比べ、傷害程度が重症であるとし、かつ傷害の性状も多様・特異性を持つとしている。佐藤ら[2)]は、農山村地域における農作業事故に対するドクターヘリの対応によって、救命し得た事例を認めており、ドクターヘリの出動の機会を増やすべきであるとし、同時にドクターヘリシステムのハード・ソフト両面の改善・向上に努めるべきであるとしている。また、二瓶ら[3)]も、労働災害の外傷患者の搬送について、患者を病院に搬送させるまでが産業保健の範疇に入るとしており、救急救命士が可能な処置が限られていることから、産業医などが病院前救護に参加できれば、防ぎえた外傷死をさらに減少させる可能性もあるとしている。

このように、労働災害に対する搬送は、性状が重度・多様であることからも、回数の増加や処置に関する工夫によって、さらに死亡数を減少できる余地があると考えられるのである。第12次労働災害防止計画では死傷者数を2017年までに2012年比で15％以上減少させるという目標が立てられていたが、実際には0.7％増加した。第13次労働災害防止計画の目標では、2022年までに死傷者数を2017年の５％減とするとしている。死亡者数の目標は「15％減」であるが、ここ数年に限ると、死亡者数は横ばいとなっている。このことからも、産業の現場にあっても、救急搬送の重要性は、今後、より明確に認識されるべきであろう。

文献

1）岡村正明．救急車からみた労働災害．安全工学　1967；6(1)：65－69.

2）佐藤栄一，岡田邦彦，渡部修，他．信州ドクターヘリが対応した農作業事故37事案の検討．日農医誌　2007；56(3)：474.

3）二瓶俊一，岩本謙荘，後藤慶，他．産業保健と救急医療のかかわり．産衛誌　2009；51(3)：35－40.

2020年上半期における救急出動の特徴

要旨

目的：新型コロナウイルス感染症対策のために取られた「自粛」のため、社会全体が大きな変化を被る中、救急搬送において起きた変化を記述疫学的に述べる。

方法：ウェブ上で、数か所の自治体が公表している2020年及び2019年の原則として上半期の、救急出動件数に関する資料を用いた。

結果：救急出動件数の「合計」は、各自治体とも、2019年の同時期より10～15%の減少となっていた。「急病」による搬送は約12%、「一般負傷」は数%、「交通事故」は10数%、「労働災害」も10数%、それぞれ減少していた。「運動競技」のデータは岡山市でのみ挙げられていたが、半分以下に減少していた。「火災」による搬送も約25%の大幅な減少となった。「加害」による搬送は増加していたが、「自損行為」の変化は一定ではなかった。

考察：「急病」が減ったのは、本来救急搬送が不要な者が「病院に行くとコロナウイルスに感染するのでないか」と警戒して、救急車を呼ばなかった結果とも考えられる。「労働災害」による搬送が減ったのは、テレワークが推進されたこと、種々の労働作業が減ったことが原因として挙げられる。「交通事故」による搬送が減少したのは、交通事故発生件数そのものが大幅に減少したことによるが、これは社会のレベルでは経済活動が抑えられ、個人のレベルでは外出が控えられたためと考えられる。「加害」による搬送が増加したのは、家族が自宅に以前より長くいることによってストレスが溜まり、家庭内暴力のリスクが増加したためかも知れない。今後、諸疫学的指標及び救急出動件数の推移を注意深く観察し、詳細に分析すべきである。

キーワード：新型コロナウイルス感染症、救急出動、記述疫学。

Ⅰ　緒　言

2019年12月に中国の武漢市で発生した新型コロナウイルス感染症（COVID-19）は、瞬く間に世界中に広がり、パンデミックの様相を呈している。わが国において初めて罹患が確認されたのは、2020年１月、武漢市から帰国した男性においてであるが、その後、罹患者は漸増し、４月11日には新規感染者数が720人、４月26日には現在感染者数（累計感染者数から退院者数と死亡者数を減じたもの）9,577人と、極値に達した。

新型コロナウイルス感染症国内の発生状況

https://hazard.yahoo.co.jp/article/20200207

これより先、２月20日に、政府はイベント開催を再検討するよう要請を行い、その後３月20日まで、専門家会議の見解などを踏まえる形で、休校・時差出勤・いわゆる３密の回避・様々な自粛などの要請を数回にわたり行った。

イベントの開催に関する国民の皆様へのメッセージ（厚生労働省）

https://www.mhlw.go.jp/stf/seisakunitsuite/nwpage_00002.html

この間、３月13日には、新型インフルエンザ等対策特別措置法が改正され、新型コロナウイルス感染症（COVID-19）もその対象に追加された。これに基づいて政府は４月７日に７都府県に対し緊急事態宣言を行い、16日にはこれを全国に拡大したが、５月14日には８都道府県を除く39県で、25日には全国で解除した。

これら一連の措置により、国民の心理と行動、社会の諸機関の活動・態勢は大きく変化した。特に経済への影響は極めて大きく、2020年８月17日に発出された内閣府経済社会総合研究所国民経済計算部による「令和２年４～６月期四半期別GDP速報」によれば、2020年４～６月期の実質GDPの成長率は、年率で27.8%のマイナスとなった。

このように社会全体が大変化を被っている中にあっては、事故や疾患、さらにはそれに対応する救急体制にも、何らかの影響が及ぶことは避けられないであろう。本稿では、2020年の原則上半期における数か所の自治体の救急出動の資料を基に、前年同期と比較しつつ、記述疫学的な報告を行う。

Ⅱ　資料と方法

1．救急出動件数は、数箇所の自治体の消防当局や報道機関がウェブ上に公表している資料によった。

北海道北見市・置戸町・訓子府町

https://denshobato.com/BD/N/page.php?id=120741

北海道十勝地方

http://fire-tokachi.hokkaido.jp/tokeinenpo.html

仙台市（河北新報）

https://www.kahoku.co.jp/tohokunews/202005/20200507_13031.html

兵庫県尼崎市

https://www.city.amagasaki.hyogo.jp/kurashi/syobo/introduction/118toukeisiryou.html

岡山市

https://www.city.okayama.jp/shisei/0000004346.html

大分県佐伯市（大分合同新聞）

https://www.oita-press.co.jp/1010000000/2020/08/27/JD0059509150

２．交通事故発生件数及び死亡数は交通事故統計月報によった。

https://www.e-stat.go.jp/stat-search/files?page=1&layout=datalist&toukei=00130002&tstat=000001032727&cycle=1&year=20200&month=23070907

３．自殺者数は警察庁の資料によった。

警察庁

https://www.npa.go.jp/publications/statistics/safetylife/jisatsu.html

４．完全失業率は労働政策研究・研修機構の資料によった。

https://www.jil.go.jp/kokunai/statistics/covid-19/c06.html#c06-1

Ⅲ 結　果

救急出動件数の「合計」は、各自治体とも、2019年の同時期より10～15％の減少となっていた（**表20－１**）。細かい項目別の資料は尼崎市と岡山市から公表されていたが、どちらにおいても、「急病」は約12％、「一般負傷」は数％、「交通事故」は10数％、「労働災害」も10数％、それぞれ減少していた。「加害」は両市とも増加していた。「自損行為」の変化は一定ではなく、尼崎市は20％以上減少したのに対し、岡山市は30％以上増加した。「運動競技」のデータは岡山市でのみ挙げられていたが、半分以下に減少していた。「火災」も約25％の大幅な減少となった。

Ⅳ 考　察

総務省消防庁では、救急出動件数などの全国のデータを毎年公表しているが、2020年８月末の時点では、2020年のデータは公表されていない。従って、今回

表20－1　各自治体の2019年・2020年それぞれの上半期前後における救急出動件数

自治体	期間	項目	2019年	2020年	変化率
北見市・置戸町・訓子府町	上半期	合計	2,988	2,656	−11.1
北海道十勝地方	1～7月	合計	8,660	7,524	−13.1
仙台市	3月～4月	合計	8,527	7,251	−15.0
尼崎市	上半期	急病	10,544	9,198	−12.8
		一般負傷	2,276	2,091	−8.1
		交通事故	1,016	824	−18.9
		自損行為	120	92	−23.3
		労働災害	93	82	−11.8
		加害	86	89	3.5
		その他	1,463	1,211	−17.2
		合計	15,598	13,587	−12.9
岡山市	1～7月	急病	12,479	10,970	−12.1
		一般負傷	2,687	2,630	−2.1
		交通事故	1,633	1,449	−11.3
		自損行為	167	218	30.5
		労働災害	140	119	−15.0
		火災	101	76	−24.8
		運動競技	83	35	−57.8
		加害	62	75	21.0
		水難	11	14	27.3
		その他	1,597	1,411	−11.6
		合計	18,960	16,997	−10.4
佐伯市	上半期	合計	1,691	1,473	−12.9
「合計」の通算			56,424	49,488	−12.3

変化率＝（2019年－2020年）/2019年

は、ウェブ上で検索して得た救急出動件数のデータを利用することとした。絶対数が少ないことや各地域に限定された資料であるというバイアスの存在などから、統計学的に細かく分析することは困難であるため、記述疫学的な報告が中心となった。新型コロナウイルス感染症（COVID-19）流行による精神的ストレスが心疾患のリスクを高めるという報告がなされているが[1)]、「急病」による搬送は減少していたことから、虚血性心疾患や脳血管疾患が大幅に増加したとは考えにくい。夜間の外出が減った、あるいはほとんどなくなって生活リズムが改善された、仕事で無理をしなければならない機会が減ったなど、心血管疾患のリスクはかえって減っているのかも知れない。

症状が軽いのに救急車をタクシー代わりに利用している者、救急車で行くと優先的に診てもらえるため、不要なのに救急車を要請する者は少なくないとされる。「急病」による搬送が減少したのは、このような、本来救急搬送が不要な者が「病院に行くとコロナウイルスに感染するのでないか」と警戒して、救急車を呼ばなかった結果とも考えられる。搬送された者の重症度や死亡割合が2020年においてどのように変化したかが判明すると、一定の推測は可能となるであろう。

「労働災害」による搬送が減ったのは、テレワークが推進されたこと、種々の労働作業が減ったことが原因として挙げられよう。「加害」による搬送は増加していた。家族が自宅に以前より長時間いることによってストレスが溜まり、家庭内暴力のリスクが増加すると懸念されているが、今回の結果はこれと矛盾しない。イベントの自粛に伴い、運動をする機会が減ったことが、「運動競技」の搬送の大幅減少を招いたものと考えられる。

「火災」の救急出動件数にも相当な減少が見られたのは、飲食店などの営業自粛により、火を使う機会が減った可能性はあり、また自宅にずっといることで、火災を早期に発見できたのかもしれない。放火は火災の大きな原因であって、社会・経済情勢が悪化すると増加する傾向がある[2)]。今回は放火についての十分なデータは得られなかったため（例えば尼崎市では上半期として2020年２件、2019年３件など）、今後、年間のデータがまとまった段階で、放火も含め、火災の原因や種類などについて検討する必要がある。

交通事故による死亡数は、長期的に減少傾向が明らかである。人口動態統計のデータでは、1995年に15,147人、2018年に4,595人死亡しているので、１年に約３％ずつ減少していることになる[3)]。ところが、**表20－２**に示すように（これは警察庁の資料に基づく）、１～７月通算で６％の低下となり、これは大幅な減少と見做せる。発生件数も22％の減少で、これも大幅な減少である。特に緊急事態宣言の中にあった４月と５月が顕著であった。この原因は、社会のレベルで経済活動が抑えられ、個人のレベルで外出が控えられたためであることは明らかで、救急出動もこれに応じて減少したと考えられる。

わが国における自殺数は、経済状況の好転もあって、人口動態統計の数字では2009年の30,707人以来、単調な減少が続き、2019年には20,031人まで減った。**表20－２**にわが国全体としての自殺数（これは警察庁の資料に基づく）を示すが、

表20－２　わが国の2019年・2020年それぞれの１～７月における交通事故の発生件数・死亡数、及び自殺数

	交通事故発生件数			交通事故死亡数			自殺数		
	2019年	2020年	変化率	2019年	2020年	変化率	2019年	2020年	変化率
１月	31,364	27,523	−12.2	265	262	−1.1	1,684	1,678	−0.4
２月	30,063	27,443	−8.7	210	247	17.6	1,615	1,451	−10.2
３月	33,695	27,763	−17.6	261	239	−8.4	1,856	1,738	−6.4
４月	32,632	20,805	−36.2	266	213	−19.9	1,814	1,487	−18.0
５月	30,539	18,107	−40.7	210	194	−7.6	1,853	1,556	−16.0
６月	29,391	23,846	−18.9	206	202	−1.9	1,640	1,519	−7.4
７月	30,859	24,951	−19.1	229	191	−16.6	1,793	1,786	−0.4
計	218,543	170,438	−22.0	1,647	1,548	−6.0	12,255	11,215	−8.5

変化率＝（2019年－2020年）/2019年

７月までの合計では、自殺数は2019年より少ない。これは、2009年以来続いている減少傾向が継続しているものと思われる。ただし、４月・５月に20％近い減少を示していたのが、７月には0.4％まで減少率が圧縮されたことは、今後の自殺数の増加を暗示しているのかも知れない。

以前、札幌市のデータから、完全失業率が１％低下すると、札幌市全体としての自殺者は年間70人近く減ることを報告したが[4]、率に換算すると、完全失業率１％の増減により自殺数は人口10万対3.5人増減することになる。わが国の2020年の完全失業率は、２月が2.4％、３月が2.5％、４月が2.6％、５月が2.9％、６月が2.8％と漸増していることからも、今後の自殺数の変化は楽観できない。

「自損行為」による救急出動は、尼崎市では減少、岡山市では増加と、一致した結果は得られなかった。もし全国においても、岡山市のように、増加していたとすれば、自殺企図は増えているが、搬送による治療により救命され、結果的に自殺死亡数が減った、という可能性はある。その場合、選ばれた手段は、飛び降り・縊首・飛び込みなどのような即死を招くものではなく、薬物などのように、自らあるいは周囲の者が救急搬送を依頼できるものであったと考えざるを得ない。自宅にいることにより、外出が必要な飛び降りや飛び込みではなく、自宅で実行可能な手段として薬物などを選ぶ者が増えたという可能性はある。

自宅に留まることがもたらす悪影響として、身体活動が低下することによる寝たきりや認知症、また抑うつ状態の増加などが指摘されている。これらが救急搬

送に関係するのは、それぞれ、例えば火災や災害時の逃げ遅れ、また自殺などが挙げられる。「自粛」が救急搬送にもたらす影響は、今回検討できなかった熱中症に関するものも含め、今後詳細に分析すべきである。

文献

1）Jabri A, Kalra A, Kumar A et al. Incidence of stress cardiomyopathy during the coronavirus disease 2019pandemic. JAMA Network Open. 2020；3(7)：e2014780.doi：10.1001/jamanetworkopen.2020.14780

2）西　基．札幌市における放火の疫学．厚生の指標2009；56(3)：30－33.

3）西　基．わが国における交通事故による死亡の疫学的検討．近代消防2020；58(7)：50－54.

4）西　基．札幌市における自殺の疫学．北医療大看福誌2013；9(1)：11－16.

追加資料

ここでは、ごく最近の不慮の事故や自殺、救急搬送までについて得られた知見を示す。

Ⅰ 資料と方法

月別自殺数は警察庁の資料によった。

https://www.npa.go.jp/safetylife/seianki/jisatsu/R03/R02_jisatuno_joukyou.pdf

この他の自殺数、及び不慮の事故による死亡数は人口動態統計の資料によった。

https://www.e-stat.go.jp/stat-search/files?page=1&layout=datalist&toukei=00450011&tstat=000001028897&cycle=7&tclass1=000001053058&tclass2=000001053061&tclass3=000001053073&tclass4=000001053082&tclass5val=0

年次との相関係数を計算した。また、特に自殺については、2020年が特殊な状況を呈していたため、過去の年次との比率を示したが、絶対数の差の方が重要と思われる項目については、年次の差を示した。

救急関係の資料は、消防白書によった。

https://www.fdma.go.jp/publication/#whitepaper

Ⅱ 結果及び考察

1．わが国における不慮の事故による死亡の推移

「不慮の事故」による死亡は、「自殺」及び「他殺」とともに「外因死」を構

成しているが、この三者の中では最多である。

表21－１に示すように、わが国の最近の「不慮の事故」による死亡は、東日本大震災が生起した2011年を除けば、４万人程度で、急激な変化は見られない。その原因については、しかしながら、かなりな変化が見られる。

表21－１に年次との相関係数を示すが、交通事故による死亡は直線的に減少しつつある。**表21－２**に年齢別の交通事故による死亡を示す。０歳を除き、すべての年齢層で有意な負の相関係数が認められた。１～64歳では、交通事故が長い間、原因別の首位だったが、１～４歳では2014年及び2017年に２位となり、５～14歳では2020年に２位となった。「わが国における交通事故による死亡の疫学的検討」で述べたように、技術の進歩が死亡事故を減らす大きな要因の一つとなっ

表21－１　不慮の事故による死亡、全年齢

総数#	2010	2011	2012	2013	2014	2015	2016	2017	2018	2019	相関係数（vs 年）
交通事故	7,222	6,741	6,414	6,060	5,717	5,646	5,278	5,004	4,595	4,279	−0.996＊
転倒・転落・墜落	7,517	7,686	7,761	7,766	7,946	7,992	8,030	9,673	9,645	9,580	0.878＊
溺死及び溺水	6,948	7,356	7,963	7,523	7,508	7,484	7,705	8,163	8,021	7,690	0.661＊
窒息	9,879	9,878	10,338	9,713	9,806	9,356	9,485	9,193	8,876	8,095	−0.869＊
煙、火及び火災	1,338	1,434	1,347	1,304	1,086	940	891	963	1,017	1,004	−0.841＊
中毒	862	942	789	694	677	612	565	598	548	545	−0.926＊
その他	6,966	25,379	6,419	6,514	6,289	6,276	6,352	6,735	8,536	7,991	−0.335
計	40,732	59,416	41,031	39,574	39,029	38,306	38,306	40,329	41,238	39,184	−0.434

#年齢不詳を含む　＊Ｐ＜0.05

表21－２　年齢別の交通事故による死亡

年齢	2010	2011	2012	2013	2014	2015	2016	2017	2018	2019	相関係数（vs 年）
０	9	8	1	7	2	3	3	9	3	8	−0.087
１－４	44	49	47	32	29	37	28	21	32	27	−0.797＊
５－14	101	94	79	80	84	62	6	046	60	33	−0.940＊
15－24	624	582	505	461	436	404	420	329	329	319	−0.968＊
25－34	499	432	398	355	336	316	291	272	239	195	−0.986＊
35－44	526	536	518	460	402	431	408	322	309	247	−0.965＊
45－54	595	599	555	549	523	512	450	511	450	453	−0.931＊
55－64	1,046	976	897	828	750	691	585	606	525	489	−0.990＊
65－74	1,434	1,246	1,210	1,185	1,133	1,097	1,082	979	907	826	−0.973＊
75歳以上	2,340	2,216	2,200	2,098	2,021	2,090	1,951	1,904	1,739	1,682	−0.973＊
計	7,218	6,587	6,283	5,936	5,601	5,541	5,187	4,923	4,498	4,211	−0.992＊

＊Ｐ＜0.05

ていると思われる。

増加しているのは「転倒・転落・墜落」による死亡である。2017年に死因分類が変更された結果、「転倒・転落・墜落」と分類される死亡数が増加したという人為的な要因を考えても、これによる死亡は明らかに増加しており、75歳以上では、目下、首位となっている（**表21－３**）。

この、75歳以上という年齢層における死亡が全年齢の「不慮の事故」中に占める割合は増加しつつあり、目下７割前後を占めている。これは、わが国の人口構成が高齢化していることが最大の要因である。この年齢層の死亡数が、全体としての死亡数を左右することになる。

２．わが国における最近の自殺の推移

自殺は、放火と同様、経済状態に大きな影響を受ける。「平成不況」によって、自殺数は大きく増加し、1998年から2010年までは、年間３万人前後を記録していた。その後、経済状態が好転するに従い、自殺数は単調に減少し、2019年には19,425人と、２万人を切った。ところが、2020年には上昇して、再び２万人台に乗ったのである。折しも、2020年の初めには、わが国でも新型コロナウイルスの流行が始まり、これに対する対策が社会の在り方や人々の行動にかなりな変化をもたらした。

「2020年上半期における救急出動の特徴」においては、2020年の月別の自殺数

表21－３　不慮の事故による死亡、75歳以上

	2010	2011	2012	2013	2014	2015	2016	2017	2018	2019	相関係数（vs 年）
交通事故	2,340	2,216	2,200	2,098	2,021	2,090	1,951	1,904	1,739	1,682	−0.973＊
転倒・転落・墜落	5,057	5,396	5,594	5,597	5,784	5,986	6,141	7,701	7,877	7,879	0.928＊
溺死及び溺水	4,054	4,546	5,064	4,725	4,898	4,882	5,167	5,643	5,548	5,466	0.895＊
窒息	7,320	7,282	7,757	7,284	7,230	7,012	7,181	7,058	6,789	6,237	−0.796＊
煙、火及び火災	577	668	602	685	589	481	447	521	571	542	−0.544
中毒	102	132	121	107	113	113	112	123	99	122	−0.047
その他	4,374	10,526	4,245	4,331	4,182	4,359	4,490	4,784	5,922	5,699	−0.160
計	23,824	30,766	25,583	24,827	24,817	24,923	25,489	27,734	28,545	27,627	0.267
75歳以上が全年齢に占める割合(%)	58.5	51.8	62.4	62.7	63.6	65.1	66.5	68.8	69.2	70.5	0.899＊

＊Ｐ＜0.05

が、2019年に比べ、２月から５月までは10％以上減少するなどしていたが、６・７月には減少率にブレーキがかかって、８月以降の自殺の動向が懸念される、と述べたところである。**表21－４**に2020年の月別の自殺数を示す。（月別の資料は警察庁によったため、人口動態統計の数字より大きく、また今回の数字は確定値のため、論文で示した数字とは少し異なっている）。８月以降、自殺が急増していることがわかる。

表21－５に2016年から2020年までの自殺数の推移を示す。特に、2019年から2020年にかけ、女性の自殺の増加が顕著で、898人増え、前年比は115％あまりとなった。

表21－６に10～39歳の自殺数の推移を示す。男性では181人増加して、105％近くとなり、女性では398人増加して、128％近くとなった。女性では、増加分の44％をこれら若年層が占めていることになる。

表21－７～21－10に、主たる手段別の自殺数の推移を示した。2019年から2020年にかけ「縊首，絞首及び窒息による故意の自傷及び自殺」（国際疾病分類コードX70）以外は減少していたが、「縊首」が突出して増加し、特に女性では1,000人近く増えていた。参考として、**表21－11**に、2020年における10～39歳の

表21－４　2020年の月別自殺数、2019年との比較

月	2019年	2020年	変化率
1	1,684	1,686	0.1
2	1,615	1,464	−9.3
3	1,856	1,758	−5.3
4	1,814	1,507	−16.9
5	1,853	1,591	−14.1
6	1,640	1,572	−4.1
7	1,793	1,865	4.0
8	1,603	1,931	20.5
9	1,662	1,889	13.7
10	1,539	2,230	44.9
11	1,616	1,893	17.1
12	1,494	1,695	13.5

表21－5　わが国における自殺数（全年齢）の推移

	男女計	前年比(%)	男	前年比(%)	女	前年比(%)
2016	21,021		14,642		6,379	
2017	20,468	97.4	14,336	97.9	6,132	96.1
2018	20,031	97.9	13,851	96.6	6,180	100.8
2019	19,425	97.0	13,668	98.7	5,757	93.2
2020	20,243	104.2	13,588	99.4	6,655	115.6

表21－6　わが国における10～39歳の自殺数の推移

	男女計	前年比(%)	男	前年比(%)	女	前年比(%)
2016	5,365		3,934		1,431	
2017	5,311	99.0	3,902	99.2	1,409	98.5
2018	5,229	98.5	3,762	96.4	1,467	104.1
2019	5,114	97.8	3,689	98.1	1,425	97.1
2020	5,693	111.3	3,870	104.9	1,823	127.9

表21－7　「縊首、絞首及び窒息による故意の自傷及び自殺（X70）」による自殺数の推移

	男	前年差	女	前年差	男女計	前年差
2016	10,402		4,083		14,485	
2017	10,407	5	4,003	−80	14,410	−75
2018	9,809	−598	3,947	−56	13,756	−654
2019	9,623	−186	3,652	−295	13,275	−481
2020	9,712	89	4,627	975	14,339	1,064

表21－8　「高所からの飛び降りによる故意の自傷及び自殺（X80）」による自殺数の推移

	男	前年差	女	前年差	男女計	前年差
2016	1,145		799		1,944	
2017	1,088	−57	803	4	1,891	−53
2018	1,162	74	764	−39	1,926	35
2019	1,078	−84	778	14	1,856	−70
2020	1,087	9	767	−11	1,854	−2

表21－9 「移動中の物体の前への飛び込み又は横臥による故意の自傷及び自殺（X81）」による自殺数の推移

	男	前年差	女	前年差	男女計	前年差
2016	334		208		542	
2017	358	24	199	-9	557	15
2018	327	-31	203	4	530	-27
2019	358	31	185	-18	543	13
2020	327	-31	177	-8	504	-39

表21－10 「薬物（X60－64）」による自殺数の推移

	男	前年差	女	前年差	男女計	前年差
2016	165		198		363	
2017	159	-6	157	-41	316	-47
2018	128	-31	208	51	336	20
2019	134	6	189	-19	323	-13
2020	153	19	173	-16	326	3

表21－11 2020年の「コロナウイルス感染症2019、ウイルスが同定されたもの」（ICD10コードU07.1）による死亡

		年齢							
	全年齢計	0～4	5～9	10～14	15～19	20～24	25～29	30～34	35～39
男女計	3,466	0	0	0	0	0	1	2	3
男	2,094	0	0	0	0	0	1	2	2
女	1,372	0	0	0	0	0	0	0	1

新型コロナウイルス（COVID-19）による死亡数（ICD10コードU0.71）を示す。合計6人で、うち女性は1人であった。このように、2020年においては、特に若年女性の自殺が増えたこと、また「縊首」によるものが増えたことが特徴であった。

3．わが国における最近の救急搬送の推移

論文「2020年上半期における救急出動の特徴」では、2020年上半期において、数箇所の自治体の資料を分析したが、救急出動・搬送は減少していた。

この論文では

・「急病」が減ったのは、本来救急搬送が不要な者が「病院に行くとコロナウイルスに感染するのでないか」と警戒して、救急車を呼ばなかった結果である可能性

・「労働災害」による搬送が減ったのは、テレワークが推進されたこと、種々の労働作業が減ったことが原因である可能性

・「交通事故」による搬送が減少したのは、交通事故発生件数そのものが大幅に減少したことによるが、これは社会のレベルでは経済活動が抑えられ、個人のレベルでは外出が控えられたためである可能性

をそれぞれ指摘した。

わが国の2020年の１年間における救急出動件数・搬送人員、及びその事故の種類をそれぞれ**表21－12、21－13**に示す。

出動件数も搬送人員も、2009年以降、単調な増加を示していた。ところが、2020年には、2019年の９割を下回った。このような急激な変化は、少なくとも最

表21－12　救急出動件数及び搬送人員の推移

	全出動件数	前年比（%）	全搬送人員	前年比（%）
2005	5,280,428		4,958,363	
2006	5,240,478	99.2	4,895,328	98.7
2007	5,293,403	101.0	4,905,585	100.2
2008	5,100,370	96.4	4,681,447	95.4
2009	5,125,936	100.5	4,686,045	100.1
2010	5,467,620	106.7	4,982,512	106.3
2011	5,711,102	104.5	5,185,313	104.1
2012	5,805,701	101.7	5,252,827	101.3
2013	5,918,939	102.0	5,348,623	101.8
2014	5,988,377	101.2	5,408,635	101.1
2015	6,058,190	101.2	5,481,252	101.3
2016	6,213,628	102.6	5,624,034	102.6
2017	6,345,517	102.1	5,738,664	102.0
2018	6,608,341	104.1	5,962,613	103.9
2019	6,642,772	100.5	5,980,258	100.3
2020	5,935,694	89.4	5,295,727	88.6

表21－13　救急自動車による事故種別出動件数及び搬送人員

事故種類	全出動件数			全搬送人員		
	2019	2020	2020/2019 (%)	2019	2020	2020/2019 (%)
急病	4,335,687	3,850,497	88.8	3,922,274	3,451,872	88.0
交通事故	432,492	366,255	84.7	411,528	342,250	83.2
一般負傷	1,013,435	952,128	94.0	926,553	866,529	93.5
自損行為	52,286	54,937	105.1	35,545	37,256	104.8
労働災害	57,308	52,121	90.9	55,924	50,948	91.1
加害	30,074	27,061	90.0	22,750	20,100	88.4
運動競技	42,102	23,874	56.7	41,573	23,593	56.8
火災	23,485	21,727	92.5	5,234	4,922	94.0
水難	5,071	4,923	97.1	2,160	1,985	91.9
自然災害	1,105	544	49.2	640	413	64.5
その他	646,722	579,210	89.6	553,827	493,962	89.2
合計	6,639,767	5,933,277	89.4	5,978,008	5,293,830	88.6

近では認められていない。

事故の種類をみると、自損行為のみ増加しており、これ以外はすべて減少していた。特に運動競技と自然災害の減少率が大きい。新型コロナウイルス感染防止対策による外出制限によって、競技会の開催の多くが自粛され、また外出する機会も大幅に減少したことがこれらの減少につながったと考えられる。

この他の事故の種類については、唯一増加した自損行為は、前項で述べたように、自殺による死亡数が増えたことと表裏一体をなすと考えられる。急病、労働災害、交通事故については、論文（「2020年上半期における救急出動の特徴」）で指摘したことが、そのまま当てはまると考えられた。

Ⅲ 地震編

自殺・離婚・放火は、完全失業率とよく相関するなどの特徴はあるものの、大きな地震とそれに引き続く混乱した社会の中では人間の心理状態は特殊なものとなることから、自殺・離婚・放火の変化は、通常の状態とは異なったものとなると考えられる。はじめに、2011年に起きた東日本大震災が全国及び被災３県（岩手・宮城・福島）における、社会病理学的現象である自殺・離婚・放火について検討した２本の論文を収録した。

その次に収録したのは、2018年に起きた北海道胆振東部地震についての論文である。この地震では、地震の揺れによる直接的被害も少なくなかったが、発電所の不具合によって、北海道全域が停電してしまうという、前代未聞の事態となった。電気が使えない状況では、医療も大きな影響を被ることになる。この論文では医療体制において発生した問題を検討した。

これらの後に、2016年に起きた熊本地震の際の、熊本県における自殺・離婚・放火について検討した結果を付した。

2011年の放火・自殺発生状況と東日本大震災との関係の検討

要 旨

目的：2011年における放火・自殺の発生状況と東日本大震災との関係を検討する。

方法：全国における各月の放火件数は、総務省消防庁のホームページに掲載されている資料により、2004年から2011年のものが入手できた。全国における2004年から2011年の各月の自殺数は、人口動態統計によった。東京における2004年から2011年の各月の降水量は、気象庁のホームページの資料によった。全国における2011年の月別の完全失業率（男女合計、季節調整値）は、労働力調査によった。原則として、2004年から2010年の資料と2011年の資料とを突き合わせて分析した。

結果：①放火；2004年から2010年の合計では、４～９月に46.6%の放火が起こっていたが、2011年では43.9%と有意に減少していた。同様に、2011年の４～９月には、１・２月の平均を起点として求めた月毎の期待数よりも実測数は有意に少なかった。10月以降は、期待数とほぼ等しくなった。2011年の東京における月別降水量や、全国の月別完全失業率の数字では、この変化を説明するのは難しかった。

②自殺；2004年から2010年の合計では、４～９月に50.7%の自殺が起こっていたが、2011年では55.3%と有意に増加していた。同様に、2011年の４～９月には、１・２月の平均を起点として求めた月毎の期待数よりも実測数は有意に多く、５月にピークがあることが特徴的であった。10月以降は、期待数とほぼ等しくなった。全国の月別完全失業率の数字では、この変化を説明するのは難しかった。

考察：東日本大震災の影響は、放火と自殺に対しては、いずれも、少なくとも表面上は約半年間持続したと考えられ、放火は減少、自殺は増加していた。震災と放火・自殺との関連性を明確にすることは困難であったが、心理的要因が関係している可能性も考えられた。

キーワード：自殺、社会病理、人口動態統計、完全失業率、東日本大震災、放火。

Ⅰ 緒　言

2011年３月11日に発生した東日本大震災は、東北地方のみならず、わが国全体の社会に少なからぬ影響を及ぼした。

社会に大きな変化が起きたとき、自殺などの社会病理学的現象にも変化が起こる。例えば、戦争の最中には自殺が減少するとされており、太平洋戦争中のわが国でも、自殺は著しく減った[1)]（1936年に１万5,423人、1943年に8,784人）。

本稿では、東日本大震災の発生した2011年のわが国全体における、放火や自殺の発生件数について、期間別に2010年以前と比較することや、気象条件や失業率との関係を検討することなどにより、震災の影響について考察した。

Ⅱ 資料と方法

全国における各月の放火件数は、総務省消防庁のホームページに掲載されている資料〔各年（１～12月）における火災の状況（確定値）〕により、2004年から2011年の資料が入手できた。全国における2004年から2011年の各月の自殺数は厚生労働省の「人口動態統計」によった。放火は、一般に、降水量が少ないと増える傾向にある[2,3)]。

東京における2004年から2011年の各月の降水量は気象庁のホームページ掲載の資料によった（https://www.data.jma.go.jp/obd/stats/etrn/index.php?prec_no=44&block_no=47662&year=1954&month=&day=&view=）。

放火・自殺の発生は経済状況とも関係する[4)]。全国における2011年の月別完全失業率（男女合計、季節調整値）は労働力調査によった。

原則として、2004年から2010年の資料と2011年の資料とを突き合わせて分析した。統計的有意差の検定はχ^2検定によった。

Ⅲ 結　果

１．放火

１）年間及び４～９月の件数

2011年の放火件数は、2010年の9,551件とほぼ同じ9,563件であった。４～９月の半年間と、それ以外の半年間に分けると、2004年から2010年の合計では、４～９月に46.6％の放火が起こっていたが、2011年では43.9％と有意に減少していた（Ｐ＜0.01；**表22－１**）。もし46.6％の割合で放火が起こった場合、約4,454件発生することになるため、この半年間に約253件減少したことになる。

２）月別の件数

このように、年間総数としての変化は大きくないものの、月別の変化は例年に比べ小さくないと考えられたことから、これを検出するため、2004年から2010年の各月の平均を算出し、ここからさらに、「１月の平均」と「２月の平均」の平均を算出した（「１・２月の平均」）。次に、３月以降の各月が、１・２月の平均の何％になるかを計算した。この「各月のパーセンテージ」を、2011年の「１・２月の平均」に掛けると、2011年の３月以降の各月の期待数が算出される。この期待数と、各月の実測数を突き合わせて検討した。つまり、もし３月に何も起こらなければ、それ以降の変化の状態は2004年から2010年の平均と同じになるはずであるという前提の元に、ここからの乖離の程度をみたのである。 2011年は、５～９月は、７月を除き有意に低い状態（Ｐ＜0.01）が続いたが、10月以降は期待数とほぼ等しくなった（**表22－２、図22－１**）。４～９月を通算すると、期待

表22－１　４－９月における放火・自殺の件数

	2004－10年合計	2011年
放火		
４－９月　実測数	37,360	4,201
年間における割合	46.6%	43.9%
期待数		4,454.1
実測数－期待数		－253.1＊＊－
自殺		
４－９月　実測数	107,477	15,987
年間における割合	50.7%	55.3%
期待数		14,646.7
実測数－期待数		1,340.3＊＊＋

＊＊－：Ｐ＜0.01，実測数＜期待数
＊＊＋：Ｐ＜0.01，実測数＞期待数

表22－２　2011年における月別の放火・自殺の実測数及び
１・２月平均を起点とする期待数

	放火		自殺	
月	実測数	期待数	実測数	期待数
１・２月平均	942.5	942.5	2,093.5	2,093.5
３月	1,053	1,013.4	2,335	2,488.5＊＊－
４月	997	962.4	2,488	2,319.6＊＊＋
５月	733	873.0＊＊－	3,211	2,363.1＊＊＋
６月	599	748.5＊＊－	2,839	2,286.5＊＊＋
７月	696	686.6	2,638	2,235.7＊＊＋
８月	610	721.3＊＊－	2,454	2,077.5＊＊＋
９月	566	719.2＊＊－	2,357	2,143.5＊＊＋
10月	784	805.4	2,257	2,236.9
11月	798	822.5	2,137	2,153.2
12月	842	877.1	1,993	1,995.9
４－９月通算	4,201	4,710.9＊＊－	15,987	13,425.8＊＊＋

＊＊－：P＜0.01，実測数＜期待数
＊＊＋：P＜0.01，実測数＞期待数

図22－１　2011年の月別放火件数

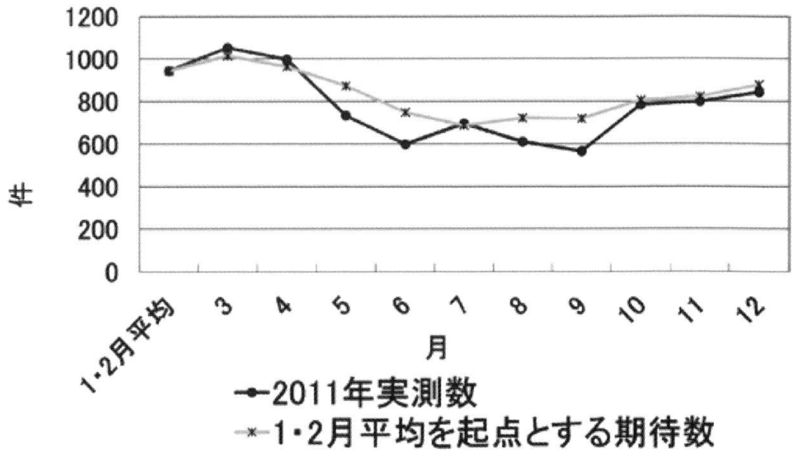

数より約510件（4,711－4,201）少なかった。

3）降水量との関係

表22－3に東京における降水量を示す。2011年の４～９月の降水量は、2004年から2010年の平均値よりも多い月と少ない月が混在していて、一貫した傾向は認められなかった。

4）全国の月別完全失業率との関係

2011年の全国の完全失業率は、２～７月は4.7％前後と比較的安定しており、５月以降の有意な放火の減少に対する寄与が大きいとは判断できなかった（**表22－4**）。

2．自殺

1）年間及び4～9月の数

2011年の自殺数は、2010年の２万9,554人とほぼ同じ２万8,896人であった。４～９月の半年間と、それ以外の半年間に分けると、2004年から2010年の合計では、４～９月に50.7％の自殺が起こっていたが、2011年では55.3％と有意に増加していた（P＜0.01）。４～９月に50.7％の割合で自殺が起こった場合、約１万4,647人の発生となるため、2011年４～９月には約1,340人増加したことになる。

表22－3　東京における月別の降水量（mm）

月	2004－10年平均	2011年	差
1	51.1	3.5	-47.6
2	65.2	151.0	85.8
3	102.6	74.0	-28.6
4	146.3	96.0	-50.3
5	165.0	213.5	48.5
6	151.6	116.5	-35.1
7	126.5	54.5	-72.0
8	151.6	244.0	92.4
9	215.3	235.0	19.7
10	303.9	119.5	-184.4
11	90.7	112.5	21.8
12	93.4	59.5	-33.9

表22－4　2011年の全国における月別完全失業率（％）

月	完全失業率
1	4.9
2	4.7
3	4.7
4	4.7
5	4.6
6	4.7
7	4.7
8	4.4
9	4.2
10	4.4
11	4.5
12	4.5

2）月別の数

放火の場合と同様の検討を行った。2011年は例年とは異なり、５月にピークがあった。４～９月まで、有意に高い状態（P＜0.01）が続いたが、10月以降は期待数とほぼ等しくなった（**表22－２、図22－２**）。４～９月を通算すると、期待数より約2,561人（１万5,987－１万3,426）多かった。

3）全国の月別完全失業率との関係

2011年の全国の完全失業率は、２～７月は4.7％前後と比較的安定しており、自殺が５月に急増したことに対する寄与は大きいとは言えなかった（**表22－４**）。

Ⅳ 考　察

放火については、半年間の割合の変化から推定した減少数は約253件だったのに対し、月別の変化から推定した減少数は約510件と、やや開きがあった。これらの方法には誤差が伴うためと考えられる。しかしいずれにせよ、４～９月において放火が（百件単位で）減少したという結論は同じである。

自殺については、半年間の割合の変化から推定した増加数は約1,340人だった

図22－２　2011年の月別自殺数

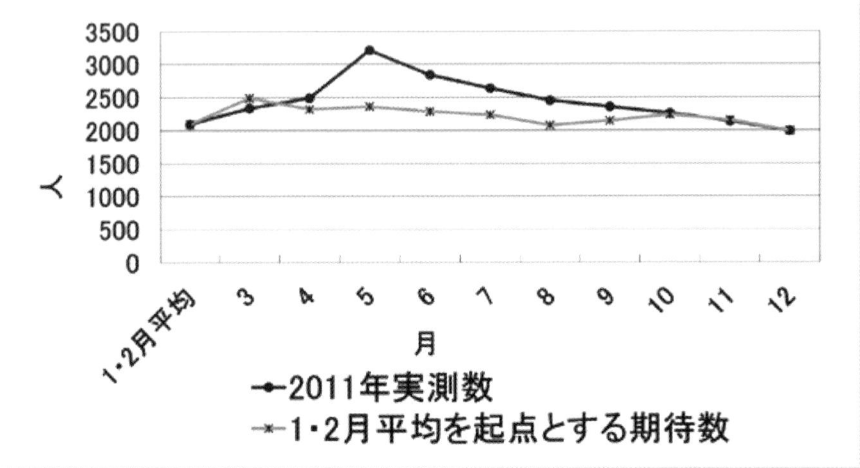

のに対し、月別の変化から推定した増加数は約2,561人と、これもやや開きがあった。やはりこれらの方法の誤差に基づくものと考えられる。いずれにせよ、4～9月において自殺が（千人単位で）増加したという結論は変わらない。

今回の震災と放火・自殺との関連性を明確にすることは困難であるが、人間の攻撃性が、自身（内側）に向けば自殺、社会（外側）に向けば放火にそれぞれ結びつきやすいと考えられることから[4)]、2011年の4～9月に放火が減少し、自殺が増加したことは、人間の攻撃性が外側よりも内側に向かったことを示唆する。

一般に、人間の攻撃性を増す要因としては、経済状態の悪化が挙げられるが[4)]、2011年の失業率を月別にみても、5月に自殺を急に増やすような変化はなかった。また一般に雨の日には放火の発生が抑制されるが、4～9月に際だって降水量が多かったというわけでもなかった。従って、2011年の自殺や放火については、震災が及ぼした心理的要因が何らかの形で関与していた可能性が考えられる。例えば、震災による悲惨な社会状況を見て、社会（外側）に対する攻撃を抑制するような無意識の心理が働いたのかも知れない。

震災の影響は、放火と自殺に対しては、いずれも、少なくとも表面上は約半年間持続したと考えられた。しかし、避難を続けている住民の方々を始めとして、今日に至るまで、社会の様々な側面における震災の影響は消えたわけではない。今後も注意深くその影響を見守る必要があろう。

文献

1）池田一夫．日本における自殺の精密分析．東京都立衛生研究所研究年報 2000；50：337－343.

2）西　基．わが国の主要都市における気象条件と放火に関する疫学的検討．近代消防　2009；47(5)：68－69.

3）西　基．放火と気象条件の疫学的関連性．近代消防　2009；47(6)：70－72.

4）西　基．札幌市における放火の疫学．厚生の指標　2009；56(3)：30－33.

東日本大震災が被災３県において犯罪・自殺・離婚に及ぼした影響

要　旨

目的：東日本大震災が岩手・宮城・福島の３県における犯罪・自殺・離婚に対していかなる影響を及ぼしたかを、公表されている統計資料を使用して分析する。

方法：犯罪統計により、放火などの重要犯罪、重要窃盗犯、侵入盗の認知件数について、2008年から2014年までの各年の資料を得た。人口動態統計により、離婚数・自殺数の2008年から2014年までの各年及び各月の資料、さらに各年の人口を得た。2008年、2009年、2010年（震災の前３年間）と2012年、2013年、2014年（震災の後３年間）の、計６年間を通算した平均値を求め、これを期待値とし、2011年の値を実測値として、χ^2検定を行った。各年の自殺率（人口10万対）と離婚率（人口千対）については、当該年の全国の率を当該年の各県の人口に掛けたものを期待値とし、実測値と突き合わせてχ^2検定を行った。

結果：これら３県ではすべて、2011年に重要犯罪総数の件数が減少していた。ところが、重要窃盗犯総数は、2011年に岩手・宮城県で有意に減少したのに対し、福島県では、有意に高くなっていた。住宅対象の侵入盗が福島県で同年に有意に増加しており、これが窃盗犯総数を押し上げた主因と考えられた。自殺数は、３県では2011年に３月にかなり減少したが、４月から８月まで高い状態が続いた。年別に見た場合、全国の自殺率は減少傾向にあるのに対し、３県では2012年以降、上昇が見られた。離婚数は、３県では３月が低かったが、４月から８月～９月にかけて上昇していた。年別に見た場合、全国の離婚率は減少傾向にあるのに対し、３県では2012年または2013年に、上昇が見られた。これらは自殺とよく似た変化であった。

考察：重要犯罪総数の件数が減少したことは、震災が及ぼした心理的要因が、何らかの形で関与し、例えば震災による悲惨な社会状況を見て、社会に対する攻撃を抑制するような無意識の心理が働いたのかも知れず、また、年別に見た場合の自殺率や離婚率が再上昇していたのは、また月別に見た場合の自殺率が

2011年の４月以降に再上昇していたのは、双方とも心理的な反動が来た結果である可能性が考えられた。

キーワード：自殺、社会病理、人口動態統計、犯罪統計、東日本大震災、離婚。

Ⅰ 緒　言

2011年３月11日に生起した東日本大震災（以下、震災）は、被災地のみならず、わが国全体に大きな影響を及ぼした。その影響は、社会や経済をはじめとし、あらゆる分野に渡っている。特に、岩手・宮城・福島の３県では、震災による直接の死亡が合計で１万8,000人近くとなるなど、きわめて大きな損害・影響を被った。これら３県において、人口動態に関係する影響として、震災により出生数や出生率が低下したとする報告もある[1)]。以前、本誌においても、震災と放火・自殺との関係について検討した[2)]。放火や自殺は社会病理学的現象の１つに数えられるが、社会病理学的現象は当然のことながら社会情勢によりその頻度が左右される。今回はこれらに犯罪と離婚を含め、これら３県について分析した。

Ⅱ 資料と方法

政府統計の総合窓口に掲載されている犯罪統計（https://www.e-stat.go.jp/stat-search/files?page=1&toukei=00130001&result_page=1）により、岩手・宮城・福島県における刑法犯（放火などの重要犯罪、重要窃盗犯、侵入盗）の認知件数について、2008年から2014年までの各年の資料を得、年別の検討を行った。これは、１つには、放火の件数の県別の資料を入手することが、総務省消防庁が公表している消防白書などによっては、できなかったことによる。政府統計の総合窓口に掲載されている人口動態統計（http://www.e-stat.go.jp/SG1/estat/GL08020101.do?_toGL08020101_&tstatCode=000001028897&requestSender=dsearch）により、岩手・宮城・福島県における離婚数・自殺数の2008年から2014年までの各年及び各月の資料、さらに各年の人口を得、年別と月別の検討を行った。月別の検討は３県を合計したものについても行った。

放火、重要犯罪総数、重要窃盗犯総数については、2008年、2009年、2010年（震災の前３年間）と2012年、2013年、2014年（震災の後３年間）の、計６年間を通算した平均値（以下、６年平均値）を求め、これを期待値とし、2011年の値を実測値として、χ^2検定を行った。各年の自殺率（人口10万対）と離婚率（人口千対）については、当該年の全国の率を当該年の各県の人口に掛けたものを期待値とし、実測値と突き合わせてχ^2検定を行った。

Ⅲ 結　果

図及び表に示す＊＋は実測値が期待値より有意に大きかった（P＜0.05）ことを、＊－は実測値が期待値より有意に小さかった（P＜0.05）ことを、それぞれ示している。

１．刑法犯の認知件数

１）放火

2011年の件数は、2010年と同数（岩手県）または減少（宮城・福島県）していたが（**図23－１**）、いずれの県とも、６年平均値との間に有意差はなかった（**図23－２**）。

２）重要犯罪総数

重要犯罪には、放火、殺人、強盗などが含まれる。2011年の件数は、３県とも2010年より減少しており（**図23－３**）、宮城・福島では６年平均値との間に有意差が認められた（**図23－４**）。

３）重要窃盗犯総数

2011年の件数は、岩手・宮城県では2010年より減少していたが（**図23－５**）、福島では増加していた（2,370件から2,972件へ）。岩手・宮城県では、６年平均値より有意に減少していたが、福島県では有意な増加が認められた（**図23－６**）。

４）住宅を対象とした侵入盗

2011年の件数は、岩手・宮城県では2010年より減少していたが（**図23－７**）、福島では増加していた（1,009件から1,516件へ）。岩手・宮城県では、６年平均値との間に有意差はなかったが、福島県では有意な増加が認められた（**図23－８**）。

図23－１　放火の認知件数

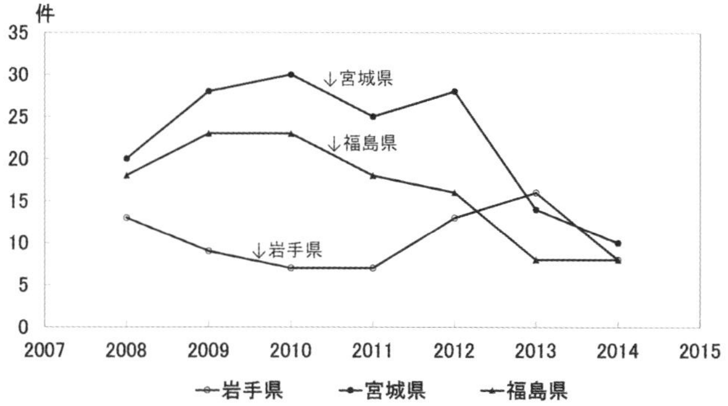

図23－２　放火総数

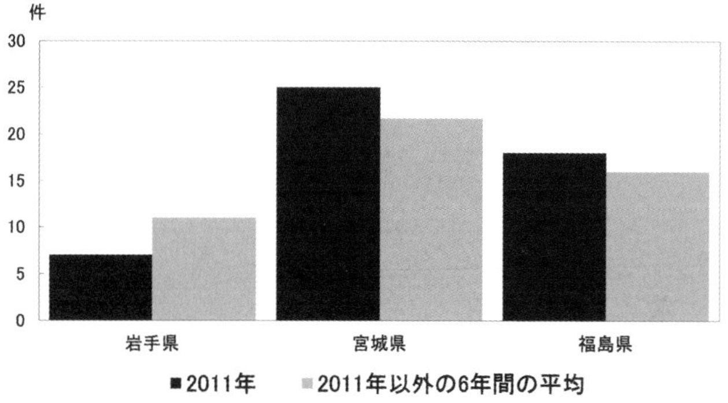

図23－３　重要犯罪総数の認知件数

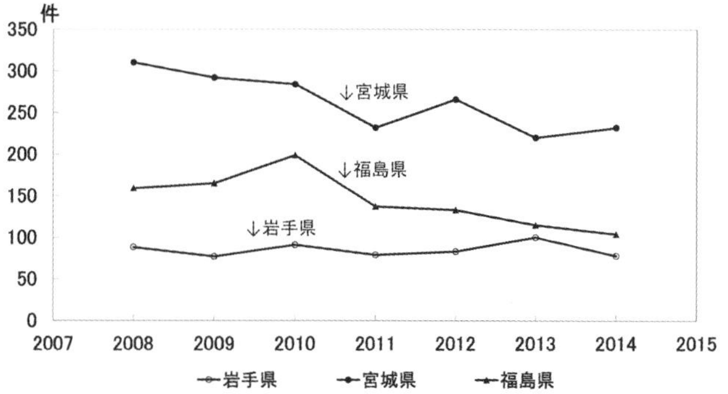

図23－4　重要犯罪総数

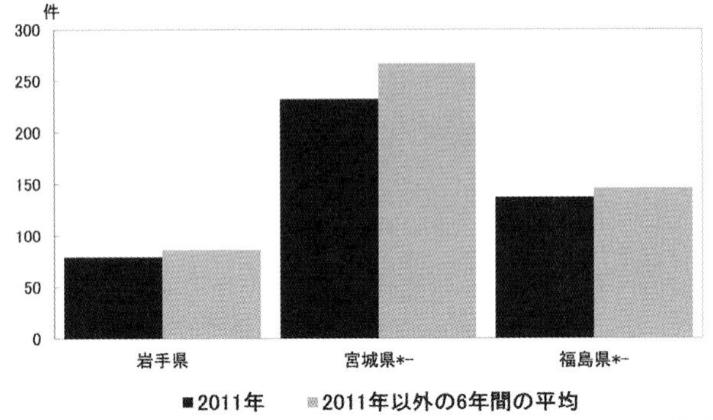

図23－5　重要窃盗犯総数の認知件数

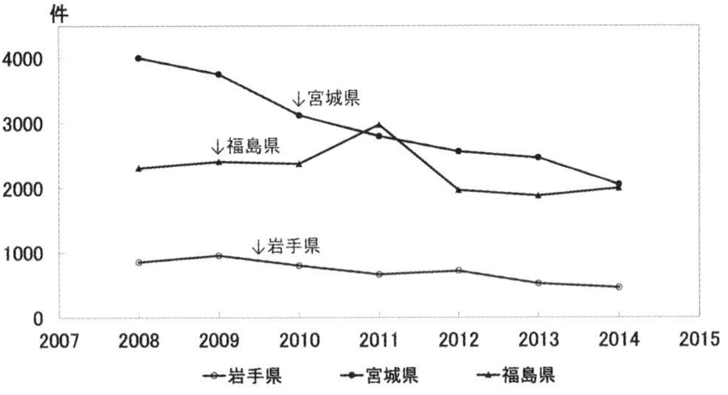

図23－6　重要窃盗犯総数

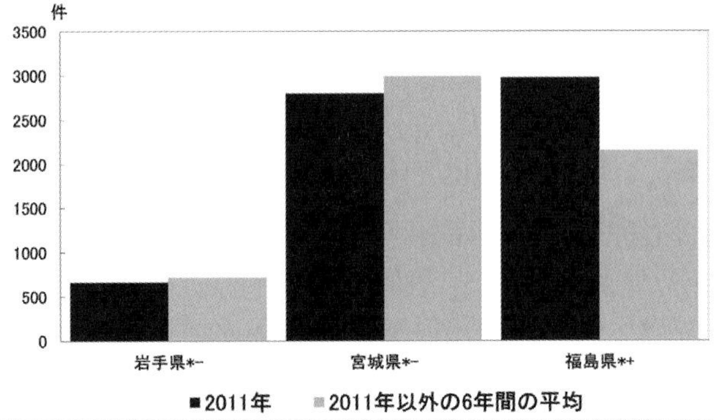

図23－７　侵入盗（住宅対象）の認知件数

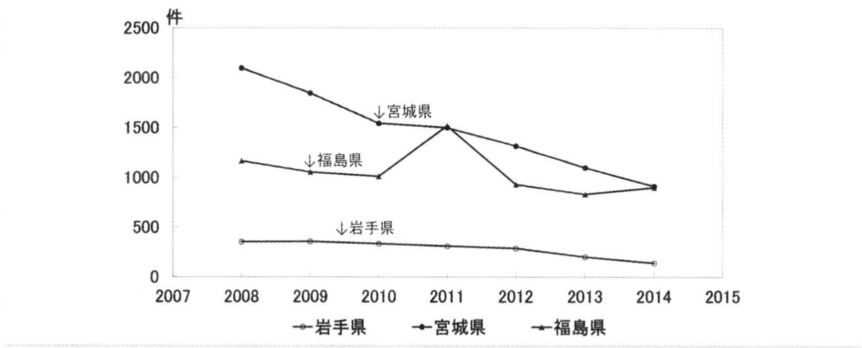

図23－８　侵入盗（住宅対象）総数

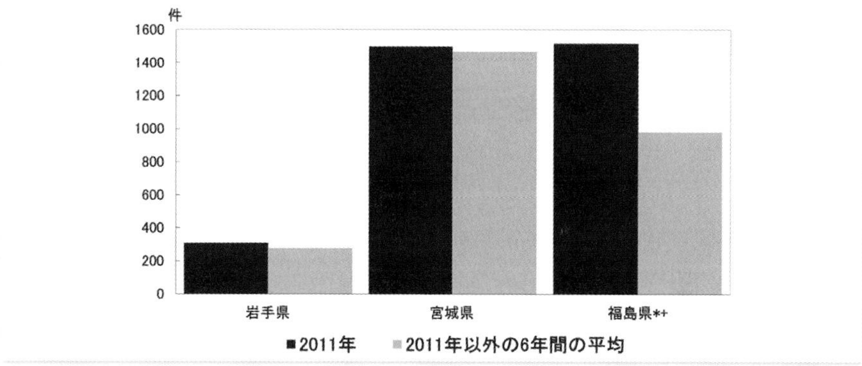

２．自殺

１）年別の検討

全国的には、自殺率は2009年以降、単調な減少傾向にある。３県の自殺率を表23－１に示す。岩手県は、元々全国より自殺率が高いこともあり、今回対象とした年すべてで全国より有意に高くなった。しかし、その自殺率の推移を見ると、2011年は2010年より人口10万対４程度低下し、2012年にかけさらに３程度低下して最低となり、2013年と2014年に上昇するという、全国とは異なった変化を示した。宮城県も2012年が最低となって2013年に上昇するという、岩手県と似た変化を示し、かつ2011年から2013年には、全国より有意に低くなった。福島県も、

2013年に最低となり、かつ2012年と2013年には有意差が消失し、2014年に上昇して、再び全国より有意に高くなった。**図23－９**に2008年を100としたその後の自殺率の変化を示す。2009年以降、単調な減少傾向にある全国に比し、３県とも2011年に急に減少して、その後上昇するという、共通したパターンがみられた。

２）月別の検討

図23－10、**図23－11**、**図23－12**に３県の2011年の自殺数及び６年平均値を月別に示す。３県とも、震災が発生した３月には有意に少なくなっていた。４月または５月には増加がみられ、８月にも多くなり（岩手県では有意に上昇）、12月にはまた減少していた（岩手県では有意に低下）。３県合計の結果を**図23－13**に示す。６年平均値は３月にピークがあったが、2011年は３月が最低、その後上昇して５月と８月に２つのピークを迎え、12月には再び有意に低くなっていた。

表23－１　岩手県・宮城県・福島県における自殺率（人口10万対）の推移

	2008	2009	2010	2011	2012	2013	2014
全国	23.99	24.37	23.46	22.93	20.98	20.68	19.53
岩手県	33.70＊＋	34.38＊＋	32.15＊＋	28.27＊＋	25.33＊＋	26.36＊＋	26.64＊＋
宮城県	27.87＊＋	24.83	22.82	20.73＊－	18.88＊－	19.77＊－	19.65
福島県	26.19＊＋	29.11＊＋	25.15	25.34＊＋	21.89	21.66	21.84＊＋

＊＋Ｐ＜0.05（全国より高い），＊－Ｐ＜0.05（全国より低い）

図23－９　自殺率の推移（2008年を100とする）

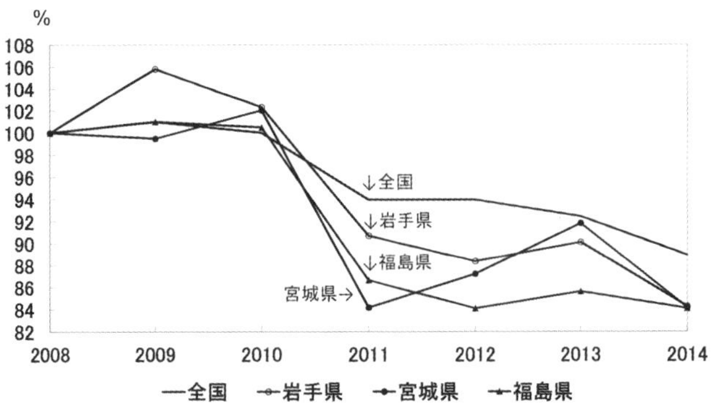

図23－10　月別自殺数（岩手県）

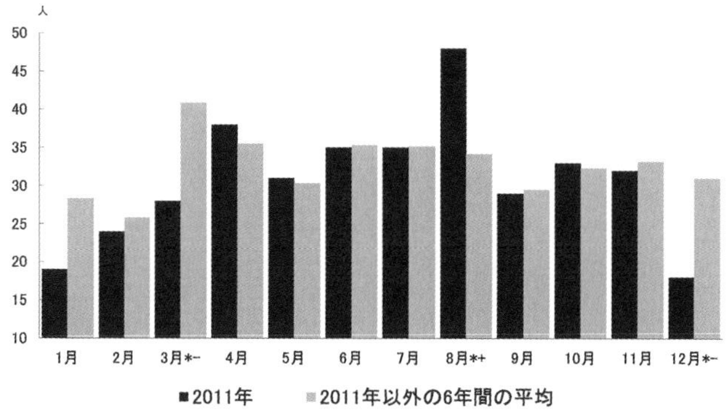

図23－11　月別自殺数（宮城県）

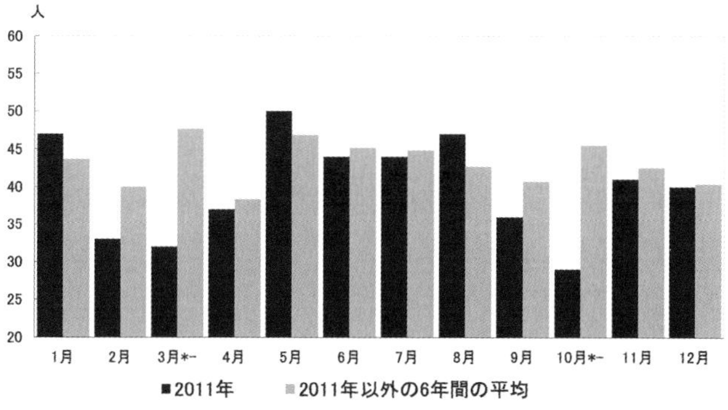

図23－12　月別自殺数（福島県）

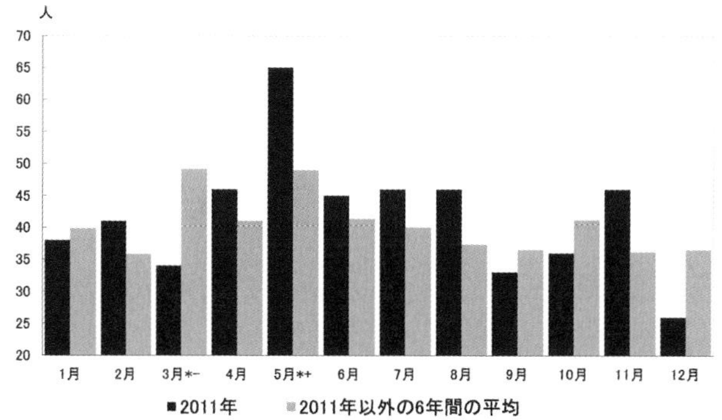

図23－13 月別自殺数（3県合計）

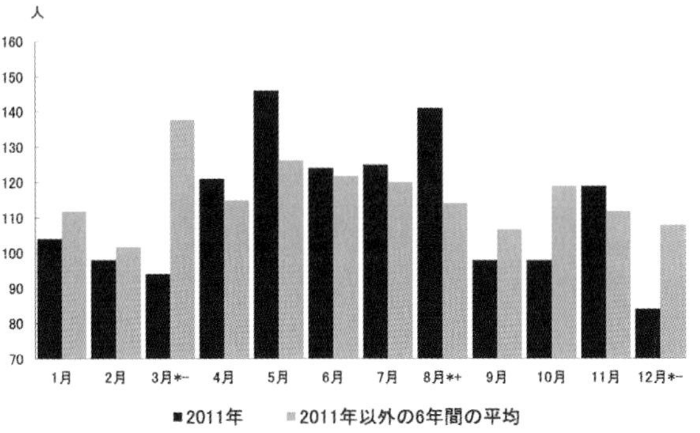

3．離婚

1）年別の検討

全国的には、離婚率は2009年以降、単調な減少傾向にある。3県の離婚率を**表23－2**に示す。岩手県は、元々全国より離婚率が低いこともあり、今回対象とした年すべてで全国より有意に低かった。しかし、その離婚率の推移を見ると、2011年は2010年より人口千対0.2程度低下し、2012年にかけさらに0.04程度低下して最低となり、2013年に上昇するという、全国とは異なった変化を示した。宮城県も2011年が最低となって2012年に上昇するという、岩手県と似た変化を示した。福島県も、2012年に最低となり、2013年に上昇した。**図23－14**に2008年を100としたその後の離婚率の変化を示す。2009年以降、単調な減少傾向にある全国に比し、3県とも2011年に急に減少して、その後上昇するという、共通したパターンがみられた。これは自殺の変化と極めてよく似たパターンであった。

表23－2 岩手県・宮城県・福島県における離婚率（人口千対）の推移

	2008	2009	2010	2011	2012	2013	2014
全国	1.99	2.01	1.99	1.87	1.87	1.84	1.77
岩手県	1.72＊－	1.82＊－	1.76＊－	1.56＊－	1.52＊－	1.55＊－	1.45＊－
宮城県	1.96	1.95＊－	2.00	1.65＊－	1.71＊－	1.80	1.65＊－
福島県	1.95＊－	1.97＊－	1.96＊－	1.69＊－	1.64＊－	1.67＊－	1.64＊－

＊＋P＜0.05（全国より高い），＊－P＜0.05（全国より低い）

2）月別の検討

図23－15、図23－16、図23－17に３県の2011年の離婚数及び６年平均値を月別に示す。３県とも、震災が発生した３月、及び翌月の４月には有意に少なくなっていた（福島県の４月のみ有意差なし）。その後も有意に多くなることはなく、10月には再度有意な減少がみられた（岩手県では有意差なし）。３県合計の結果を図23－18に示す。６年平均値は３月にピークがあったが、2011年は３月が最低、その後上昇して５月と９月に２つのピークを迎え、７月、10月及び12月には再び有意に低くなっていた。これも自殺の変化と極めてよく似たパターンであった。

図23－14　離婚率の推移（2008年を100とする）

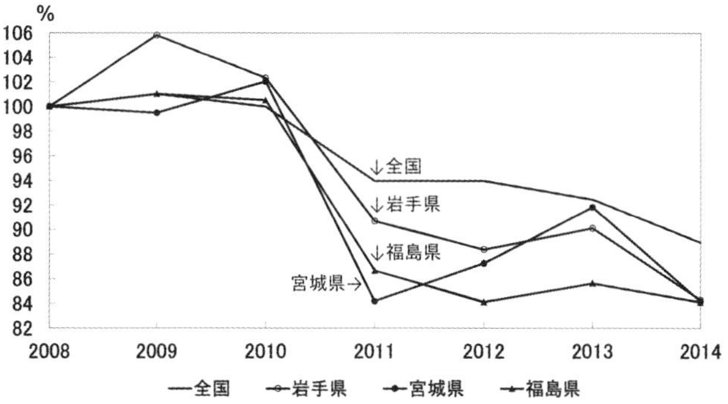

図23－15　月別離婚数（岩手県）

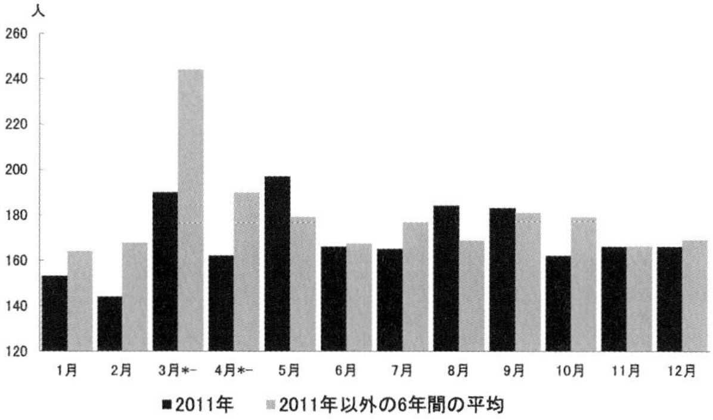

図23－16 月別離婚数（宮城県）

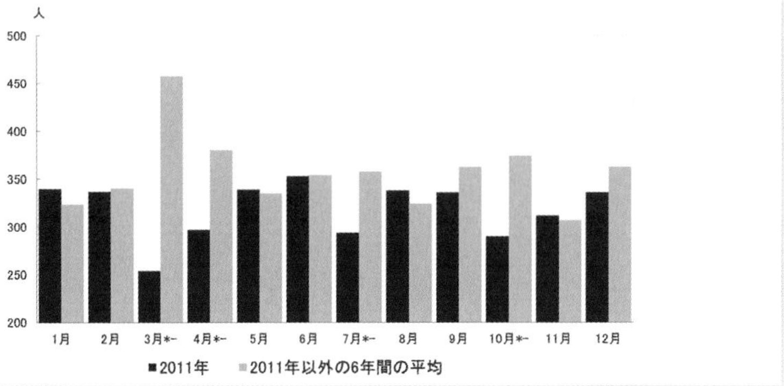

図23－17 月別離婚数（福島県）

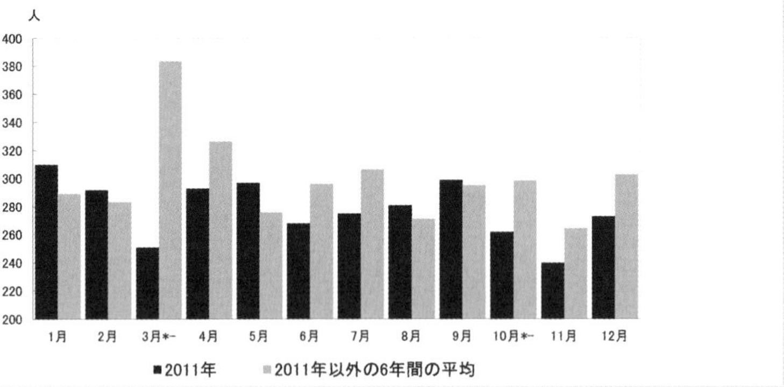

図23－18 月別離婚数（３県合計）

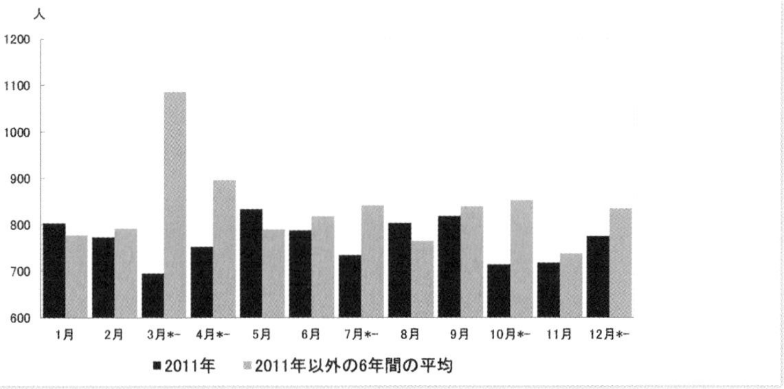

Ⅲ 考　察

期待値を算出するのにはいくつかの方法があり、全国を基準にする方法もあるが、例えば元々自殺率・離婚率が全国よりそれぞれ高い・低い地域では、震災の有無に関わらず有意に高い・低いという結果が出てしまい、震災の影響をはっきり示すには、これだけでは不十分である。このため、今回は、2008年を100とした変化のグラフを付したのである。また、人口は震災の前後で変化しているが、各県の月別（特に2011年３月）の人口は入手が困難である。このことにより、今回は、月別の検討においては、震災前と後の各３年、合計６年間の平均値を期待値とするという、比較的単純な方法を取ったのである。

以前の本誌で、総務省消防庁の消防白書に掲載されている資料に基づき、2011年の全国レベルでの放火件数について報告したが[2)]、４月から９月は、2004年から2010年までの数字に基づいて求めた期待数より少なく、10月以降は期待数とほぼ等しくなっていた。つまり、2011年全体としては期待数より少なかったのであるが、今回の３県においても、2011年の件数は2010年より同等または減少しており、矛盾しない結果である。ただし、今回使用した犯罪統計における放火の認知件数は、消防白書に掲載されている放火件数よりかなり少ないことから、結果の解釈には注意する必要がある。例えば2010年の前者は、1,191件であるのに対し、後者の「放火」は5,612件、「放火の疑い」は3,939件であった。

これら３県ではすべて、2011年に重要犯罪総数の件数が減少していた。ところが、重要窃盗犯総数は、2011年に岩手・宮城県で有意に減少したのに対し、福島県では、有意に高くなっていた。住宅対象の侵入盗が福島県で同年に有意に増加しており、これが窃盗犯総数を押し上げた主因と考えられる。原発事故のために住民が避難した結果、無人となった町村の家々に窃盗目的で侵入する者が多かったことによるのかも知れない。

以前の報告[2)]で、全国レベルで見た自殺の2011年の月別の変化を報告したが、３月に有意に減少した後、４月から９月までは有意に高い状態が続いていた。今回の３県合計の結果もこれと似ており、３月に期待値よりかなり減少した後、４月から８月まで高い状態が続いた。また、自殺数のピークの月は例年３月であるが、2011年には５月になっていたのである。さらに、年別に見た場合、全国の自殺率は単調な減少傾向にあるのに対し、３県では2012年以降、再上昇が見られたことは特徴的である。

離婚[3]は、自殺[4]と同様、失業率などの経済状況とかなりよく相関する。つまり、経済状況が好転すれば、離婚も自殺も減少する傾向が存在する。だが、今回の変化は、経済状況では説明できない。2011年には、全国でも３県でも、離婚も自殺も減少したが、震災によって経済的状況が好転した者が多くいたとは考えられないためである。月別に見た場合に３県では３月が低く、４月から８月や９月にかけて上昇していたこと、及び年別に見た場合に全国の離婚率は単調な減少傾向にあるのに対し、３県では2012年以降、再上昇が見られたことは、自殺と極めて類似した変化であって、興味深いものである。

犯罪・自殺・離婚にこのような変化が起きた直接の理由は、今回の研究では明らかにし得なかった。震災後の全国レベルでの自殺の月別の変化を報告した以前の本誌では、震災が及ぼした心理的要因が何らかの形で関与し、例えば震災による悲惨な社会状況を見て、社会に対する攻撃を抑制するような無意識の心理が働いたのかも知れない、と推測したが[2]、重要犯罪総数の件数が減少したことは、この推測と矛盾しない。また、年別に見た場合の自殺率や離婚率が再上昇していたのは、また月別に見た場合の自殺率が2011年の４月以降に再上昇していたのは、双方とも心理的な反動が来た結果であるとも推測される。

震災から５年を経過するが、避難を余儀なくされている、また帰還を果たしたとしても以前の生活への復帰が困難な住民の方々は数多い。経済的な対策は言うまでもなく、心理的な対策をこれからも種々講じていく必要は、依然として存在している。

文献

1）仲村秀子，尾島俊之，中村美詠子，鈴木孝太，山縣然太朗．東日本大震災前後の周産期に関する人口動態統計の分析．厚生労働科学研究費補助金（政策科学総合研究事業（統計情報総合研究））研究報告書　142-160．2013年３月．

2）西　基．2011年の放火・自殺発生状況と東日本大震災との関係の検討．近代消防　2013；51(9)：81－83．

3）山口洋志．西　基．北海道における離婚の疫学的検討．厚生の指標　2002；49(11)：31－34．

4）西　基．札幌市における自殺の疫学．北医療大看福誌　2013；9(1)：11－16．

医療の面から見た平成30年北海道胆振東部地震

平成30年（2018年）９月６日㈭３時７分、北海道胆振東部を震源地とする地震が発生した。マグニチュードは6.7、最大震度は７であったが、北海道で震度７を記録したのは、観測史上、初めてのことである。気象庁は大規模な地震に対し特別な名称を与えているが、今回の地震は「平成30年北海道胆振東部地震」と命名された。

本稿では、医療の面から見た、この地震及びそれに引き続いた停電の影響などについて述べる。本稿で挙げた数字などは、総務省消防庁、厚生労働省、経済産業省、内閣府、気象庁、北海道電力の資料などに基づく。

Ⅰ　地震による被害

地震による直接の被害としては、総務省消防庁によれば、2019年１月28日現在、死者は42人、負傷者は762人（重傷31人、軽傷731人）であった。なお、損壊した建物は１万7,088棟、そのうち5,162棟が液状化が起こった札幌市の建物であった（非住家含む）。

今回の地震の被害で目立ったのは、停電を原因とするもので、これはいわば間接的な被害と言えよう。北海道の全域、約295万戸が停電したのは初めてのことであり、札幌市営地下鉄は全線で運転停止、ＪＲ北海道もほとんどの路線で運転を停止して、物流にも大きな支障を来し、道民の生活に甚大な影響が及んだ。

Ⅱ　停電の経過

震源地の近くにある苫東厚真《とまとうあつま》発電所（火力）には、１号機、２号機、４号機の３基の発電設備があり、165万kWの発電能力（認可出力）がある（道内では現在運転停止中の泊原子力発電所の207万kWが最大、苫東厚真は第２位）。地震発生前日の５日の北海道全体の最大電力需要は約380万kW（18時台）だったので、苫東厚真発電所だけでその約半分を賄っていたことになる。

地震発生直後に２号機と４号機が停止し、１号機が短時間運転を続けた後で停止した。このため、北海道全体としての電力需給のバランスが大きく崩れ、結果として苫東厚真発電所以外の発電所の周波数が低下した。周波数が低下すると、電気機器に損傷が及ぶ危険があるため、これらの発電所も自動的に運転を停止し、３時25分頃には北海道全体が停電してしまった（ブラックアウト）。

大きな地震の直後に停電が発生することは、これまでも見られている。2016年の熊本地震では48万戸が、2011年の東日本大震災では870万戸が、1995年の阪神・淡路大震災でも260万戸が、それぞれ停電した（経済産業省の資料）。今回の停電は、従って、阪神・淡路大震災よりも規模が大きかったことになる。

今回の地震では余震もみられ、本震以降も震度４以下の地震がかなりの回数起こったが（９日14時までに150回）、熊本地震のように震度５以上の地震が何日にも渡って続くことがなかったこともあり、これらの余震は送電線や変電所などを含むインフラには大きな被害を及ぼさなかった。また、震源地は内陸部であったため、津波も起きなかった。さらに、発生が未明で火を使っていた家庭が少なかったこと、北海道では９月上旬は暖房がまだ不要な時期であること、などが幸いしたと思われるが、大きな火災も発生しなかった（苫東厚真発電所及び室蘭の石油コンビナート施設でそれぞれ１件発生、いずれも数時間で鎮火）。

今回の停電は、こうすればブラックアウトは回避できたのではないかという議論や責任論はひとまず措いて、その根本まで溯るなら、北海道の電力需要の約半分を賄っていた発電所の近くで地震が起こった、という極めて稀な事象の結果であったと言えるし、被害の多くはこの停電によるものであった。

Ⅲ　医療施設の状況

2016年４月に発生した熊本地震では、熊本市民病院が損傷を受けた結果、倒壊の危険があるとして、他施設への患者の移送を行っている。このほか、少なからぬ数の病院が、程度の差こそあれ、損壊した。

北海道には、災害拠点病院が34、国立病院機構（ＮＨＯ）病院が６、地域医療機能推進機構（ＪＣＨＯ）病院が３か所ある。これらの病院はいずれも損壊はなく、患者の移送も必要としなかった。また、患者・職員の人的被害もなかった。さらに、物流の途絶により患者用給食に問題が生じたこともなかった（厚生労働省のプレスリリースには、９日５時現在で「確認中」、９日11時現在で「不足のおそれがある医療機関はない」、12日16時現在で「物流回復、不足のおそれはなくなった」とある）。

結局、医療施設に対しても、最も大きな影響を及ぼしたのは停電であった。一部の施設では、これに断水が加わった。厚生労働省のプレスリリースの第５～14報の資料に基づき、プレスリリース発出時刻の順に時系列でまとめると、

９月６日13時　停電病院249か所（うち災害拠点病院は29、自家発電機で対応）
水使用不可47か所（うち災害拠点病院は０）

６日15時　停電病院349か所（うち災害拠点病院は34、自家発電機で対応）
水使用不可62か所（うち災害拠点病院は０）

７日５時30分　停電病院376か所（うち災害拠点病院は11、自家発電機で対応）
水使用不可82か所（うち災害拠点病院は０）

７日12時　停電病院191か所（うち災害拠点病院は１、自家発電機で対応）
水使用不可51か所（うち災害拠点病院は０）

８日６時　停電病院145か所（うち災害拠点病院は１、自家発電機で対応）
水使用不可39か所（うち災害拠点病院は０）

８日12時　停電病院50か所（うち災害拠点病院は０）、水使用不可20か所（うち災害拠点病院は０）

９日５時　停電なし
水使用不可３か所（うち災害拠点病院は０）

９日13時　停電なし
水使用不可１か所（うち災害拠点病院は０）

10日８時　停電なし
水使用不可１か所（うち災害拠点病院は０）

11日７時　停電も水使用不可もなし

６日13時に停電が249か所だったのが、７日５時30分に376か所に増えたのは、

状況が次第に判明してきたためと思われる。最大で376か所の病院が停電し、８日12時つまり地震発生後２日で86％復旧、３日で完全復旧したことになる。34か所の災害拠点病院もすべて停電したが、７日５時までには11か所まで減少、８日12時までには０となったことから、災害拠点病院の回復は比較的早かったと言える。水使用不可となった災害拠点病院はなかった。

災害拠点病院指定要件として、厚生労働省医政局長通知（平成29年３月31日医政発0331第33号）には「通常時の６割程度の発電容量のある自家発電機等を保有し、３日分程度の燃料を確保しておくこと」とある。災害拠点病院以外でも、規模の大きな病院は、停電に備え、自家発電機を保有している。中にはそれがうまく動かず、他施設に重症患者を緊急搬送した病院もあったとされるが、結果的には、停電が直接の原因となって生命を落とした患者はいなかったようである。しかし、自家発電機には軽油などの燃料が必要であって、その備蓄量から、24時間から72時間程度しか発電できない施設も多い。停電の長期化に備え、燃料を補給しようとしたが、物流が阻害されたこともあって多くのガソリンスタンドが営業を停止した結果、燃料の入手に難渋した施設もあった。今回の事態を受け、厚生労働省は、災害拠点病院指定要件として「食料、飲料水、医薬品、燃料等について、地域の関係団体・業者との協定の締結により、災害時に優先的に供給される体制を整えておくこと」を追加した（医政発0905第８号平成30年９月５日）。

自家発電によって平常と同レベルの電力を供給できるとは限らないことなどから、外来診療を見合わせた病院も多かった。ＪＣＨＯの３病院のうち２か所で、また６か所ある道立病院（すべて停電、非常用電源などで対応）のうち３か所では外来診療を停止した。救急患者の受け入れについても、ＮＨＯの６病院のうち、４か所では「対応可能な救急患者は受入」という対応となり、１か所は「救急患者は受入」で、「通常通り」の対応をしたのは１か所だけであった。さらに、日本透析医学会の資料によれば、2016年末現在、北海道には血液透析または血液透析濾過（血液透析に別の濾過法を追加）を受けている患者は１万4,983人いたが、人工透析には大量の電気と清浄な水を必要とすることから、これを見合わせた病院も少なくなかった。結果として、非常用電源などによる十分な電力供給が可能で外来診療・人工透析ができた施設に患者が集中することになり、程度の差こそあれ、混乱が生じた。この事態を受けて、北海道は、道内の約560か所のすべての病院に対し、災害対策に関する調査を行い、かつ非常用電源設置を要請する方針である。国も、全国の約8,400か所のすべての病院に対し、事業継続計画（ＢＣＰ）の策定の有無などにつき、調査する予定である。

Ⅳ 避難所の状況

９月10日21時現在で、49か所の避難所が開設され、1,989人が避難していた。避難所では、エコノミークラス症候群や感染症が問題となることがある。厚真町などの避難所では日本医師会災害医療チームなどの診察により、数人の避難者がエコノミークラス症候群と診断されたが、重症者はなかった。また、避難所における感染症の大規模発生の情報もなく、医療に関し重大な混乱を来したことはなかったようである。

Ⅴ まとめ

平成30年北海道胆振東部地震の影響を、医療の面から概観した。被害をもたらした最大の要因は、過去に類を見ない停電であった。病院側の備えが、これで十分という程度ではないにせよ、一定の役割を果たした結果、また、停電が１日～２日でかなり、３日でほとんど復旧した結果、診療の停止によって犠牲者が続出するような事態は避けられた。公式発表には現れない、職員や関係者によりなされた非常な努力ももちろん忘れてはならない。今後、医療施設の災害対策の一層の強化が図られるものと思われる。

熊本地震が熊本県の自殺・離婚・放火に及ぼした影響

「平成28年（2016年）熊本地震」（以下、熊本地震）は、熊本県熊本地方において、2016年４月14日に起こった前震、16日に起こった本震（いずれも最大震度７）を始まりとする一連の地震である。内閣府によれば、７月14日までに、震度７を２回、震度６強を２回、震度６弱を３回、震度５強を４回、震度５弱を８回観測するなど、震度１以上を観測した地震は合計1,888回発生し、地震後の16日朝には避難者数が18万人に上り、７月14日時点での人的被害は、死者55人、負傷者1,814人に及んだ。

内閣府防災情報のページ「平成28年（2016年）熊本地震」
https://www.bousai.go.jp/kohou/kouhoubousai/h28/83/special_01.html

東日本大震災が、被災３県（岩手・宮城・福島）において犯罪・自殺・離婚に及ぼした影響を検討した結果を本誌に発表したが（「東日本大震災が被災３県において犯罪・自殺・離婚に及ぼした影響」）、今回は、これと同様の手法を用いて、熊本地震が熊本県において自殺・離婚・放火に及ぼした影響を検討した。

Ⅰ 資料と方法

人口、自殺数、離婚数は人口動態統計の資料によった。「放火及び放火疑い」の件数は、熊本県ホームページによった。
https://www.pref.kumamoto.jp/soshiki/20/130585.html#3

以前、東日本大震災の放火への影響について行った方法を、今回も踏襲した。自殺と離婚については、熊本県の自殺死亡率も離婚率も、ほぼ全国並みであることから、全国の自殺率や離婚率を人口に掛けて期待値を出し、それと実測値との間でχ^2検定を行った。

放火については、2016年の前３年間及び後３年間の件数を通算して平均値を出し、これを期待値として、2016年の実測値との間でχ^2検定を行った。

Ⅱ 結　果

自殺には2018年に有意に低下した。2016年と2017年には、それぞれ前年より低下していたが、有意な変化はなかった（表25－１）。

離婚は2016年と2017年に（表25－２）、放火と2016年に（表25－３）、それぞれ有意に低下し、その後上昇した。

Ⅲ 考　察

東日本大震災は、約２万人が死亡した、近年まれに見る大災害であった。その直接間接の影響は、日本全体に、かつあらゆる方面に及んだ。熊本地震は、最大震度は東日本大震災と遜色ないものの、それが及ぼした影響は全国規模とまでは

表25－１　熊本県における自殺

年	熊本県自殺率（人口10万対）	全国との差（ポイント）	熊本県自殺数	期待数	χ^2値	
2013	20.26	−0.47	365	373.5	0.19	
2014	18.50	−0.97	332	349.3	0.86	
2015	19.76	1.29	353	330.0	1.61	
2016	18.09	1.28	321	298.4	1.72	
2017	15.41	−1.01	272	289.9	1.11	
2018	14.12	−2.01	248	283.2	4.38	＊－
2019	15.40	−0.30	269	274.2	0.10	

＊－Ｐ＜0.05（全国より低い）

表25－２　熊本県における離婚

年	熊本県離婚率（人口千対）	全国との差（ポイント）	熊本県離婚数	期待数	χ^2値	
2013	1.85	0.01	3333	3314.8	0.10	
2014	1.73	−0.04	3105	3176.5	1.61	
2015	1.84	0.03	3290	3233.0	1.01	
2016	1.64	−0.09	2915	3070.0	7.82	＊＊－
2017	1.62	−0.08	2859	3001.4	6.75	＊＊－
2018	1.69	0.01	2972	2950.8	0.15	
2019	1.69	0.00	2950	2952.0	0.00	

＊＊－Ｐ＜0.01（全国より低い）

言えなかったことから、今回は熊本県における影響のみを検討したのである。

自殺・離婚・放火は、いずれも、完全失業率との相関関係が高い。つまり、経済状態との関係が深い。個人の経済状態が悪化すると、攻撃性が増し、それが自身に向けば自殺に、家庭に向けば離婚に、社会に向けば放火につながると考えられるのである。地震によって、個人の経済状態は悪化することはあっても、好転することは、一部の例外を除いてはほぼないと考えられることから、これら３つの指標は、増加しても不思議はない。ところが、被災３県（岩手・宮城・福島）においては、自殺も離婚も2011年に急減し、2012年以降、増加に転じていた。また、東日本大震災の影響を全国レベルで見た場合、2011年４～９月においては、自殺は増加したものの、放火は減少した。熊本県における、離婚と放火の変化については、東日本大震災が、被災３県や全国に及ぼした影響と類似した結果であった。

自殺については、熊本県においては、2016年と2017年には減少はしていたが、これは全国と同様の変化であり、有意な動きは見られなかった。2018年には有意な減少が見られたが、地震発生からは２年の間隔があるため、この変化が地震の影響によるものかは明らかではない。「2011年の放火・自殺発生状況と東日本大震災との関係の検討」「東日本大震災が被災３県において犯罪・自殺・離婚に及ぼした影響」で指摘したように、自殺・離婚・放火は、経済状態と深い関係があるが、経済状態のみにより規定されるものではなく、震災後の特殊な心理状態が関係してくるものと思われる。

表25－３　熊本県における放火（放火・放火の疑い）件数

年	件数
2013	106
2014	70
2015	52
2016	43＊－
2017	50
2018	60
2019	41

＊＊－P＜0.05（2013～15年及び2017～19年通算の平均より低い）

コラム(1)　学生を笑わす努力

「努力は報われず正義は滅びる」は数学者の秋山仁先生の著書である。私は、毎年、公衆衛生学の講義を、２年生約120人の学生相手に行っていて、いつも笑わせてやろうといろいろ努力を重ねているが、これまでほとんど報われたことはない。なるほど秋山先生のおっしゃる通りだ、と実感しているところである。

例えば、肺気腫（慢性閉塞性肺疾患 COPD の一種）は、喫煙が元で肺胞（ハイホー）が破壊されてしまう病気なのだが、喫煙の害を説明する段になって、肺気腫となる仕組みを話して、肺胞が破壊されるんですよ、ハイホーは知っていますね、鼻から肺に入った空気の終着駅ですよ、（ディズニーのメロディーラインで）ハイホー、ハイホー、と歌ってやったところ、学生は全く反応しなかった。

また、生活習慣のところで、睡眠時間の話になって、今は、７～８時間という時間がベストというわけではなく、単なる目安なので、その人その人が日中に眠くならずに活動できるような睡眠時間がよい、ということになっています、と説明した後、世の中には、睡眠時間が短くて済む人つまりショートスリーパーと、長い睡眠時間を必要とするロングスリーパーがいるんですよ、と話を移した。ショートスリーパーの代表は、フランスの皇帝だったナポレオンで、彼は３～４時間の睡眠で済んだそうで、これとは反対に、ロングスリーパーの代表は物理学者のアインシュタインで、彼は一日10時間から12時間寝たそうです、と言って、皆さん、アインシュタインは知ってますよね、相対性理論を提唱したアイ～ンシュタインですよ、と言って、手のひらを喉のあたりに持ってきて志村けんのアイ～ンの真似をしたのであるが、誰も笑わなかった。このときは、「ちびまる子ちゃん」で黒い線が何本もドーンと下がってくるようなシーンの気分になった。

その中で、毎年受けているネタがある。私の名前は西基でニシモトイと読むのであるが、学生は私のことをニシキとよんでいる。基をキ、すなわち化学に出てくる原子の集団である「基」の読みとしているわけである。これを利用して、話の中に酢酸 CH_3COOH が出てきたときに、黒板にこれを書いて、

「では皆さん、ここで問題があります。COOH はなんという基でしょう？

１番。カルボキシ基

２番。ヒドロキシ基

３番。ニシキ」

と言ったら、みんな大笑いした。唯一の勝利なので、やめられなくなり、毎年やっている。

疫学で使われる用語

疫学で使われる用語

以下の記載は主として
　西基（総監修）海馬書房「コ・メディカル用語事典 第７版」（2021年）及び
　西基（著）海馬書房「保健師国試スキルアップブックＮＥＯ 第３版」（2017年）に基いた。

あ

オッズ比

症例対照研究における個人における危険度の比のこと。ある事象が起こる確率をＰとし、起こらない確率を１－Ｐとした場合、Ｐ／（１－Ｐ）で表される。従って、オッズ比は相対危険度の近似値となる。オッズ比が1.0を超えていれば危険であること（リスクの増加）、1.0未満であれば予防効果（リスクの減少）、1.0であれば無関係であることを、それぞれ意味する。

か

カイ２乗検定（χ^2検定）

χはギリシャ文字の「カイ」。正規分布しない変数に対しても使用できる。期待値（こうなるはずであるという数字）と実測値（実際に出てきた数字）との懸隔を見るもの。期待値をＥ、実測値をＯとしてχ^2＝（Ｅ－Ｏ）^{2}÷Ｅで与えられる。自由度が１の場合、この値が3.84以上であれば、有意水準５％で有意差ありと考える。

介入研究

実験疫学の一種で、予防的な介入（容疑要因の除去、または要因への曝露即ちワクチン接種や新薬の治験など）を行うことによって、罹患率の減少を観察し、要因の寄与を明らかにする方法。通常はコホート研究として実施する。介入研究は、無作為化対照試験（randomized controlled trial, ＲＣＴ）として行われるのが原則である。

患者調査

厚生労働省が行う統計法に基づく基幹統計で、「病院及び診療所を利用する患者について、その傷病の状況等の実態を明らかにし、医療行政の基礎資料を得る」目的で、「全国の医療施設を利用する患者を対象として、層化無作為抽出した医療施設を利用した患者を調査」するもの。傷病別の総患者数などが公表される。

記述疫学

疾患の頻度と分布を記述することにより、疫学的な特性を明らかにする手法。これにより、疾患の発生要因に関する仮説を設定することが可能である。

寄与危険度

集団として問題の要因を持っている場合、持っていない場合に比べ、どれほどその要因に基づく病気がその集団内で増えるかを示すもの。つまり、両集団の発生率（または死亡率）の差が寄与危険度である。寄与危険度は集団としての危険度、相対危険度は個人としての危険度を表す。例えば、喫煙者の集団10万人から肺癌で1,000人死亡し、非喫煙者の集団10万人から肺癌で100人死亡したとすると、喫煙による肺癌の死亡に対する寄与危険度は900（10万人当たり；1000－100）となる。なお、相対危険度は10（1,000÷100）である。

国際疾病分類（ＩＣＤ）

世界保健機関（ＷＨＯ）が作成している疾病の分類のことで、各疾病にコードが割り当てられている。ＩＣＤと略される。現在、わが国では、第10改正の版が使用されている（ＩＣＤ10）。

コクラン・アーミテージ検定

ある変数の変化の傾向が、有意であるかどうかを見る検定法。

コホート研究

ある要因（例えば喫煙）を持つグループと持たないグループを長期間追跡調査し、疾病の発生率や死亡率を比較する方法。発生率（死亡率）の比で相対危険度を、差で寄与危険度を計算することができる。

さ

人口静態統計

国勢調査によって得られたデータに基づいて作成されるもので、総人口、老年人口割合などの人口構成割合、老年化指数などの人口指数、世帯数などが含まれる。全数調査の一つ。

人口動態統計

１年以内に発生した、出生、死亡、死産、婚姻、離婚を把握する全数調査で、保健所がこの事務作業を行う。

総患者数　→　患者調査

相関係数

２つの変数の直線的な関係を示す数字。相関係数には、いくつかの種類があるが、通常、ピアソン（Pearson）の相関係数を算出する。−１から１までの値を取る。−１は完全な負の相関で、２つの変数の関係は、右肩下がりの直線で表される。１は完全な正の相関で、２つの変数の関係は、右肩上がりの直線で表される。０は無相関で、直線的な関係はなく、例えば円で表される関係がそれである。その絶対値が0.7以上なら強い相関関係、0.4以上0.7未満なら中程度の相関関係、0.4未満なら弱い相関関係がある、と表現することが多い。

相対危険

問題の要因を持っている人が、持っていない人を１とした場合、何倍その病気になりやすいかを示すもの。コホート研究で、両群の発生率（死亡率）の比として算出できる。

粗死亡率

単純に死亡数を人口で割った値のことで、年齢構成については考慮していない。通常、「死亡率」という場合はこの粗死亡率を指す。

た

単回帰分析

変数Ｙを変数Ｘにより最もよく説明できるような直線を作って予測を行う、などの過程のこと。例えば、国家試験の点数（Ｙ）を、大学の入学試験の点数（Ｘ）によって予測しようとする場合、多数の学生のデータを集めて、そこからＹ＝ａＸ＋ｂの形の式を作り、この式によって予測を行う、など。

致命率

罹患した人が死亡する確率のことである。集団の中でどれくらいの割合で死んだかを示す死亡率とは異なる概念である。

中央値

資料を大きい順あるいは小さい順に並べて、真ん中に位置する資料の値のこと。資料が偶数個のときは、真中を挟む2個の資料の平均となる。

t - 検定

独立した2つの群の平均値に、有意な差があるかを調べる検定法。

な

年齢調整死亡率

死亡率をいくつかの集団について比較しようとする場合、集団の年齢構成が異なっていると、粗死亡率で比べるのには無理がある（高齢の集団は死亡率が高くなりがち）。年齢構成の違いによる影響を除去するために導入されるのが年齢調整死亡率である。これには直接法と間接法の２種類がある。まず対象集団（都道府県や市町村など）と標準集団（日本全国）を設定する。直接法は、対象集団の各年齢層の死亡率で標準集団の対応する年齢層が死亡したら、何人死亡するかを計算するものである。間接法は、標準集団の各年齢層の死亡率で対象集団の対応する年齢層が死亡したら、何人死亡するかをまず計算し（これが期待値）、この期待値で、実際に死亡した数（実測値）を割る。通常はこれに100を掛けて％で表す。これを標準化死亡比（ＳＭＲ：Standardized Mortality Ratio）と呼んでいる。ＳＭＲが100%であれば、その対象集団の死亡数は全国と同一であり、100%未満なら全国より低いと判断する。

は

発生率

罹患率と同義。１年間に単位人口当たりその疾患に何人が罹ったか、という数字。

標準化死亡比（ＳＭＲ） → 年齢調整死亡率

分析疫学

記述疫学で設定した仮説を検証するのが分析疫学である。この中には、コホート研究と症例対照研究が含まれる。

ポアソン分布

所定の式を使って、ある期待値に対し、ある実測値が起こる確率を計算する方法。通常、例数が少ない場合に対して使われる。

や

有病率

ある一時点において、ある疾患を有する人が単位人口当たりどれほどいるかを示す数字。

有意

ある事象が起こる確率や、例えば２つの集団の平均値の差が、統計学的に見て意味がある場合、有意であるという。

有意だった場合、通常、Ｐ＜0.05と表記される。このＰというのは、probability（確率）の頭文字で、「偶然に任せた場合、その事象が起こる確率」のことである。諸統計手法では、この確率を計算している。その事象が現に起きて、かつそれが偶然に任せたなら５％未満の小さな確率でしか起こらない場合、それは偶然に起こったのではなく、何かの特別な理由で起きたものとみなして、「統計的に有意である」と称する。逆に、「偶然に任せた場合、その事象が起こる確率」が５％以上と計算されれば、その事象が起こったことには特別の理由はない、普通に起こることだ、とみなして、「統計的には有意ではない」と称し、Ｐ＜0.05と表記する。ただし、Ｐが５％と10%の間と計算された場合、0.05＜Ｐ＜0.10と表記して、「傾向がある」などの表現を用いることがある。

ら

罹患率

発生率と同義。１年間に単位人口当たりその疾患に何人が罹ったか、という数字。

コラム(2)　三つ子の魂百まで

私は札幌市内のある事業所から依頼されて、産業医として月数回、対象となる方々と面談を行っている。多くを占めるのは糖尿病などの生活習慣病である。「生活習慣病」という名称は、1996年に当時の厚生省が提唱したもので、それまでは「成人病」と呼ばれていた。この中には、糖尿病をはじめ、脳卒中、心筋梗塞、高血圧、癌など、日本人の死因の多くを占める疾病が入る。「成人病」と呼ばれていたのは、若い人は罹らず、中高年が罹る、というのが理由である。「成人病」が「生活習慣病」に置き換わったのは、これらの疾病の発生には子供の頃からの習慣や好みが大きく関係しているのに、「成人病」という名称では若い人たちには関係がないという誤解を与えてしまう、というのが大きな理由である。

さて、産業医面談で話をした糖尿病の方は、これまで数十人に及ぶが、一人残らず朝食を抜いている。多くは学生時代からの習慣である。食習慣について聞くと、摂取カロリーは高いし、外食・間食の機会も多い。外食は就職してからの場合が多いのだが、問題は間食で、甘いもの、清涼飲料水を摂っているケースが大変多く、これは子供の頃からの習慣なのである。面談の相手の年齢は、原則40歳以上（現行の特定健康診査の対象）である。間食について指導しても、中高年に達して既に固定している習慣を変更するのは容易でない。結局、子供の頃に甘いものや清涼飲料水を与えなければよいのであるが、これも容易ではない。親の嗜好の反映だからである。実は、私は、産業医の仕事のほか、札幌市内の保健センターからも依頼されて、月数回、乳幼児健診を行っている。健診の事前のアンケートに、ジュースなどの甘い飲み物を飲ませているか、という質問項目があって、これに基づいて、ジュースはやめろ、と指導するのだが、10か月健診でそのように指導しても、次の１歳６か月健診でやめているケースは稀なのである。高度成長期に各種の甘い菓子・スナック類や清涼飲料水が爆発的に売り出され、それを子供の頃に摂った者が親になって、その習慣が子に伝わり、かつ親は糖尿病などの生活習慣病になる、というパターンである。

「三つ子の魂百まで」という諺がある。幼少期に身についた習慣や好みは一生続く、という意味である。この諺は、まさに生活習慣病に当てはまる。幼少期の生活習慣・食習慣を改善することこそが、生活習慣病を抑止する道であろう。

索　引

あ

か

さ

著者紹介

西　基（にし　もとい）

1958年　札幌市に生まれる。
1976年　北海道立札幌南高等学校卒業
1982年　北海道大学医学部卒業、同大小児科学講座入局
1983年　国立札幌病院（現・北海道がんセンター）小児科勤務
1986年　札幌医科大学公衆衛生学講座入局
2002年　北海道医療大学生命基礎科講座教授

小児悪性腫瘍の疫学的研究を端緒とし、成人の悪性腫瘍、鬱病などの精神疾患、さらに自殺・事故・放火などの社会病理学的現象についての疫学的研究を行う。医学生のための教科書や参考書の執筆も手掛ける。

消防の立場からみた社会病理

定価2,400円
（本体2,182円＋税10%）

編　著　西　基
発　行　令和５年４月18日　（初版第一刷）
発行者　近　代　消　防　社
三　井　栄　志

発行所

近　代　消　防　社

〒105-0021　東京都港区東新橋１丁目１番19号
（ヤクルト本社ビル内）

TEL　東京（03）5962－8831㈹
FAX　東京（03）5962－8835
URL　https://www.ff-inc.co.jp
E-mail　kinshou@ff-inc.co.jp
〈振替　00180-６-461　00180-５-1185〉

ISBN978-4-421-00974-3 C1030〈乱丁・落丁の場合はお取替え致します。〉2023©